中公新書 2803

渡辺将人著

台湾のデモクラシー

メディア、選挙、アメリカ

中央公論新社刊

台湾のデモクラシー◎目　次

地図作成◎モリソン

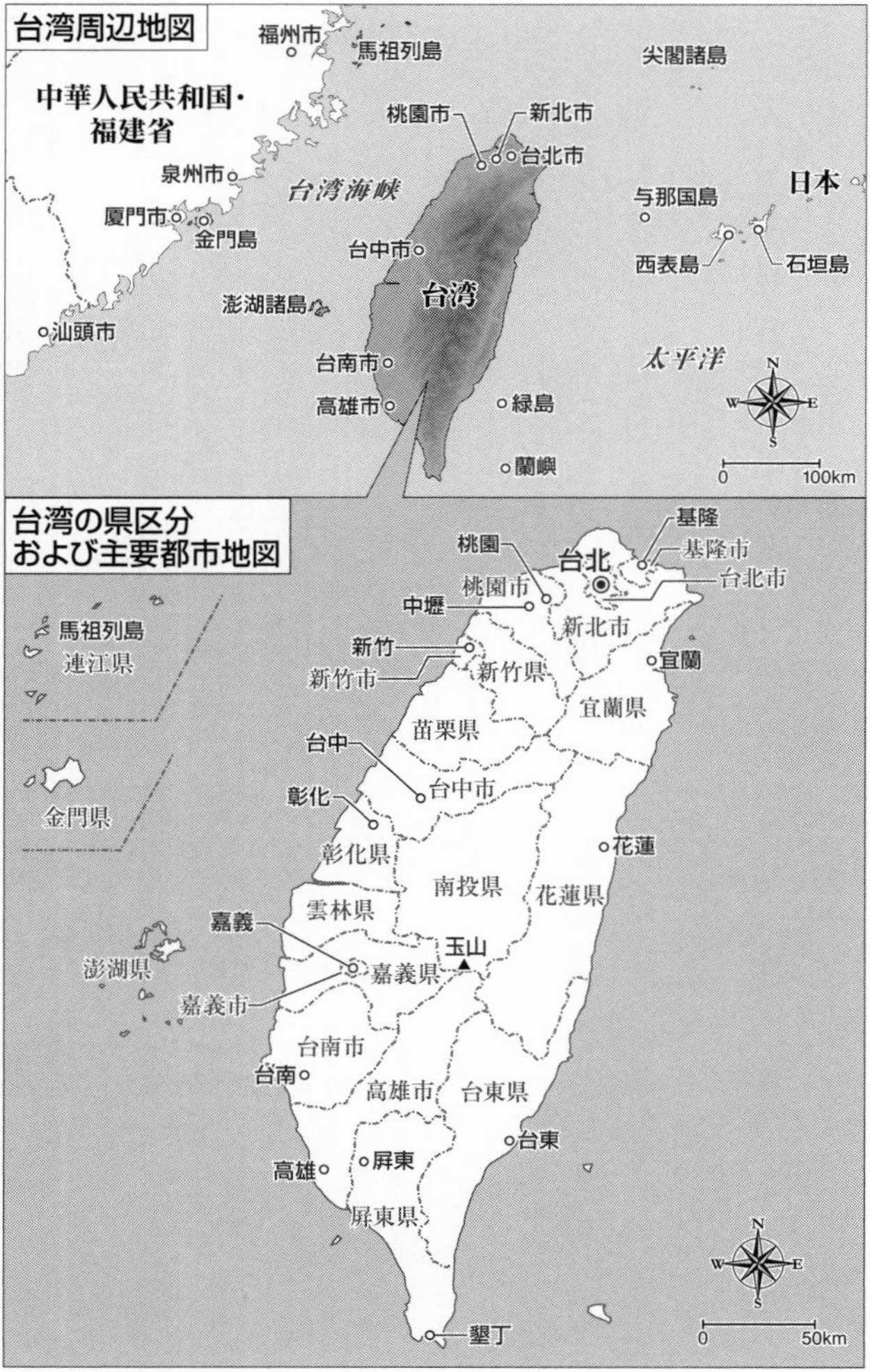
台湾周辺地図
福州市
馬祖列島
尖閣諸島
中華人民共和国・
福建省
桃園市
新北市
台北市
泉州市
台湾海峡
日本
与那国島
厦門市
金門島
台中市
西表島
石垣島
台湾
澎湖諸島
汕頭市
台南市
太平洋
高雄市
緑島
蘭嶼
N
W
E
S
0
100km
台湾の県区分
および主要都市地図
基隆
桃園
基隆市
台北
台北市
桃園市
中壢
新北市
馬祖列島
連江県
新竹
宜蘭
新竹県
新竹市
宜蘭県
苗栗県
台中
台中市
金門県
彰化
花蓮
彰化県
南投県
花蓮県
雲林県
嘉義
玉山
澎湖県
嘉義県
嘉義市
台南市
台南
高雄市
台東県
台東
高雄
屏東
屏東県
N
W
E
S
0
50km
墾丁

序　章　危機のデモクラシー

香港の自由と台湾のデモクラシー

天安門《てんあんもん》事件三〇周年の二〇一九年、三月から始まった逃亡犯条例改正案に端を発する香港《ホンコン》のデモは、六月半ばには香港史上最大規模に膨れあがった。六月一六日、主催者発表では香港市民の四分の一を超える二〇〇万人の老若男女が、香港の繁華街を埋め尽くした。当初は二〇一四年に広がった香港民主化デモである「雨傘運動」の再来と思われた。

しかし、次第にデモ参加者と鎮圧に回る香港警察の攻防が熾烈《しれつ》を極め、一万人を超える逮捕者につながった。条例改正案の撤回など「五大要求」を掲げたこの抗議が、かえって国家安全維持法の制定・施行を招いて香港の自由を失わせ、「一国二制度」の終焉《しゅうえん》を早めたことは痛恨であり、東アジアのデモクラシーはまさに逆流の激変期に入った。

人類の自由への歩みを考えたとき、デモクラシーを放棄することは大きな後退でもある。自由とデモクラシーはジグザグや山谷を経つつも、封建制から共和制、参政権の拡大へと歩みを遂げてきた。香港が異例なのは、高度に自由を満喫した社会が締めつけの厳しい社会に突如として逆行したことだ。

耐えきれない香港人は海外に活路を見出し、経済的に外に行くことができない層は日常を生きていく。声をあげていた香港の知識層や若者が黙っているのは、どんな発言をどのくらいすると危険なのか、程度が不明だからだ。権威主義体制の中を生き抜いていると、逆説的であるが、ここまでは大丈夫だという相場観がある。自由な社会しか知らない人が不自由な社会に放り込まれると加減がわからないので、何であってもとにかく静かにしておくのが安全策となる。

同じようなことが台湾で起きたとき、台湾人はどうするのだろうか。何を優先するのだろうか。もちろん、台湾は香港とは異なる。イギリスの領土として自由な社会を築いてきた香港と違って、一党支配の権威主義体制からさまざまな犠牲を払って自らの力で民主化を経験している。中国に返還されたことで「一国二制度」が時限的なものであった香港とは、中国との関係性も異なる。

台湾で戒厳令時代をリアルな記憶として抱える世代は減りつつある。台湾が「独立」しているることを天然の自然状態と考える「天然独」世代の若者は、かえって中国に対する警戒心も薄く、大陸の音楽・ドラマを視聴する。中国発のアプリTikTokも台湾に広まっている。

台湾の「統治者」は、オランダ、明《みん》朝末期の鄭成功《ていせいこう》、清《しん》朝、日本、中国国民党と入れ替わり立ち替わり変化してきただけに、台湾市民には特有の「適応能力」があると言われる。見方を変えれば、あっという間に何かに染まりやすいフレキシビリティがあるという懸念も成り立つ。いわゆる「中国アイデンティティ」、大陸ルーツへの回帰性が強まったとき、政治体制の一定の自由さえ保証されれば、台湾市民は「統一」もやむなしと考えるのだろうか。

台湾のデモクラシーはやわなものなのだろうか。そもそも台湾の民主化は、なぜ成功したのか。そして、仮に弱点があるとすれば、どこに脆弱性《ぜいじゃくせい》があるのか。

選挙が民主主義を支える前提条件

統治者を市民が選挙で決めるシステムはデモクラシーの要と考えられてきた。だが、ハーバード大学の政治学者のS・レビツキーとD・ジブラットが中南米を事例に『民主主義の死に方』（二〇一八年）で説明したように、選挙制度の導入自体は民主的な指導者を約束しない。

冷戦終結以降、権威主義体制も何らかの形で選挙を導入するようになった。北朝鮮や中国にも選挙はあるが、複数政党の競争が存在しない。選択肢は存在しても政権交代がなかなか起こらない「選挙権威主義」もある。ロシアのプーチン大統領も選挙で選ばれた大統領である。権威主義が選挙だけを導入すれば、独裁者の権力維持に選挙が利用される。「民意で選ばれた」ことが国際的に独裁を正当化する方便になることもある。

比較政治学者の東島雅昌《ひがしじままさあき》は『民主主義を装う権威主義』（二〇二三年）において、財政資源に恵まれた国の独裁者は経済的な利益を有権者に与えることで、権威主義体制でも選挙不正をすることなく、選挙への信頼性を維持しつつ勝利できることをカザフスタンの事例で示している。

少し視点を変えて、選挙が民主的な社会をもたらすための前提条件について考えてみたい。例えば、誰に投票しても投獄されず仕事や生活に影響しない本当の意味での投票の自由（自由な投票における身の安全）、あるいは現存の権力以外に統治能力が備わったオルタナティブ（代替）があるという選択肢の多様性（政権交代能力のある野党による多党制）、そして有権者の政治レファレンス（判断のための情報）やリテラシーを育てる世論形成の要である自由な教育と政府や権力を批判しても潰されないメディア（教育とジャーナリズムの自律性や成熟）。

これらが三位一体となって受け皿として準備されていなければ、形式的に選挙が導入されても民主化に進むとは限らない。

台湾の歩み

現代の台湾は私たちには民主主義社会として強く刻印されている。お祭り騒ぎのような台湾の選挙キャンペーンをニュースで目にしたことがある人も少なくないだろう。蔡英文《さいえいぶん》（総統在任二〇一六〜二〇二四年）政権はアジアで初めて同性婚を合法化するなどリベラルな政策でも知られ、多元的文化と多言語共生の「多様性に溢《あふ》れた」社会として私たちには認識されている。

だが、台湾で大統領にあたる総統を直接選挙で選ぶようになったのは一九九六年である。一党独裁だった中国国民党に代わって民主進歩党（民進党）という野党による政権交代が実現したのは、その四年後の二〇〇〇年。台湾のデモクラシーは極めて若い。

台湾は日本の九州ほどの大きさの土地に人口二三三七万人が暮らす亜熱帯の島である。長年、オーストロネシア語族の先住民（本書では台湾での呼び名に倣って「原住民」と称する）が暮らしてきたが、一六四二年から二〇年ほどの短期間、オランダが植民地として統治しており、一六二〇年代後半には一時スペインも拠点を築いた。一六六二年に中国大陸で

「反清復明」を掲げながらも勢力を失いつつあった明朝の遺臣鄭成功がオランダを駆逐して台湾を統治するが、一六八三年以降、鄭氏政権は清朝に帰順する。鄭氏がオランダを追い出してからは、対岸の福建《ふっけん》からの漢人移民が大規模に流入し始めていた。

その後、日清戦争の講和条約（下関条約《しものせきじょうやく》）で清から日本に割譲され、一八九五年から五〇年間は日本統治の時代となる。日本の敗戦で一九四五年に中華民国に接収されるが、国共内戦の劣勢で中華民国政府は南京《ナンキン》から台北《タイペイ》に拠点を移した。それ以降、蔣介石《しょうかいせき》（総統在任一九四八～一九四九年・一九五〇年～一九七五年）の国民党統治による言論統制や白色テロ（第1章参照）による権威主義時代に突入する。一九八七年に戒厳令解除。李登輝《りとうき》総統（総統在任一九八八～二〇〇〇年）のもとで、一九九六年に総統を国民が直接選ぶ選挙が行われた。

台湾の国家元首は総統で、議院内閣制と合わせた半大統領制を採用している。総統の任期は四年二期まででアメリカ大統領選挙と同じ年の一月に選ばれ、五月に政権交代する。国会（立法院）は一院制で任期四年、定数は一一三名。議員は選挙区や比例代表で選ばれる。

政党は蔣介石の一党体制時代からの国民党と民進党の二大政党以外に小政党が多数生まれては消えてきたが、大きく前者の国民党を藍色（ブルー）、後者を緑色（グリーン）と称して色に喩《たと》えるカラー表現が定着している。中国語では「青」（ブルー）を「藍」で表現する。

アメリカで南部や農村が共和党支持、東海岸や西海岸の沿岸部やサンフランシスコなど特定の都市が民主党支持なように、台湾にも党派性の地政学がある。桃園《とうえん》、宜蘭《ぎらん》、花蓮《かれん》など北部と東岸が国民党優勢の「ブルーエリア」、高雄《たかお》、屏東《へいとう》など南部と西岸が民進党優勢の「グリーンエリア」という大まかな傾向がある。公務員や軍人などの外省人《がいしょうじん》（戦後中国大陸からの移住者）の比率、原住民や本省人《ほんしょうじん》（日本統治終了以前からの台湾人）との婚姻、台北の中央政府（戒厳令時代は政府管理のマスメディアとも同義）からの距離などと複雑に関係している。

オランダ統治以降、独自の歴史を紡ぐ「台湾の古都」台南《たいなん》市は典型的な「グリーンランド」で、ハワイ州が民主党「一党州」なのと同じような「一党地域」である。民進党の候補にさえなれば本選ではほとんどの選挙区で圧勝できる。ただ、政治家個人のカリスマが影響しやすい首長は別で、今でも高雄、嘉義《かぎ》など南部や西岸にも国民党の県長や市長が誕生している。

政権交代への積み上げ

民進党政権が突如として生まれたわけではない。まず「党外」という非国民党の政治勢力が地方政治に勃興し党外議員が生まれ、さらに民進党という野党の結党により、国民党一党支配は塗り替えられていった。決してクーデターや革命ではない。蔣介石の息子で三代目総統だった国民党の蔣経国《しょうけいこく》（総統在任一九七八〜一九八八年）による戒厳令解除の決断や、国民党の中の非主流派の李登輝自身がレールを敷いた民主的な選挙によって着々と進んだ。

選挙自体は一九五〇年代から地方の首長選びで始まっていたが、それこそ選挙権威主義で予定調和な色彩が影を落としていた。軍人は選挙の日には休暇がもらえたり、選挙用紙にすでに国民党の欄にハンコが押されているなど不正も横行していた。それが一九九〇年代に台北・高雄市長選挙、正副総統の初の直接選挙となった一九九六年選挙などを通して改革されていった。

その積み上げの上に民進党の総統誕生がある。トップ交代だけで議会や地方政治に根が張られていなければ、地に足のついた政権交代にはならない。倒閣や政府攻撃だけで統治能力のある受け皿がしっかり育っていなければ、市民は新政権を担う野党に失望するだけだし、権力の空白が軍部や他国に利用されることもある。

台湾ではメディアすなわち世論統制を国民党に握られる不自由があったため、反国民党の民主化勢力が選挙キャンペーンに創意工夫を凝らした。これが民進党の政治家と政治コミュニケーションを鍛え、手強《てごわ》い存在になった民進党に対抗するために国民党も有権者と向き合う政治を意識するようになっていった。まさに振り子の作用だ。

台湾では権力批判ができるジャーナリズムの成熟の土壌もあった。日本統治時代、そしてその後も、作っては発禁処分を受けるイタチごっこだったが、知識層による雑誌ジャーナリズムは戒厳令時代から地下で活発に活動していた。そして興味深いことに、支配側の国民党エリートもアメリカのジャーナリズム精神は素直に受け入れた。それが政治世論の成熟からデモクラシーを育てた。

こうした条件が整った上で選挙が実施されれば、民主化の車輪は回り始める。台湾の民主化論の泰斗《たいと》である政治学者の呉乃徳《ごだいとく》は、選挙がもたらす価値として、選挙によりリーダーが生まれること、また選挙をやる過程での社会的なコミットメント（本気の関与）の中で人々がアイデンティティを形成できることを指摘している。いわば選挙をきっかけに政治や自由を深く考えるようになるサイクルだ。

台湾はたまたま条件が揃っていたのだろうか。同じことが他国で必ず起こるわけではない。台湾社会やデモクラシーを考える上で外せない要因が「アメリカ」である。それは必ずしも外交安保や経済におけるアメリカ政府のハードな政策だけを意味するものではない。学術、移民社会、ジャーナリズムなどを介した地続きのデモクラシーを刺激する、価値や文化要因としての「アメリカ」の影響である。

ニューヨークでの出会い

かくいう筆者も「タイワン」とはアメリカで邂逅《かいこう》した。

一九九〇年代、まだ中国が強国化していなかった頃のアメリカの大学のキャンパスの留学生コミュニティは台湾出身者の牙城《がじょう》だった。在米「日台交流」の華の時代である。「左の師匠、カミングス（ニューレフト外交史）、右の師匠、ミアシャイマー（現実主義理論）」といったアメリカの国際関係論の「両極」名物教授のノートを貸し借りし合ったシカゴ大学最初の親友も、アメリカでインド人教授に中国史を学ぶ奇怪なゼミで、ゼミの幹事として筆者を手取り足取り世話してくれた先輩も、スージーだのマイクだの英語名だったが、気がつけば誰もがタイワニーズだった。

しかし、アカデミックな世界では、国民党（藍陣営）、民進党（緑陣営）、といった支持政党や、アイデンティティをめぐるデリケートな議論は「寸止め」で終わりがちだった。留学だけでは台湾人の友人がたくさんできた、だけで終わっていたかもしれない。

筆者が「タイワン」と正面から格闘したのは、修士論文の口頭試問に合格した後に働き始めたワシントンの連邦議会だった。任された仕事の一角に不思議な担当があった。台湾の外交官や台湾系のローカルのメディアからのアクセス対応である。これがいわゆる「ロビイング」だと理解するのに、浅学の「小僧」には少し時間が必要だった。それくらい自然な食い込みだったのだ。

筆者はその議会での経験をもとに、二〇〇〇年にニューヨーク民主党の大統領選・上院選本部の合同陣営のアジア系集票で、中華系市民の囲《かこ》い込みをミッションとして背負った。チャイナタウンに日参し、コミュニティ指導者に頭を下げ、体当たりで繁体字《はんたいじ》から中国語を覚えた。上司と寝泊まりするウォール街付近の「合宿先」の目と鼻の先に二機の航空機が激突し、多数の死傷者が出たあのテロの大惨事の一年ほど前のことである。

あれから二十余年、ボストンに三〇代の若きアジア系女性の市長が誕生した。また、その一年前の二〇二〇年大統領選挙では、やはりアジア系男性の実業家が、民主党予備選で異例の旋風を巻き起こした（第6章参照）。

両者に共通していたのは「台湾系」だったこと、そしてそれを隠さずにむしろ誇示して選挙戦を戦ったことだった。アメリカ政治には今や、「タイワニーズ」の風が吹いている。だが、この一里塚は一朝一夕に実現したわけではない。

台湾のアイデンティティ

二〇〇〇年のニューヨークの大統領選挙と上院議員選挙の裏では、台湾移民一世のジョン・リウ（劉醇逸）のニューヨーク市議選擁立が水面下で動いていた。リウ陣営は選挙運動をヒラリー＝ゴア陣営に便乗させる暗黙の「取引」を要求し、現場責任者だった筆者は相乗り運動をある程度まで「黙認」して中華系の選挙協力を引き出す戦略をとった。台湾系は共和党支持と思われがちだが、それは外交面に限定された現象で、内政、特に地方政治では民主党への支持が広がっていた。

筆者がチャイナタウンで日々目の当たりにしたのは故郷台湾への愛溢れる人々と、その一方で台湾から来た移民なのに国勢調査で「台湾系（タイワニーズ：Taiwanese）」を属性として選ばない台湾移民の内部分裂といった、アメリカに持ち込まれた複雑な台湾政治だった。

在米タイワニーズは二重国籍を認められている。台湾の立法院にはかつては在外台湾人選挙区まであり（現在は比例区に包摂されている）、党派心をそのまま海外に持ち出していた。

一方、在米台湾人の民主化活動が、アメリカ議会や政府を動かし、民主化が加速するサイクルも現実にあった。戒厳令前は民主活動家の亡命先になり、在米の国民党エリートから身を隠していた。政治犯でなくても民進党支持を伏せている家もあった。

二〇〇〇年は、奇《く》しくもアメリカ政府が国勢調査でTaiwanese（タイワニーズ）をAsian Pacific Islander（アジア太平洋諸島系）の中のサブカテゴリーのエスニック集団として認め、陳水扁《ちんすいへん》（総統在任二〇〇〇～二〇〇八年）の民進党政権が台湾で樹立された年だった。ニューヨーク政界のアジア系後援者の極秘名簿にも「Taiwanese」と注記を入れ始めていた。

それでも、リウは出自を誇示したがらなかった。二〇〇〇年当時、台湾系が政治家を目指すにはまだ「中華系」候補として出馬するのが常だったのだ。「TAIWAN」を無闇に押し出せば中華系社会で亀裂を招き、票集めにはマイナスだった。それはなぜなのだろうか。本書で解き明かしていきたい。

複雑な彼ら、アジア系、中華系、台湾系を名簿でどう分類して、アプローチすればいいのか、筆者や陣営スタッフは試行錯誤、悪戦苦闘の毎日だった。台湾系アメリカ人とアメリカの選挙戦を共闘しながら、台湾内部の衝突の歴史がもたらす板挟みも経験した。その苦悩が、筆者の台湾をめぐる原点だ。

米台は民主化をめぐってどのような結びつきを重ねてきたのだろうか。オバマとトランプの政権をまたいで、アメリカの分断を憂える声がかまびすしくなって久しい。台湾の政治的な分断もなかなかに根深い。メディアがその亀裂を広げているのもアメリカと同じだ。これは台湾のデモクラシーの成熟の代償と捉えるべきなのだろうか。

デジタル化の中で、世論は中国や海外からの影響に脆《もろ》さも露呈している。台湾は、はたして第二の香港にならずにデモクラシーを守れるのだろうか。

二〇世紀後半に世界各地で起きた民主化「第三の波」の中でも、権威主義時代の支配者が、民主化後もそのまま二大政党の片方として居残る例は稀《まれ》だ。しかも、旧支配政党のシンボルをそのままナショナルなシンボルとして使い続けている。青天白日満地紅旗《せいてんはくじつまんちこうき》と呼ばれる中華民国の国旗と国民党の党旗のデザインは、ごくわずかな違いだけで素人目には区別がつかない(白い太陽と青地の比率がわずかに違う)。台湾の二大政党は、この「非対称性」をどう抱きしめてきたのだろうか。諸外国の二大政党と何が違うのだろうか。

本書では、メディアと選挙に注目して、台湾デモクラシーを考えてみたい。

まず、アメリカの台湾認識から数十年の変容を確認し、台湾式選挙の発展過程、テレビ全盛期に民主化した台湾のジャーナリズム、商業主義と政治介入に揺れるメディアの「世論戦」を見る。また、豊潤な言語や文化の多様性と、それゆえの政治的ジレンマ、そして在米「台湾系」移民から、アイデンティティ問題の複雑さを考えたい。

最後に、台湾が直面するデジタル民主主義の可能性と危機についても論じる。台湾政治史に遍在する「アメリカ」は、どのようなインスピレーションを与えてきたのか。台湾のデモクラシーの分厚い成熟と思わぬ死角の双方に迫る。

タイムマシーンの「時計」をまずは一九七〇年代にセットすることから、「見えない台湾」を可視化する旅を始めてみたい。

第1章　激変した台湾イメージ

一九七一年の『六〇分』――蔣介石の中国

一九七一年、アメリカと台湾の断交前、ベトナム戦争報道で名声を高めていたCBS放送名物記者であったモーリー・セイファーが、八三歳の蔣介石の単独インタビューに成功したことがある。一九六九年に交通事故で負傷してからは表舞台に姿を見せなくなっていた蔣介石にとって、異例の対応だった。「ピンポン外交」によるワシントンと北京《ペキン》の接近に焦りを見せたのか、海外メディアを遠ざけてきた蔣介石は、米メディアのテレビカメラに映ることに応じた。

CBS『60分』（1971年）モーリー・セイファー記者（CBS News 提供）

CNNなどケーブルテレビのニュース専門局がない時代のアメリカでCBSはテレビ報道の権威だった。なかでも一九六八年放送開始の『六〇分（シックスティ・ミニッツ：60 Minutes）』は同局随一の長寿にして看板番組である。対米メッセージの媒体選びとして蔣介石の選択は正しかった。

だが、この世界的スクープである蔣介石単独インタビューには放送上の制約が課せられた。質問を事前に提出し、それに対して蔣介石側が原稿を用意する。自由な会話は許されなかった。蔣介石の原稿を読み上げる「英語通訳者」の声が大声で被《かぶ》せられ、蔣介石の貴重な肉声が部分的にしか聞こえない。

中国語圏の指導者の肉声の「生音生かし」放送にあまりニーズがなかったのは、対外的な発言の隠蔽《いんぺい》というわけではない。中国語の母語話者にも通じにくいのだ。毛沢東《もうたくとう》、鄧小平《とうしょうへい》など、古い世代の指導者はいずれも方言の影響による訛《なま》りが強い。蔣介石父子は浙江省《せっこう》の現在で言えば寧波《ニンポー》市奉化《ほうか》区出身で、十大方言の中の「呉《ご》語」（上海《シャンハイ》語はそのうちの一つ）の訛りの影響を受けている。北京語母語話者にも聞き取りが難しかったと言われる。

蔣介石は伝統や風習など誇りに感じている価値を広めるという意の「発揚光大」で語尾を締め、北京を「北平《ペイピン》」と称するなど、わずかに聞き取れる部分の言葉の端々にも、当時の中華民国の立場が色濃く滲《にじ》んでいた。共産党が支配する中国大陸に反転攻勢を仕掛ける「反攻大陸」の決意を強調している。

番組では、日米企業の工場が多く存在する島として、サプライチェーンに組みこまれた経済の成長ぶりも紹介された。だが、CBSは蔣介石に忖度《そんたく》したごますり放送を行ったわけではない。ナレーションで「チャイナ版の大陸の共産主義と、ここ台湾にある西洋型デモクラシー」と大陸との峻別《しゅんべつ》を明確にしていた一方で、赤いスローガンの横断幕が映り込む当時の台北市内の景色を差し込んで見せ、イデオロギーは別々だがどちらも「軍事官僚主義」（ミリタリー・ビューロクラシー）と揶揄《やゆ》した。

また、アメリカの軍事支援の中途半端さも突いた。防衛協力を展開しつつも、大規模な大陸侵攻が容易な軍にはさせない。アメリカ提供の戦闘機は、朝鮮戦争よりは進んでいたが、ベトナム戦争より古い年式が配備されていると伝える。軍事的な現状変更を望まないアメリカの意向が透ける報道だった。中華民国軍の歌を唱和しながら遠泳訓練を行う兵隊の映像を唐突に紹介するが、これは軍の近代化の遅れを印象づける悪意ある編集に見えなくもない。

かつて蔣介石は桜の名所で知られる陽明山《ようめいさん》にある隠れ家別荘「草山行館」にアメリカの来賓を招いていた。しかし、その陽明山で専用車が事故に巻き込まれ、足が遠のいたとされる。代わりにCBSのクルーを受け入れたのは、台北の北部に建造された蔣介石の公邸「士林官邸」だった。敷地内の薔薇《ばら》園をカメラの前で闊歩《かっぽ》し、健康不安説を払拭《ふっしょく》して見せた。

脚を組んで悠然と腰掛ける蔣介石に対し、セイファーは本丸の質問に切り込む。

「アメリカが最終的には共産中国を承認すると感じていますか?」

「その質問をアメリカ政府に代わって答える立場にはない」「アメリカの政府と市民がアメリカの安全保障と長期の国益に照らして賢明な決定と判断をすると信じている」

「ピンポン外交の深まりにアメリカに裏切られたと感じていますか?」

蔣介石は、中国の故事にあるように友情は忠誠と信頼からくると述べ、相手にもそれを期待すると語った。間接的にアメリカへの失望が滲んでいた。

蔣介石以外にこの特集で発話するのは、流暢《りゅうちょう》な英語で毛沢東批判を述べるジェームズ・ウェイ(魏景蒙)である。政府で対外広報を担っていた人物だ。「大陸を取り戻すのは非現実的になっていないか?」とのセイファーの質問に、言葉に詰まりながらも、決して夢ではなく現実的だと抗弁して見せた。「共産主義が支配する生活を大陸人は好んでいない」。

魏景蒙は「英文中国日報」(のちの「台湾英文新聞」)の創刊者で、英語による対外広報の立役者である。政府系通信社の中央通訊社の幹部を経て、行政院新聞局で宣伝戦略を率いた。一九八〇年代には台湾電視台(TTV)で、中国の文化や歴史を語る番組『中国人』の司会を務めたこともある。大陸や台湾の垣根を超越した中華文明の一体性を唱えることを情報戦の基盤としていた。

魏とのギリギリの駆け引きで制作された一九七一年の『六〇分』では、残念ながら市民の様子がまるでわからない。台北市内の雑踏や農家の作業風景が資料映像のように挟み込まれるだけでインタビューがないのだ。CBS撮影の独自映像と台湾の政府が提供した映像の区別もつかない。台湾に日本統治終了以前からいた「本省人」の漢人や原住民の歴史も語られないので、この番組を見たアメリカ人には中国が二つに割れて争っている事実しか伝わらなかった。

しかし、「台湾イメージ」が極度に歪《ゆが》められた放送だったという意識は国民党政府側にはなかったはずだ。一九七一年当時の民主化前の彼らの自画像には、序章で触れた「多様性に溢れた台湾」はまだ含まれていないからだ。CBSのこの回の番組タイトルのように、まさに「蔣介石の中国」だった。

「偶発的な国家」として

日本での一般的な「中華民国」の印象は、世界史の教科書の中国史年表で、清朝の右、中華人民共和国の左に挟まっている過去の「中国の名称」である。ところが台湾に行くと空港にも現地通貨にも「中華民国」と書かれているし、「民国〜年」とある。中華民国が成立した一九一二年を紀元とする民国暦が今でも公式文書や銀行の手続きなど隅々に浸透している。日本の元号と同じように西暦と並行して使い分けている。ナショナル・フラッグシップの飛行機は中華航空＝チャイナ・エアライン。なぜタイワン・エアラインではないのか。「台湾は中国と違うのではないか？」と疑問符が空中を舞うかもしれない。

一九四五年以前の台湾は、清朝に属していたことはあっても中華民国だったことはない。A国の一部がB国に割譲または植民地化され、やがて返還されるまでに、A国が別の国になってしまっていることは歴史的にままある。中華民国だった地域が中華民国に返還されるのであれば問題はそこまで複雑化しない。

台湾が日本だった間に、大陸では一九一一年の辛亥《しんがい》革命で清朝が倒れる。一九一二年に中華民国が樹立され、一九三七年の盧溝橋《ろこうきょう》事件を経て日中戦争になだれ込んでいった。一方、台湾は一九四五年に「台湾光復」で中華民国となり、新たに設立された国連で常任理事国にもなった。

しかし、国共内戦を経て一九四九年に中華人民共和国が建国される。ここに日本の歴史教科書の「中国」年表の入れ替わりの種が生じる。だが、現実には一九七一年のアルバニア決議までは、台湾に拠点を移した中華民国は国連常任理事国として国連に残り続けていた。

アメリカが台湾を曖昧《あいまい》な存在のまま支援し続けるようになったのは、冷戦黎明《れいめい》期の東アジアの国際政治をめぐる数奇な運命だ。一九四九年の中華人民共和国の建国に続いて一九五〇年に朝鮮戦争が勃発し、共産化への防衛線のためにアメリカが封じ込め政策から巻き返し政策に転じて「逆コース」に舵を切る。一九五四年に米華相互防衛条約でアメリカが後ろ盾になったことで、「正統な中国」としては立場を失うかに見えた「中華民国」は生き続けたのだ。

こうして生まれた中華民国（台湾）のことをアクシデンタル（偶然）に発生した「偶発的な国家」とスタンフォード大学のシャオ・ティン・リンは定義づけた。

中国全土の地名と料理が詰まった島

シカゴ大学で机を並べた国立政治大学の藍適齊《らんてきさい》副教授がアメリカ人留学生向けのセミナー

を台北で開講した年、彼らに台湾史を教える方法に知恵をかしてほしいと頼まれたことがある。年表で折れ線を「中華民国」から引っ張り、中華人民共和国（PRC：People's Republic of China）の下に並列して中華民国（ROC：Republic of China）と「二重年表」を作るアイデアを討議した。まるでタイムトラベルの「バタフライ効果」のもう一つの世界だが、ほかにアメリカの曖昧外交に翻弄された台湾の歴史をビジュアル化する妙案がない。

蔣介石率いる中国国民党は大陸から台湾に追われた事実上の「亡命政権」で、「南京を首都として大陸を統治する中華民国」という仮想状態の始まりとなった。台湾では古いオートバイのナンバーによく「台湾省」と書かれていて、すわ中国に統一されたかと思いきや、これは「中華民国台湾省」の名残である。中華人民共和国台湾省ではない。一九九〇年代まで台湾の学校で使用していた社会科の教科書の地図でも大陸と台湾が同じ色で塗られていたが、これも大陸を中華民国として統治しているという意味だった。

国民党は台湾にきてから現地の日本語の地名を中国名に次々と置き換えていった。街道名は、例えば民生路や民権路なら三民主義の思想に基づく命名で、辛亥路とか革命に関する名称もあれば、偉人の名前に由来する中正《ちゅうせい》（蔣介石の名前）、中山《ちゅうざん》（孫文の名前）などもある。それが台北から南部や東部のすべての街に徹底されている。さらに長安《ちょうあん》路、杭州《こうしゅう》路、吉林《きつりん》路など、中国全土の地名も台北に持ち込んだ。

大陸の中国人が台北に初来訪すると、目を丸くして「中国がここにある」と大騒ぎする所以《ゆえん》だ。まさに中国のエッセンスがぎゅっと凝縮されている。故宮《こきゅう》博物院には有名な翡翠《ひすい》の「翠玉白菜《すいぎょくはくさい》」などの彫刻を筆頭に、ありとあらゆる中国の歴史的な美術品が展示されている。文学の世界も、台湾文壇の奥の院は国民党系の伝統がある。

台湾の魅力は美食だが、それはただ単にご飯が美味しいという意味ではない。中国料理は小麦を主食とする北方と米を主食とする南方に大別されるが、上海料理、湖南《こなん》料理、四川《しせん》料理、広東《カントン》料理など地域別の料理に味つけや具材の違いから細分化され、「中華料理」というワンジャンルは本場には存在しない。逆に言えば地域差にかなりのばらつきがある。アメリカなど海外のチャイナタウンは初期移民の伝統から広東料理が多い。

しかし、敏腕料理人が国民党と移り住んだ台北だけが、中国大陸全土の超一流の味をごく狭い範囲で満遍《まんべん》なく味わえる。まさに「料理の地政学」において台北は特殊な地である。清朝までの中華文明の最も濃いものが台湾に担ぎ込まれている。古き良き中国が好きな人には、この台北の「凝縮性」もまた独特の価値を持つ。

無論、それは日本統治以前、原住民文化にまで遡《さかのぼ》る台湾古来の伝統とは別の魅力だ。台湾の歴史を中華文明の一部ではなく、台湾の固有性に力点を置くことで、台湾文学や台湾史など台湾学が芽生えた。このことは第5章で詳しく述べる。

いずれにせよ、日本の世界史年表では「過去」としてしか扱われていないが、中華民国は実体としては終わっていない。福建省沖、日本最西端の与那国島《よなぐに》のすぐ西側の島に「台湾」として今日までしっかり生き続けている。

三民主義に基づく権威主義体制のかつての中華民国ではないが、台湾に根ざす形で、台湾生まれの人々の手によって営まれる台湾化した中華民国だ。これを李登輝は「中華民国在台湾」と表現し、早稲田大学名誉教授の若林正丈《わかばやしまさひろ》は「中華民国の台湾化」として台湾政治史の中で概念化した。

二〇二二年の『六〇分』——民主化後の台湾

あれから五一年後の二〇二二年、同じCBS番組『六〇分』で、リベラルな立ち位置で知られる女性記者レスリー・ストールが台北の街をくまなく歩いて「台湾の今」を報じた。

米メディアのアジア取材には常々バイアスがある。よくあるのは社会の保守性や滑稽な因習への揶揄。そして、英語を話せる「国際的」な人しか登場しないことだ。これら二つは結びついていて、アジア的な年功序列、男尊女卑のような「後進性」を批判し、それを変革しそうな改革派として国際的な人が紹介される。

しかし、この『六〇分』は珍しくこのバイアスにはまらなかった。そこには五〇年で変化

CBS『60分』(2022年) レスリー・ストール記者 (CBS News 提供)

した「アフター民主化」の台湾の姿をアメリカ国内に伝える明確な企画意図があったからだ。一九七一年から二〇二二年の間に、米台は断交した一方、戒厳令が解除され、総統を普通選挙で選ぶ民主主義社会となった。民進党により政権交代が起こり女性総統まで誕生している。『六〇分』にとって「空白の五〇年」に、台湾にとって重要なほとんどのことが起きた。

だからこそ、二〇二二年版の『六〇分』はやや偏りが過ぎるほどに国民党に対抗する側の民進党政治家を出演させた。世界を牽引《けんいん》する半導体企業のＴＳＭＣ創業者のモリス・チャンなど流暢な英語を使う要人にこだわらず、必要に応じて英語字幕を補いながら、元軍人、テクノロジー専門家、政治家らを網羅的に取材した。

それだけではない。台北の西側にある中高生で賑わう原宿のような繁華街「西門町」の通りを歩く人々、構内で飲食が禁止されているためとても清潔な鉄道システムMRT、地元民が胃袋を満たす夜市での買い物の様子まで、断片的な映像ながらも生き生きした市民が登場する。

無関心とその終わり

しかし、この二〇二二年版の『六〇分』放送に至るまでのアメリカにおける「台湾イメージの民主化」は茨《いばら》の道だった。

筆者の友人に台湾在住数十年のアメリカ中西部出身の名物ジャーナリストがいる。冷戦期のアメリカ「帝国主義」に嫌気がさして、台湾に移住。国民党権威主義体制には違和感を抱きつつも、民主化で台湾を見直した。環境問題の専門記者だ。

「アメリカの右派も、反共・反中で台湾を擁護してきただけ。しかし、左派にも問題はあった。まずもって関心がなかった」と嘆く。一九九四年、台北と高雄の市長選など最初の民主的選挙が台湾で行われたとき、アメリカの左派雑誌『ネイション』に「台湾のデモクラシー」の寄稿を提案したが、編集部に拒否されたという。中国への配慮も絡んでか左派系の雑誌は軒並み台湾に関心を持たなかった。

これは本質的には今でも変わっていない。二〇二二年八月に現職の連邦議会の下院議長だったナンシー・ペローシが訪台したニュースでも、アメリカの左派メディアは蔡英文総統との会見だけに注目し、視察内容をほとんど報じなかった。同氏は言う。「(トランプ政権の元国務長官)ポンペオは台湾擁護の発言はしても、(白色テロに関する)あの種の施設には行かない。ペローシだけが熱意を持って視察する」。なぜそれを取材しないのかと不満を隠さない。

無論、現存する二大政党の片方がかつての弾圧者だった複雑な歴史を、文脈なしに数分のニュースで理解させることは難しい。白色テロとは一九五〇年代から六〇年代の蔣介石統治時代の弾圧のことだ。根底には抗日戦争を戦ってきた戦勝国の国民党と、五〇年続いた日本統治下の価値観で育ってきた台湾人との摩擦があった。

台北では中国語の達者な個性的なアメリカ人と知り合うのが筆者の楽しみの一つだ。

バージニア生まれの若いアメリカ人研究者は、州都リッチモンドと首都ワシントンの間の町で生まれ、地元のキリスト教系大学で中国史の恩師に出会う。中国語に習熟し、台湾に留学した。博士課程の研究の中で、台湾の生活にのめり込んでいった。しかし、家族や親族に台湾のことを説明するのに苦労したという。

台湾がどこにあるのか一般のアメリカ人は正確には知らない。発音の出だしが似ているだけでタイ(Thailand)と間違われることもしばしば。多くの普通のアメリカ人にとって「中国ではない中国」に過ぎなかった。あるいは「タイワン」といえばおもちゃの裏に書いてある「メイド・イン・タイワン」という印象が強い。政治的なニュアンスを理解している人はほとんどいない。アジア系市民が多い州や都市でも似たり寄ったりだ。

しかし、その無知が二〇二〇年代に入って激変した。第一に主流メディアで米中対立について洪水のような報道がなされ、そして第二にTSMCが供給する半導体の戦略的な重要性が認識されるようになった。歴史学者のクリス・ミラーの『半導体戦争』はアメリカでもベストセラーになっている。だが、決定的だったのはペローシ訪台だった。

「中国がナンシーを撃ち落とすとテレビでやっている」「大丈夫なのか」。彼のもとにもそうした友達や親族から「安否確認」の連絡が相次いだという。

アメリカに一時帰国中に公園で「それはどこのものか?」と台湾のTシャツを見知らぬ人に指さされ、「危なくないか」と詰め寄られた人もいる。中国に宣戦布告をしているわけでもないのに「下院議長を撃ち落とすぞ」という威嚇は普通ではない。中国共産党の神経をなぜ逆撫《さかな》でしたのか。台湾がなぜそんなに「核心」なのか。この件で、市井のアメリカ人は台湾を取り巻く問題の背景のすべてではないにしても、その根深さを初めて認識した。

二〇二二年の『六〇分』では台湾有事に備え、応急処置が学べる夜間教室が出てくる。インストラクターが止血の方法を実技で教える。ロシアのウクライナ侵攻に衝撃を受け、ウクライナ軍に参戦したという若者も登場する。まるで「緊急体制の島」かのような報道ぶりだが、台湾での「防空訓練」は近年までは形骸化していた。その昔は椅子の下に潜り込んだり、学校から外に逃げて防空壕に入る訓練をしていた。名称も「ミサイル防空訓練」から「ミサイル訓練」に略されていた。

筆者は台北市内の中山地区の最も見晴らしのいい場所で、防空訓練の一部始終を観察したことがある。防空訓練は昼間に三〇分間ほどの長さで、事前に告知される。台湾全土で同じ日に行うのではなく、都市ごとに日をずらしているので、台湾の社会機能が麻痺することはない。外国人には珍しく映るので遭遇すると誰もが釘づけになる。香港からの旅行者は「平和なところから来て不謹慎だけど、自分たちには面白いので」と録画していた。二〇一九年五月のことだ。彼らはこの年の香港デモがもたらす結末を知る由もなかった。

サイレンが鳴り携帯電話も振動する。表にいてはいけないので警官が誘導して近くの屋内に通行人を押し込む。車は路肩に止め、灯火制限でバスも電光掲示板を消す。地下や窓がない店舗は非常灯で真っ暗になるので、三〇分は思いのほか長く感じる。ビル建設の現場では職人さんたちが我慢できず、終了前に早々に作業を再開してしまった。若い警官はスマホを取り出し無人の通りで記念撮影している。緊張感があるのかないのかわからない。

しかし、台湾は千数百発のミサイルを大陸から向けられる「危機の日常」をこれまでも生きてきた。CBSのストール記者は、夜市の賑わい、廟《びょう》で礼拝する人、ストリートパフォーマンス音楽を奏でる若者の映像を挟み、中国の軍事的な威圧を考えるとあまりに台湾が落ち着いていると驚きを隠さない。「危機の否定なのか、それとも無関心?」。そして「地球温暖化」という台湾人作家の比喩に答えを見つける。温暖化は現実だし悪化していく一方だが、ほとんどの人はただ目の前の暮らしを成り立たせることで精一杯だ。台湾人にとっての中国の脅威もそれと同じだという説明である。

台湾は三八年も戒厳令を経験している。日常が非常時という日々を生きてきた。しかし、それがあまりに長く続いた上に、一九九〇年代に国民党と中国共産党の接近が実現し、大陸と台湾の商用の往来も増えた。世論の大多数は現状の固定化に慣れ、本音では中国が攻撃してくると実感しなくなっていった。かつて二年だった、一八歳以上の男子に義務づけられている兵役は四ヶ月まで縮小していた。防空訓練も抜き打ちで行えば急停車で事故が多発しパニックになる。訓練はコロナ禍でさらに形骸化していた。

そうした中、香港情勢と米中対立、さらにペローシ訪台で突如として緊張が高まった。蔡英文は反発を承知の上で兵役を一年に引き上げた。中国の脅威が低下すれば兵役も再び減らせるとして、国民党は若者票を集める争点に利用している。

学歴社会と「美語」とアメリカ留学

『六〇分』では一九七一年版に出演する政府関係者から、二〇二二年版のビジネスマンや政治家まで、流暢に英語を話す。その理由を記者は説明しないが、彼らの多くは在米経験がある。もしくは台湾の熱心な英語教育の成果だ。米台交流は教育を基軸に築かれてきた。

一九四九年以降のアメリカへの留学生数の国別ランキングの推移は興味深い。一九五〇年代を通してピーク時には台湾人留学生は年間五〇〇〇人近く、カナダに次いで二位だった。初期には大陸の中華民国からの留学生の継続組を含んでいたこともある。六〇年代にインドに二位の座を奪われるものの、一九七四年には一万人を突破。これが国連脱退後、米台断交秒読み時点だったのは皮肉だ。国際社会で孤立すればするほど台湾はアメリカ留学に力を入れてきた。ちなみに一九七〇年代のトップはイランだった。

一九八二年、二万二〇〇〇人超で台湾がついに一位に躍り出る。一九八九年に中国に抜かれるまで、一九八〇年代は三万人規模に達した台湾人留学生が一位の時代だった。猛追した日本が一九九〇年代前半に束の間の一位を獲得する。二〇〇〇年代はインドが一位だった。中国は二〇〇九年に一〇万超えで首位になって以降、年によっては二位に倍近くの差をつける独走状態に入り、今や三〇万人に及ぶ勢いだ。

ただ、中国以外の留学生数が消えたわけではなく、現在でも台湾は年間二万人程度を維持している。転落が著しいのは日本で二〇〇一年に韓国に、二〇〇八年に台湾に抜かれ、一万五〇〇〇人を割り込み一〇位圏外に落ちた。

無論、経済や人口の伸びと相関性があり、絶対数だけの比較には意味はない。中国とインドが突出しているのは自然だ。人口規模で考えた場合、二五〇〇万人未満の台湾が年単位で世界一位だったこと自体が衝撃である。

この現象は台湾における「アメリカ」の特別な地位と、台湾の強烈な学歴社会の相互作用が絡んで生じている。その様相はいささか特殊だ。台湾の報道番組では「美国紐約大新聞学（アメリカ・ニューヨーク大学ジャーナリズム専攻）」「台大外文系（台湾大学外国語学部卒）」などとコメンテーターの学歴テロップが出る。アメリカでは絶対にあり得ないし、日本でも深夜討論番組の略歴テロップで触れる例外があるくらいだ。

「補習班」と呼ばれる塾に子どもを通わせる台湾は、日本や韓国に勝るとも劣らない学歴競争社会である。塾や予備校だけでなく高校も、部活での全国大会優勝や入賞を讃《たた》えるかのように、一流大学の合格者を校舎の壁に年間を通して実名で貼り出し続ける。

そして、日本を上回る外国語学習熱も特筆に値する。台北や高雄など大都市だけでなく、屏東など南の端まで台湾の駅前はどこも英語学校で埋め尽くされている。台湾では英語を「美語」と呼ぶことが多い。イギリス語ではなくアメリカ語である。台湾人は英語名をパスポートに記載できる正式なもう一つの名前として名刺にも刷り込んでいるが、これは幼少期に小学校で英語教師に名づけられる。

台湾のあるエリート外交官に「台湾人はアメリカをどう考えているのか？」と尋ねれば、「その質問自体が驚き。聞かれたことがない。好きに決まっている。政策でも親米だし、国民感情も親米。そこにズレはない」。台湾にとってアメリカ合衆国の特別さは生半可なものではない。

「アメリカ留学帰りが一番偉く、次がヨーロッパか日本の学位」と中央研究院の研究者は語る。一流大学の教授は英米とりわけアメリカの博士号取得者が独占していて、国内の一流大学の博士号取得者は社会科学では肩身が狭い。日本では純国産の博士が理系でも文系でも分野の基礎を築く教育・研究を概《おおむ》ね支えてきたのとは違う。

いわば「博士」製造のアメリカへのアウトソースである。国産プロパーの研究室の充実をはなから放棄し、優秀な院生や学部生ほどアメリカに送り出す現実的な指導が多い。台湾の教育レベルの高さを考えると、国産博士の育成や優遇を重視しないのは惜しい気がするが、この伝統は一朝一夕に変わりそうにない。

ペローシ下院議長（当時）を総統府に迎える蔡英文総統。2022年８月
(Taiwan Presidential Office/AP/ アフロ)

学者政治家が求められる理由

しかし、高学歴やアメリカへの信奉は無定見なものではない。小さな台湾にとって国の生存と絡んでいるからだ。例えば、台湾は学者閣僚が多い。近年の総統は全員が高学歴、博士学位取得者ばかりだ。二〇二四年の総統選候補は、民進党側で副総統の頼清徳《らいせいとく》（二〇二四年総統就任）と第三候補で元台北市長の柯文哲《かぶんてつ》は、共に医師。柯文哲は台湾大学医学部教授だった（愛称「柯P《コーピー》」のPはプロフェッサー）。国民党候補で新北《しんほく》市長の侯友宜《こうゆうぎ》は警察大学の犯罪学博士を取得している。

彼らが組閣する際にも学者を重用する。政府側のメリットは、学者は党派性が比較的薄く使いやすい上に、本属があるので交代しやすいことにある。また、高学歴を尊敬している国民の信頼を得やすい。他方、日本の霞が関のような強い官僚機構がないので統治上の専門知見に需要がある。さらにアメリカなど海外とのパイプへの期待だ。外交上のハンディがある台湾は非公式ルートとして学者同士の国際会議などで関係国との外交を維持してきた。この「トラック2（もう一つのルート）」の最前線が学者で、ある意味では外交官の役割を果たす。

他方で、学者側にも利益がある。アメリカや香港ほど教授は高給とりではなく、副業で稼ぐことが黙認されている。政府勤務年数の上限はあるものの、大学は政治的な兼職には極めて寛容である。辞職する必要もなければ、大学業務を週二日程度に集中させて、それ以外の大半を党派的シンクタンクや党関係の執務室で過ごしても、大学から給与が支払われるシステムになっている。

やりがいや満足感も小さくないという。お飾りではなく、実質的にかなりの政策を決めることができるからだ。閣僚や上級役人レベル、政治的なシンクタンクのブレーンなどもすべて大学教授が占める。だからこそ家族親類の名誉にもなる。日本にあるようなアカデミアと実務、とりわけ政治の生々しい世界との往復への倫理的な抑制感はない。

結果、最も望ましい総統や政治家の理想像は「アメリカで博士号を取得した英語ができる学者政治家」になる。李登輝はコーネル大学博士、馬英九《ばえいきゅう》（総統在任二〇〇八～二〇一六年）

はハーバード大学博士。蔡英文はロンドン・スクール・オブ・エコノミクスで博士号こそイギリスだが、コーネル大学ロースクールに留学している。頼清徳は医師だがハーバード大学公衆衛生大学院で修士を取得している。二〇二四年総統選候補で医学博士の柯文哲はミネソタ大学の外科で研修経験がある。

通常の教育からはみ出したオードリー・タン（唐鳳《とうほう》）大臣のような天才もいる。だが、タン大臣を飛躍させたのもシリコンバレー。やはり共通項は「美国」である。

だからこそ二〇二〇年総統選の選挙戦で、国民党は執拗《しつよう》に蔡英文の学位疑惑の問題を追及した。そこを崩すことができれば印象に大きなダメージを与えられる、と考えたからだ。

二〇二〇年総統選の国民党候補で元高雄市長の韓国瑜《かんこくゆ》は、ポピュリズム路線と学歴対抗で難しい判断を迫られた。彼の最終学歴の国立政治大学修士は「庶民総統」にしては過剰だが、近年の歴代総統には見劣りする。英語が苦手で国際舞台に弱いというレッテルも貼られた。

候補者本人がどこまで「非エリート」を演じるかの調整は、ポピュリズム時代のジレンマの一つだが、今のところ台湾では英米大学卒の博士か医者の総統が続いている。台湾の知識層からは種々の説明を聞くが、一つは孔子など中華の伝統で、知識人への素直な尊敬が社会全体にあること。もう一つは国際的生存をアメリカに依存している台湾では、英語ができてアメリカで学位を取得している人物が、対米交渉をうまくやって台湾を延命させてくれるに違いないという期待感だ。

どの社会もエリート的なキャリアトラックには微妙な差異がある。官僚機構が強い日本では大学受験までのトップこそが学部卒でキャリア官僚になってきた。外務省への大学三年での入省など高卒である。ある種の飛び級入省だが「優秀だからこその中退」が、入学年を年譜で記さない「学位表記」の国際的履歴書では理解されにくい。一方の台湾の役所には医官や技官ではない、若い「文系博士」の事務官がしばしばいる。

もちろん、アメリカでも政治と学歴は無関係ではない。大統領がアイビーリーグ出身であることは「毛並み」アピールとして強みだ。しかし、法律にしてもビジネスにしても実務が好まれるアメリカでは、ウッドロー・ウィルソン大統領（政治学博士）という例外はあるものの、学術的な博士号は政治家としては重たい負の記号になる。リベラル派女性候補として二〇二〇年大統領選の民主党予備選に出馬したエリザベス・ウォーレン上院議員も大学教授であることが足かせだった（学位は専門職学位の法務博士「JD」で弁護士）。

台湾では、教授は尊敬の対象である。ヨーロッパと同じく宿泊予約のカーソルにMr. Ms.の代わりにDr.「博士」の選択肢がある。宿泊予約で学位を示すのは学歴差別で過剰な区別だという感覚はない。そして「美国」と「美語」はホノルルで興中会を創設し革命の牙を研いだ孫文以来の伝統的なエリート要件だ。

ワシントンで最も影響力のある「大使」

一連の台湾有事をめぐる危機でアメリカにおける「台湾の顔」になった人物がいる。民進党の頼清徳政権の副総統となる蕭《しょう》美琴《びきん》だ。二〇二三年秋まで蔡英文政権下で駐米台北経済文化代表処の代表を務めた。これは事実上の大使館相当の組織の長である。蕭美琴は連日、アメリカのテレビに出演し、雄弁かつ簡潔に台湾の立場を説明した。筆者の記憶の限り、ここまで台湾の立場を全米に向けて説得力をもって説明できた人物はいない。

ペローシ訪台騒動ではテレビ中継を梯子《はしご》して回り、アンカーの執拗な質問にひとつひとつ淀みなく返した。ニューヨークタイムズは彼女を「ワシントンで最も影響力のある大使の一人」と評している。これは異例の賛辞だ。台北経済文化代表処の処長をアンバサダーと鉤括《かぎかっ》弧《こ》（クオーテーション）をつけずに呼び、事実上「大使」として扱った。

「ホワイトハウスのバイデン大統領の上級補佐官とほぼ毎日話し、両党の議会指導部と連絡をとっている」という同紙の描写に地団駄《じだんだ》を踏む関係国の大使は少なくない。同盟国の日本の大使や公使でも、ホワイトハウスの大統領側近と直で「ほぼ毎日」話すことなど無理だ。国によってはまるで個別アクセスが築けない大使もいる。

平場の公式の外交関係と舞台裏の本当の食い込みは違う。トランプ政権のボルトン安全保障担当補佐官をして「ワシントンで最も効果的な外交代表」と言わしめた。

左派メディアとネオコン（イラク戦争遂行でブッシュ息子政権に影響を与えた強硬的保守派）の双方に賛辞を受ける超党派性は、かつての共和党との「反共」同盟依存では築けない。議会とともに彼女はプレスを徹底して重視した。アジアが専門外でも国内の保守派や左派に影響力のあるコラムニストや議会の重鎮記者や媒体をことのほか大切にしていた。一般世論に影響力があるのは、外交記者やシンクタンクの政策研究者ではなく、国内問題を書く記者やメディアである。

中国から渡航禁止措置を受ける「名誉」を授かるくらい中国に譲らない蕭からは想像がつかないほど、米政府への根回しに神経質だったのは、過去のトラブルから学んでいたからだ。二〇一五年一月、蕭の前々任の駐米代表が三六年ぶりにワシントンの双橡園《そうしょうえん》（ツイン・オークス）に中華民国旗を掲げたことで中国の激しい反発を招いたことがある。双橡園とは米台断交前まで中華民国の大使公邸で、現在は要人接受に用いられている場所だ。二〇一一年からは双十節（一〇月一〇日の建国記念日）の式典も再開していた。アメリカ政府はこれを擁護しなかった。

オバマ政権末期、同政権が対中強硬に舵を切った後の出来事で、オバマの台湾への冷淡さだけでは説明がつかない。「聞いてない」と国務省は腹を立てていた。根回しの労を惜しんで梯子を外されれば元も子もない。アメリカへの根回しは石橋を叩いても渡らないくらいがいい。ワシントンの超党派の支えなき対中強弁は、首尾良くいかないことを蕭美琴は知っていた。

蕭美琴が出会った発禁書

アメリカ訛りの英語には理由がある。彼女は台湾人の父とアメリカ人の母の間に生まれた「ハーフ」なのだ。二〇〇二年までアメリカ国籍も有していた。

一九七一年に日本の神戸に生まれ、台南で育った。幼少期は外見が違うことから疎外感を感じていた。中学卒業後、家族でアメリカに移住。台湾の戒厳令解除からまもない一九九三年にオハイオ州のリベラルアーツカレッジのオーバリン大学で学士を取得。続けて一九九五年にコロンビア大学で政治学修士を取得した。

「一九八九年の天安門事件では、台湾でも昔、このような大量虐殺があったんだよと父が教えてくれました」とテレビ番組『我是救星　人生滋味館』で語っている。これは一九四七年に台湾全土で起きた二・二八事件のことだ。闇タバコ売りの取り締まりの暴力が群衆の怒りを買ったことに端を発して、抗議デモが起きた。デモへの発砲が大規模な反発を全土に広げ、強制的な鎮圧で多数の犠牲者を出した。侯孝賢《こうこうけん》監督『悲情《ひじょう》城市《じょうし》』では日本統治時代の知識人が危険視されて処刑されていく様子が描かれている。映画の公開は戒厳令解除後の一九八九年。蕭は事件について父に教わるまで知らなかったと驚いた。

アメリカで「台湾でも悲劇があった」というその疑問の答えを蕭美琴は自分で見つけていく。アルバイトをしていたコロンビア大学図書館が発見の「現場」だった。国民党支配を批判する党外雑誌『美麗島《びれいとう》』、日本に亡命した史明《しめい》による台湾通史『台湾人四〇〇年史』などの乱読にのめり込んだ。二〇一九年に一〇〇歳で亡くなった史明は日本から国民党まで、一貫して外来政権支配からの台湾独立を志した独立運動の泰斗である。海外留学すると自分の国を再発見することがあるが、彼女の場合は台湾では読めない発禁書との出会いだった。

アメリカで台湾の民主化に目覚めた蕭美琴に、アメリカに残る選択肢はなかった。民進党に参加して、若くして対外広報で外国人に台湾を説明する役回りをこなしてきた。三一歳で立法委員に当選するが、駆け出しは「海外居住民選挙区」という在外台湾人に割り当てられた選挙区で、アメリカ在住台湾人としての出馬だった。

その後は、国民党が圧倒的に強い東海岸の中核都市の花蓮を地元選挙区として、民進党政治家にしては異例の浸透を果たし、国民党地盤に楔《くさび》を打ち込んできた。だが、蔡英文総統の信頼が厚かった蕭美琴は、蔡英文政権二期目の二〇二〇年に駐米代表に任命される。バイデン政権誕生前だったが、誰が大統領でも米台関係を強化できる切り札は蕭しかいなかった。一方、頼清徳は、南部の台南市長などを歴任し、民進党内でも「深緑」と言われる「独立派」を支持基盤に台頭した。アメリカに「台湾独立」を疑われるリスクもある頼は、アメリカを安心させる上で蕭の対米パイプを欲していた。頼は三顧の礼で蕭をワシントンから台北に引き戻した。

長老派教会と民進党の絆

ところで、蕭美琴が駐米代表としてアメリカ社会に浸透できた、隠れた武器の一つはキリスト教だったと語るアメリカ人は少なくない。父は長老派教会の台南神学院の牧師だった。民進党の隠れた強みは長老派教会を通じたアメリカのキリスト教社会との太いつながりだ。アメリカでは保守的なコミュニティではなおのこと、リベラルの間でも黒人教会を筆頭にとにかく牧師とその家族は信頼される。オバマはカトリック教会の黒人貧困街での住民活動が信仰心の証の代わりになった。

台湾のキリスト教会は二つに分けられる。一九四九年以前からあるものとそれ以降のものだ。一九四九年以前からある長老派などは民進党寄りで民主化にシンパシーがあった。長老派教会はカルヴァン派のプロテスタントの一派で、スコットランドでとりわけ発展した。一八六五年に台湾への布教が始まっている。それに対して、一九四九年以降に台湾にできたものは国民党寄りで、これは大陸から一緒に流れ着いたキリスト教会も同様だった。彼らは蔣介石に従い、蔣介石の枠内で活動した。蔣介石夫人の宋美齢《そうびれい》もクリスチャンだった。一九五〇年代に入るとグレースバプティスト教会も流入した。

一九七九年の美麗島事件ほど、長老派キリスト教会の民主化擁護の立場を鮮明にさせた転換点はない。この事件は世界人権デーに合わせて南部の高雄で勃発した無許可デモを、当局が激しく鎮圧して大量の逮捕者を出したものだ。蔡有全《さいゆうぜん》牧師、黄彰輝《こうしょうき》牧師、呉文《ごぶん》牧師など著名かつ尊敬されていた牧師がこの事件で一斉に逮捕された。デモを指揮した元民進党主席の施明徳《しめいとく》を含む政治犯を保護したことが原因だとされている。

アメリカでも黒人差別の撤廃を目指す公民権運動では、キング牧師など聖職者が政治リーダーだったが、当局や白人警察も相手が牧師だと手荒なことはしにくかった。

それだけに美麗島事件でかつて牧師が逮捕されて刑罰を受けたことを知ると、眉を顰《ひそ》めるアメリカ人は少なくない。国民党の弾圧の激しさをいたずらに海外に刻印する結果になった。

長老派教会は実に政治的にアクティブだった。台湾が国連を脱退した一九七一年の年末、台湾長老派教会は総会議長の劉華毅《りゅうかき》と局長の高俊明《こうしゅんめい》の連名で以下の声明を出した。

「ニクソン大統領の今後の中国本土訪問を非常に警戒しています。台湾の中国共産党政権への編入を主張する国もあれば、台北と北平（北京）の直接交渉を主張する国もある。私たちは、これらの主張の本来の意図は台湾国民に対する裏切りに等しいと考えます」

国民党の権威主義体制に加え、北京の共産主義という二つの仮想敵を台湾の民主派が同時に抱えることになった焦りがうかがえた。さらに一九七七年には「台湾長老派教会人権宣言」でカーター大統領に対して、中国共産党との関係正常化にあたっては「台湾人民の安全、独立、自由の維持」を主張するように要請した。「台湾の将来は台湾住民一七〇〇万人によって決められるべき」で「台湾を新たな独立国とするための効果的な措置」を講じるようにカーターに求めた。長老派の要請の効果のほどは不明だが、カーターは米台断交と同時に台湾関係法を施行し、台湾との関係を法的に担保した。

ただ、クリスチャンの政治パワーが民進党に不利に作用したこともある。二〇一九年の同性婚合法化だ。反対運動は蔡英文への批判に飛び火した。教会はどの宗派でも同性婚には反対で、それは民進党支持とは関係なく宗派横断だったからだ。国民党が振りつけをしなくても、自動的に蔡英文への反対運動の足腰になった。

教会団体はあくまで教義を大切にする宗教組織であり、人工妊娠中絶反対で共和党に賛成し、反貧困や人権で民主党と結びつくアメリカのキリスト教と同じ「イシュー・ネットワーク（争点をめぐる組織横断の連帯）」である。それでも台湾の長老派は強固な民進党の地盤であることに変わりはない。

「次世代の一〇〇人」呉怡農

CBSの二つの『六〇分』の空白の五〇年の間、このように台湾はエリート層の教育や信仰を基盤にした民主化運動でダイナミックな変貌を遂げた。一九八〇年代に民進党の立ち上げを中心で、あるいは支持者として支えた「民主化英雄」の子どもたちにあたる「民主化英雄二世」には、一九七一年生まれの蕭美琴よりさらに若い国際派が次々と台頭している。

二〇二二年の『六〇分』ではストール記者が台湾を深く勉強せずに浅い質問に終始したとの批判もあった。台湾の若手活動家への「何のために戦っているのか？　何を守っているのか？」という挑発は特に評判が悪かった。

「故郷のためです。自由に生きるためです。未来を自分で決める権利のためです」。そう毅《き》然《ぜん》と答えたのは、米誌タイム「二〇二二年次世代の一〇〇人」に台湾代表で選ばれた呉怡農《ごいのう》だった。二〇二〇年の立法委員選挙で民進党の新人として台北で出馬したが、対抗馬で蔣介石のひ孫にあたる蔣万安《しょうばんあん》に敗れた。現在は軍での経験を活かして、先述の有事に備えた応急手当の教室を運営している。『六〇分』のクルーも講習の様子を撮影した。

呉は一九八〇年にシカゴで生まれた。大統領選挙で共和党のレーガンが地滑り的な勝利を決めた年である。著名な政治学者として台湾の民主化を論じてきた父親の呉乃徳（序章参照）は、当時シカゴ大学の博士学生だった。「呉怡農」は反国民党的な党外雑誌に寄稿していた父の呉博士のペンネームである。民主化への魂は名前から受け継がれている。呉一家の当時の住処は奇遇にも筆者のシカゴ時代のアパートの目と鼻の先だった。

呉は六歳でシカゴから台湾に戻るが、中学卒まで台湾にいたのは蕭美琴と同じだ。幼少期から一〇代前半までの人格形成期を一部でも母国で過ごした人はその後海外に出ても、母国に愛着を感じやすく、国に戻って政治を志すことがある。逆に小中学校を完全に海外で過ごしてしまえば、もうその地が故郷になる。親の出身国の大学に通っても気分は留学生だ。

呉怡農は高校から再びアメリカに戻る。最初は平均的な階層の子どもと机を並べた。高校まで義務教育のアメリカでは公立に進学するなら高校受験はない。ハーバードに行く子と就職する子が机を並べる。イリノイ州とミシガン州の公立校を経てから、富裕なエリートが通う全寮制のプレップスクール「フィリップス・エクセター・アカデミー」に入学。思春期にアメリカの階級を横断的に体感した。一九九九年に見事、イェール大学に合格。

「当時はまだ（イェールには）台湾人の数が少なかったです。台湾人留学生よりも、台湾系アメリカ人の二世の方が多かった。ある学生グループで台湾について簡単な話をしたとき、中国の学生が『戦争をしたいのか』と言いに来たのを覚えています」

呉は経済的な統合と政治的な統一は必ずしも両立するとは限らないという持論があった。大学での議論ではＥＵを例にあげたという。

「台湾は経済的に中国なしでは生き残れないとか、二つの経済がいかに絡み合っているかということが言われていたのです。私が学生たちに言いたかったのは、貿易は貿易。アイデンティティ、つまり心の拠り所は別のところにあるのです。そのとき、中国の学生が立ち上がって、戦争がしたいのですか？　私たちは侵略しますから、と言ったのです。それが、私が初めて中国のナショナリズムを間近で味わった瞬間でした」

一三歳の署名活動、軍隊、出馬

父からは知の力、母からは行動の力を学んだ。父の呉博士は今でも「最近、何を読んだ？」と訊くという。それは「お前はまだ成長しているのか？」という父なりの問いかけだ。呉怡農に「私の仕事は本を読むことだ」と言っていた。

「本を読むことでお金をもらえるのだから、世界で一番好きな仕事だったはずです」

広告の仕事をしていた母も、一九九一年に一一歳だった呉怡農を抗議活動に連れ出した。何に抗議しているのかわからないながら、幼い頃から「自分は無力ではない、自分には主体性がある、自分の周りの世界は自分のものであり、他の誰かではない」ことを教えられた。

「私が初めて自分の意志で参加した社会運動は、一九九四年だったと記憶しています。第四の原子力発電所が一般市民の意見聴取なく行政院によって可決されたのです。当時は国民が意見を言うことはできませんでした」

直接投票による総統選挙が始まる二年前だった。呉は一〇万人の署名を集めに回った。

「一三歳の私は街角に立って大人たちに、署名してください、署名してくださいとお願いしていました。はっきりと覚えているのは、署名は難しいことです。私は子どもなので、耳は傾けてくれる。でも、私がサインをさせようとしていることがわかると、すぐに後ずさりしてしまう。まだ恐怖があったのです。政府に批判的だと解釈されるようなものに名前を書くのは嫌なわけです。それが文化であり、空気でした。ほんの三〇年前のことです」

「あと一つ署名があれば、あと一人獲得できる」という説得の粘りを学んだ。

ところがそのまま政治を志したわけではない。得意な数学を活かして経済学を専攻した呉が進んだのは国際金融の道だった。一〇年間、ゴールドマン・サックスの香港支社に勤務し、投資先の企業分析に勤しんだ。三年間ヘッジファンドにも出向している。

しかし、民主化の泰斗である政治学者の息子である。程なくしてジャーナリズムに目覚める。台湾のニュースメディアに香港や欧米にあるような調査報道を持ち込みたいと考え、市民メディアに投資したがうまくいかなかった。

「自分の関心事を書いてもらうためには、人に頼むわけにはいかない、自分で書かなければならない。これはお金の問題ではない。だから、書き始めたのです。記者になりました」

フリーランスとして国家安全保障に関わる記事や論説を雑誌に投稿するようになった。また、軍隊での経験も彼を変えた。アメリカ国籍を放棄して台湾に戻り、陸軍航空特戦指揮部で伍長《ごちょう》まで務めあげて除隊になった。

民進党政権の政府で国家安全局に勤務し、二〇二〇年の立法委員選挙への出馬を決断した。

「本当に影響を与えるためには、有権者を納得させないといけない。有権者がボスなのです。申請書を書いて党の指導部に提出しました。出馬理由と戦略です。当時の党幹部はこういう申請書をもらったのは初めてだと言っていました」

アメリカに長く住むと中国の民主化を夢見るようになる。「台湾民主化英雄二世」は台湾の民主主義を守るための「普遍的な価値のための戦い」にも覚醒しているが、それは中国の民主化にまで及ぶ。「中国の社会の規模、影響力に鑑みて、寛容で少数派の権利を尊重する中国になることが人々の共通の利益になる」と呉は唱える。無論、楽観的ではない。テクノロジーは民主主義を促進するどころか、中国ではそれが逆に作用する「テクノロジーによる監視国家化」が進んでいることにも自覚的だ。

「台湾におけるアメリカの影響で非常に重要なのは、ここ数十年の出来事だけではないということです。台湾が民主主義国家として発展していく過程のすべてで重要です。台湾が民主化するまでにどれほどの時間がかかったか、人々は忘れているのではないでしょうか。何世代にもわたる活動家たち、そして最後に国際社会が後押ししてくれたのです」

戒厳令時代を知らない台湾の若い世代に、父親の世代がアメリカで受けた民主化への刺激も語り継いでいきたいと筆者に語る。

台湾アイデンティティ

ただ、こうした新世代の国際派や、彼らの活躍に目を向ける『六〇分』のような米報道にもかかわらず、まだまだアメリカでの台湾イメージは、「反中国」の文脈で、中国に侵略されそうで危ないかわいそうな存在、あるいは「民主主義版の中国」という位置づけにとどまりがちだ。アメリカ人に難しいのは、台湾の党派性とアイデンティティの結びつきである。

アメリカ人はとかく「保守」「リベラル」のアメリカ式の二項対立を他国に当てはめる。アメリカの政治常識から、台湾の「ブルー」と「グリーン」を真ん中で分割し、左右それぞれの中央寄りを「穏健派ブルー」「穏健派グリーン」として分類したくなるのだが、この四分割を排除しているのが、東京外国語大学の小笠原欣幸《おがさわらよしゆき》名誉教授による「台湾アイデンティティ」を巨大な中間派として描く手法だ。

左右に台湾・中国の「ナショナリズム」があり、真ん中にあるのが「台湾アイデンティティ」だ。これが曲者《くせもの》で、「台湾」と名づけられているので、台湾ナショナリズムの類似物かと思いきや、もう少し幅の広い概念である。現代の台湾では大多数が「台湾人」というアイデンティティを持つようになっているが、その内実は複雑で、決して台湾ナショナリズムや独立を志向しているわけではない現実を最も正確に描写している分類法である。

「族群」と国家アイデンティティ

台湾の政治の難しさはこの国家アイデンティティをめぐる分断以外に、「族群」と言われるエスニック分類があることだ。台湾に長く存在してきた時系列順に、原住民（先住民）・閩南《びんなん》系本省人・客家《はっか》系本省人・外省人といったグループがある。閩南系のことはホーロー人（福佬人・河洛人）とも呼ぶ（第5章参照）。

台湾政府によれば人口二三三七万人（二〇二三年六月時点）のうち漢族が九五％、原住民が二・五％、その他の東南アジアなどからの新移民二・五％と公表されている。ところが「漢族」についてはそれ以上の内訳を明らかにしていない。

台湾における「族群」は人種区分のようなものではなく、漢族でもあり閩南系でもある客家などが典型例だが、「マルチ・アイデンティティ」で、しかも外部からの「名指し」で決まるのではなく、自分がどう「名乗る」かという「認同」（アイデンティティを感じることや賛同）で決まる。祖先のどこかで原住民の血が入っている人、親族が大陸から来た過去の示し方、客家「でも」あること。いずれも外部からの乱暴な掘り起こしはセンシティブで、引き出し方、聞く主体や場面で答えも揺れる。だから国勢調査的な確定版の「族群」比率表は存在しない。

二〇二一年の行政院客家委員会調査は、「客家」自意識の調査の傍ら、他の属性への意識分布も示している。サンプルの抜きとりでの電話調査による複数回答で「台湾客家人」「大陸客家人」「福佬人（河洛・閩南人）」「大陸各省市人」「原住民」の五択で尋ねている。

先の分類で複数回答では閩南系本省人にあたる「福佬人」が七六・七％、客家系本省人にあたる「台湾客家人」が二〇・二％、「大陸客家人」は一・三％、外省人にあたる「大陸各省市人」は八・六％、そして「原住民」が四・五％である。「その他」〇・六％の内訳は「華僑客家人」「中国人」「外国人」などだ。単独回答になると「福佬人」「原住民」がそれぞれ約五％、一・五％ほど数を減らす。

圧倒的に閩南系本省人が多数派で、外省人が少数派だとわかる。つまり、数の上では劣勢の側が長年台湾を統治していた。しかし、純粋な外省人だけが国民党を支持するなら二大政党の拮抗《きっこう》は生まれない。国民党時代からの支持を変えない台湾生まれもいれば、外省人と結ばれた原住民もいて、国民党は非外省人の支持も得て地方政治で勢力を維持してきた。

ただ、二〇〇九年以降、五択を示しても「台湾人」としか言わない人が一定数いる。この年の調査でも一七・三％が選択肢にない「台湾人」とだけ答えた。政府の客家調査に「族群」意識を言わない慎重さや、「中国人ではなく台湾人」という「台湾アイデンティティ」意識の混在と見られる。

この「族群」意識は、海外の国勢調査に上手にはまらない。例えば北米の台湾移民が「タイワニーズ」と名乗るか、そう言わないかは、アメリカ政府の国勢調査部門が想像する以上に、人口動態的に固定化されていない、恣意《しい》的で政治的な行為だ（のちに第6章で詳述する）。

だからこそ「族群」政治を「アイデンティティ・ポリティクス」、「族群」メディアを「エスニック・メディア」と直訳すると、アメリカ人には誤解を招く。先住民以外のアメリカ人は、奴隷の子孫のアメリカ黒人でも、多くは星条旗に忠誠を誓う。国家のアイデンティティまでが台湾のように分裂しているわけではなく、ヒスパニック、黒人などのエスニシティと連動するパラレルな「国家定義」が併存しているわけでもない。

台湾では漢族の本省人であれば「台湾ナショナリズム」が強くなるなど、「族群」と国家アイデンティティが一定程度絡んでいる（もっとも、客家は民進党と国民党支持で割れている し、原住民の国民党支持傾向は、閩南系や民進党との複雑な歴史的経緯によるもので「中国アイデンティティ」とは関係がない)。

また、アメリカは白人とケニア人の子のバラク・オバマ元大統領や、カリブ系黒人とインド人の子のカマラ・ハリス副大統領が「黒人」とされるように、単一属性を強要されるが、アジア系や華人の重複区分である台湾の「族群」は、重複的アイデンティティである。

だが、共通性が一つある。それはアメリカでも保守・リベラルの党派性や、民族、宗教の政治性は、日常にはあまり可視化されないことだ。それが表出される特殊な機会が二年あるいは四年に一回の選挙である。台湾でも選挙運動中は「族群」意識を活性化し、人々を連帯させる。街角やテレビに閩南系の母語である台湾語の演説がこだまする。

では、選挙は、台湾にどのように根づいたのだろうか。そして二〇二二年版『六〇分』でアメリカと世界に紹介された「民主化後の台湾」、すなわち「台湾イメージ」のバージョンアップに、民主的な選挙やキャンペーンはどう関係しているのだろうか。次章で見てみたい。

第2章　民主化の動力と白熱する選挙

アメリカ式の選挙キャンペーン

台湾の外交官は「これ」という外国の要人に向けて必ず「台湾に選挙を見に来てくださ い」と招く。百聞は一見にしかず。とりわけ、米台断交前の蔣介石のCBS『六〇分』の台湾イメージで時計の針が止まっていそうな年配層のアメリカ人に効果的だ。「台湾は変わったのだ」と知らしめるには選挙を見せるのが一番なのは、台湾の選挙キャンペーンがアメリカ人にはどこか既視感に満ちた興奮を覚えさせるからだ。

アメリカ政治にキャンペーンの実務から入った筆者も、最初に台湾の選挙に出会ったとき、

国民党・総統選侯友宜陣営の集会、桃園市内、2024年（筆者撮影）

まったく同じような鮮烈な印象を感じた。

台湾のキャンペーンは、部分的にアメリカ風、日本風、台湾オリジナルが混在する。メディア戦略の「空中戦」はアメリカ式、地元運営などに一部日本風があり、総合的に台湾らしい進化を遂げている。選挙の「アメリカ化」といえば、ビッグデータの使用や世論調査技術が指摘されることが多いが、台湾で興味深いのは集会の演出におけるアメリカ化である。

地域住民が公園に三々五々集まる「地上戦」型の集会と違って、大規模動員型の集会はメディア向けアピールの「空中戦」である。電飾、巨大モニター、ステージ、音響、クレーンカメラ、固定カメラのやぐら設置など、基本的にライブやフェスのようなコンサート風設営を行う。

午後の明るいうちから歌手が音楽で盛り上げ、地方議員や応援団の著名人が次々に演説し、クライマックスで候補者が登場するのが定番のプログラムだ。観客は「映像素材」の役割を背負わされる。参加者はサッカーの応援のように顔にペイントを入れ、旗を振り、奇抜なコスチュームや応援プラカードを掲げてカメラに満面の笑みを振りまく。アメリカの党大会に酷似している。

最近ではこれにドローン空撮が加わっている。台湾の政党は動員数の威圧感の演出にしのぎを削る。国民党であれば巨大な「青天白日満地紅旗」をマスゲーム風に広げる空撮に凝る。台湾の大規模集会では常に屋外開催が好まれる。これは空撮にはもってこいである。米民主党がデンバーの二〇〇八年党大会で花火打ち上げのため「屋根なしスタジアム」を試したが、アメリカでは屋外は極めて異例だ。基本はセキュリティ管理やテレビ撮影上の照明調整もしやすく、天候にも左右されない屋内施設を好む。

台湾は「電飾」好きだ。寺や廟《びょう》の入口にまで、ニュースフラッシュのような電光掲示板がチカチカ流れている。スタジアムの観客席にテレビ局の中継ブースやネオンサインをちりばめたアメリカの党大会を彷彿《ほうふつ》とさせる。キャンペーン・カラーのネオンが光り輝き、夜になるとスポーツのナイトゲームの会場のような眩《まぶ》しさになる。

夜市文化との結合からユニフォームまで

台湾の政治集会は、台湾特有の夜歩きの夜市文化と一体化している。

台湾の夜市は三種類の露店に分かれる。飲食物、ゲーム、物販だ。ゲームは射的、輪投げ、

候補者の写真入りマグカップ（台北・龍山寺）（筆者撮影）

パチンコ、くじ引き、風船すくいなど日本の夏祭りの縁日を彷《ほう》彿《ふつ》とさせる。物販はスマホケースからハンドバッグ、包丁まで、いわば東京・上野のアメヤ横丁的な風情である。

戒厳令時代に単身の軍人や労働者が安価な夕食を求めたことに由来する飲食屋台は、屋台の造りが金属製の中華風である。基隆《キールン》や台北など北部の夜市の特質だ。南部や東部など日本統治時代の影響が強く残存する地域では縁日風になり、台南の花園夜市などの一角は完全にピンボール遊戯場である。地方では家族経営の露店で、幼い子どもが店番をしている。

台北や都市部は観光客、地方は夕涼みがてらの家族連れと地元の中高生でごった返す。香港の九龍《クーロン》地区旺角《モンコック》の女人街にも、台湾の夜市に少し近い露店が存在するが、物販中心で、規模も台湾には見劣りする。

この夜市と政治は台湾では相乗り関係にある。二〇二〇年総統選の前年夏以降、高雄の夜市が国民党の韓国瑜市長の応援のグッズ販売で沸いたことがある。「庶民の味方」つながりで、当時まだ台湾で人気があったトランプ大統領のグッズと一緒に売り出された。選挙集会の会場付近にも露店が進出する。候補者のグッズ店だけでなく、フランクフルトやアイスクリームの店が割拠し、夜市への散歩感覚で集会に参加する。キャップ、バッジ、キーホルダー、Tシャツ、マグカップ、政治家の人形。党の公式グッズではない商品を売る非公式店舗もところ狭しと並ぶ。コンサート会場さながらだ。アメリカの党大会の出店やグッズと似ている。もともとアメリカも台湾も政党の収入目的だったが、今は大事なイメージ戦略の一つになっている。グッズを身につけた人が街に溢れることが自動的に宣伝になる。

天安門事件30周年イベント。チベットの旗、LGBTQを象徴する虹色の台湾旗、台北「自由広場」2019年（筆者撮影）

政党の思想をめぐる書籍即売会も開かれる。アメリカでも党大会や集会に保守やリベラルのイデオローグの本や候補者の回顧録を持ち込む集団がいる。保守派の減税活動グループの「ティーパーティ」は自分たちの自費出版の本をよく配布していた。

台湾の民進党の集会では、中国史としての中華民国史とは異なる台湾固有の歴史を重視する「台湾史」や、日本統治時代を肯定的に再評価する「日本懐古」の書籍も並ぶ。ただ、前章末で述べたように、台湾の政治は、アメリカの保守・リベラル、日本の右派・左派の二項対立に当てはまらない。民進党は同性婚や環境、人権など国内の社会争点ではアメリカの民主党穏健派も驚くほどのリベラルさだが、両岸関係では厳しい対中姿勢で強い外交安保に邁進《まいしん》する。

それがグッズにも浮き彫りになる。チベットの旗、LGBTQのレインボー旗、「反核」の旗、台湾の島を描いた緑色の民進党の旗が同じスペース内にはためく。選挙だけでなく節目の政治イベントも同じで、二〇一九年六月に中正紀念堂前で行われた天安門事件三〇周年イベントで集結した「民主派露店」と同一類型である。

陣営が配る無料広報物の小物には興味深いノベルティも多い。選挙戦では三〇元以下の物品の配布が許されていて、応援で振る小旗のほか、お年玉の紙袋のようなものに入れられた綿棒セットや、候補者の顔写真入りのポケットティッシュ、ミネラルウォーターなど実用的お土産も人気だ。

「ユニフォーム」文化は日本式だ。ウグイス嬢から学生ボランティアまでお揃いのジャンパーを着て、候補者もハッピやハチマキをつける習慣があるのに近い。肩から名前を袈裟《けさ》懸けにする「タスキ文化」も同じだ。候補者事務所には胡蝶蘭《こちょうらん》が飾られる。ただ、亜熱帯に位置する台湾の「選挙服」はノースリーブのチョッキが伝統的である。

服装による庶民アピールを最初にしたのは第三代総統の蔣経国であったが、総統が野球帽を被る行為は当時としては衝撃的だった。政治家がチョッキを着るのは、チョッキが庶民の服だからだ。道教の廟や地域の作業着で「係員」が着る制服でもあり、政治家が着ることで、庶民への寄り添いを演出した。二〇一二年の総統選の勝利演説でも馬英九は黒いベストで演説した。

だがこの名前入りのチョッキは古臭いと、民進党がいち早くファッション改革に舵を切り、二〇一六年あたりからお洒落《しゃれ》化が加速している。二〇二〇年はウインドブレーカー、二〇二四年はスタジアムジャンパーで統一。対抗して国民党もジャンパーを導入するようになった。

アメリカへの移民の変遷

このように台湾の選挙には日米由来と「台湾オリジナル」が混在しているが、「アメリカ風」はどのように輸入されたのだろうか。

一九五〇年代から二〇一〇年代までの六〇年間、台湾からアメリカへの移民は五〇万人強いるが、分類によっては、そのうち半数くらいが戦後中国大陸から来た外省人とも言われる。台湾ではおよそ八割が本省人なので、初期渡米組の外省人比率は際立っていた。ジーン・ラウ・チンが指摘するように初期流入者の多くはエリート層の留学生で、大陸横断鉄道敷設に尽力したような大陸の広東系労働移民の子孫とは社会経済的な階層差があった。

一九六五年、ジョンソン政権の移民法改正でアジアからの移民が増加する。一九六〇年代から一九七〇年代にかけて、多くの華人がやってきたが、香港、マレーシア、シンガポール、そして台湾からだった。一九七一年台湾国連脱退、一九七二年ニクソン訪中、一九七八年米中国交正常化、一九七九年台湾関係法の激動の一九七〇年代に台湾移民が八万人台まで増加した。

彼らは学生ビザでやってきた。台北移民一世の市民は筆者にこう語る。

「大学院生が専門職の免許を取得し、会計士、医師、弁護士、エンジニアになるわけです。ほとんどの人は裕福になると郊外に出ていく。当時は台湾人しかいませんでした。大陸の中国人はいません。文化大革命の最中ですから。彼らは混乱の中にいました」

一九八〇年代からは急激に台湾本省人が増えた。前章で触れた美麗島事件の影響である。在米海外留学生の世界一の数を誇っていた台湾は現地に巨大なコミュニティを築いていった。権威主義的な母国に戻りたくないという思いからである。また、一九八七年の戒厳令解除を経て、一九九〇年代には李登輝政権のもとで台湾民主化が一層進展し、二〇〇〇年に民進党政権の誕生に至る。

この民主化の果実を生み出す上で、一九八〇年代から一九九〇年代にかけて、アメリカ各地でキリスト教会や国民党ブラックリストの潜伏活動家が連帯して民主化運動を外から支援した。かつて日本人駐在員街だったニューヨークのフラッシングは、第二チャイナタウンの「リトル台北」として隆盛を極めた。日本語が母語の李登輝世代の高齢層移民も増え、同地「台湾会館」は蔡英文など台湾総統が訪米で詣でる「聖地」として定着した。

アメリカ留学組、三つの貢献

二〇〇〇年代までにアメリカで博士号を取得した台湾人のおよそ四分の一は台湾に戻り、大学、メディア、ビジネス界、外交部などに散っている。だが、一九八〇年代に民主化運動でブラックリスト入りした本省人は帰れなくなった。それが逆に民主化運動のエネルギーになる。

アメリカの台湾系社会には同郷会がある。これが一九八〇年代以降、台湾民主化を動かす。「台湾の声」というラジオ放送も在米台湾活動家の結束を促し、長老派教会が拠点となってアメリカ国内外にメッセージを発信し続けた。中国の民主化は一九八九年の天安門事件以降、躓《つまず》いた。台北教育大学の何義麟《かぎりん》教授は「台湾と中国の決定的な差は、民主化を求める移民ネットワークが外部に築かれていなかったことにある」と指摘する。

デモクラシーを台湾に輸入したのは誰なのか。その前哨《ぜんしょう》は一九五〇年代以降の台湾の知識層の若者たちの海外留学だった。そして、台湾の在米亡命組が「アメリカ式選挙」を持ち

1986年民進党結党時の立役者18名。左から２人目が邱義仁（出典：『緑色年代1975～2000』）

帰った。台湾式の風習に馴染ませ、広告やインフルエンサー選挙まで、世界の選挙キャンペーンの最先端を走る台湾式選挙を作り上げたのである。

当時の経緯を知る生き字引に民進党の立ち上げメンバーの一人、邱《きゅう》義《ぎ》仁《じん》がいる。陳水扁政権で行政院の秘書長や副院長など要職を歴任したアメリカ通だ。台湾大学を経て渡米し一九七〇年代末にシカゴ大学で政治学修士号を取得。対日外交のトップも歴任している。筆者が北海道大学で教鞭をとっていた頃は、北大で客員研究員をしていた。札幌の時計台付近の店で鍋をつついていると、台湾民主化のレジェンドにはとても見えない気さくな紳士であった。

民進党内の「新潮流」運動を牽引したことで知られるが、「ミスター選挙」でもある。一九七三年に台湾初の立法院の補欠選挙での運動員を皮切りに、二〇〇〇年総統選で選対本部長として陳水扁を当選させた辣腕《らつわん》である。

邱によれば、台湾の海外志向の若者はまず日本に行った。台湾独立運動も日本で始まっている。しかし、その後アメリカ組が増加した。アメリカ留学組は学問的に国民党を相対化することに着手した。邱は党派を超えたアメリカ留学組の台湾への貢献を三つあげる。

第一に、国民党の客観視だ。アメリカで語られている国民党は、台湾で統治される立場で知っていた姿とはまるで違ったのだ。まずアメリカで学んだ者から順に国民党の性格を深く理解するようになったという。

第二に、国民党の正統な教義や歴史観と比較するために、別の理論や異なる歴史観を提供し、多くの台湾人に代替案を提供したことだ。特に若い世代の台湾の学生たちに目を見開かせた。邱と同じくシカゴ大学に留学し政治学博士を取得したのが前述の政治学者、呉乃徳である。彼は国民党が権力を永続化する「パトロネージ」のシステムで博士論文を書いたが、これらの研究が台湾に知的に還流した。現在の中国人留学生も同じだが、権威主義体制下での自由な社会科学の研究は極めて難しい。民主主義圏に留学することの意義は、自国で書けない論文を書くことにもある。

そして第三に、多くの台湾人学生がアメリカの大学を卒業し、自分のキャリアを発展させるためにアメリカに留まるようになったことだ。次第に彼らは台湾の運動に寄付や献金をするようになった。

なぜ民進党は選挙キャンペーンに長けているのか

国民党に対してゲリラ戦で選挙戦を挑む必要があった民進党の事情を邱はこう説明する。

「国民党はほとんどすべてを支配していたからです。メディアも、農民組合や漁民組合といった草の根の組織も、多くの企業団体も。彼らは一般庶民に直接訴えるつもりはありませんでした。団体を通じて有権者を動員できると考えていたのです」

国民党はメッセージや伝え方を工夫する必要性がなかった。アメリカの選挙現場では「動員」と「説得」は違う概念だ。すなわち国民党は「動員」依存で、民進党は「説得」に専心した。社会的な草の根組織がなかった民進党は、「市民を動かすために宣伝する」必要があったのだ。

さらに邱によれば、国民党が「民衆のデモ的な集会を好まない」ことも理由だったという。権威主義的な政権や政党が持つ性質として、大勢が自主的に集まることを嫌うからだ。民進党と比べると国民党の選挙運動は静かで組織化されていた。「国民党の選挙戦を見てごらんなさい。グループごとに、どこどこの県とか農民組合とか書かれています。動員です。自分で来たわけではない。二時間後には帰ります。バスの予定時刻ですから。非常によく組織されています。でも、感情がない」。

動員中心の選挙が有権者の好奇心を殺したと邱は分析する。候補者の演説内容をすでに管理されたメディアや組織を通じて知っていれば、なるほど受け身になるだけだ。結果として政党の演説草稿の力も候補者の発言力も磨かれない。

台南市内で辻立ちする父と娘の陳亭妃（陳亭妃氏提供）

民進党のキャンペーンの底力は、単に選挙コンサルや広告代理店風の先進的なメッセージ戦略に長けているだけでなく、その足元に血の滲むようなローカルの集会文化がある。戸別訪問文化がない台湾では、地域の集会がゲリラ的な「地上戦」だった。メディアは国民党の代弁しかできず、「党外」活動家が自分の声を聞いてもらうには集会しか方法がなかったのだ。辻立ちもその一つだ。

民進党立法委員の陳亭妃《ちんていひ》は、一九九八年に二三歳で台南市議に初当選した。二〇〇八年に立法委員に当選し、職業政治家の人生を歩んでいる。その彼女の幼少期の写真を陳水扁元総統がSNSで紹介したことがある。党外の台南市議だった父親の辻立ちに付き添いタスキをかけてマイクを握る姿だ。当時、七歳。祖父と父と非合法ラジオを聴いて育った。

初当選のときに前任者の女性政治家が言ったことを陳は忘れられないという。「あなたのように若くして政治家になったら、家族や恋愛を犠牲にしなければならないよ」。

予言は正しかった。陳は二〇代の普通の若者が味わう自由を犠牲にした。だが幼少期から政治が人生の一部になっていた彼女には苦ではなかった。子どもが見るようなアニメではなく、議会での父親の質問を録画したビデオを見るのが趣味だった。今でも候補者自ら動く「地上戦」を大切にしている。初当選の選挙で一五キロ痩せ、靴を三足履き潰した。当時は若手にチャンスは少なかった上に、党外や民進党の候補はメディア露出が困難だった。こうした苦境の中ではフィールドを走り回るしかなかった。

台湾の選挙CMと「市民俳優」

国民党が選挙キャンペーン技術で出遅れた最大の理由は、国民党の指導部の年齢層が高く、幹部組織の「主委会」が変化を好まないことにあった。その国民党が蔡英文政権以降、全力で追いつこうと努力している。ニューメディア戦略を担う科学技術責任者も任命された。

変化の兆しは二〇二〇年総統選の韓国瑜の旋風だった。高雄市長だった韓の選挙戦はポピュリズム戦略で一般市民の怒りの感情を焚《た》きつけた。韓国瑜は非エリートのダークホースとして国民党に失望している有権者の怒りと民進党政権への憎しみを団子のように糾合《きゅうごう》した。韓国瑜はまさにポピュリストの救世主であった。

筆者が取材した韓国瑜陣営のキャンペーンは、どれも国民党離れした情熱的なものだった。投票数日前から陣営は一風変わったスポットCMを流した。音楽とキャプションだけでナレーションなしの、まるで映画のトレイラー（予告編）のようなスタイリッシュな作品だった。

台湾の選挙CMは直前期に洪水のように流通する。米大統領選挙の予備選挙期のアイオワ州、ニューハンプシャー州、本選直前のオハイオ州の集中豪雨的な量が少なく感じられるほどだ。選挙をモチーフにした一般商品のパロディ広告まで流れ、市民の日常生活の目に入るもののすべてを選挙一色にしてしまう空気感はアメリカ以上である。

前述の韓陣営のCMは中華民国軍歌『夜襲』の歌詞をテロップに仕込んだ。退役軍人は支持基盤だ。投票前々日に「総統府包囲網」集会を企画し、その予告を盛り込んだ。総統府前「大集合」はさながら倒閣デモで足の踏み場もなく、取材した筆者も押しつぶされそうになった。

選挙広告の長い歴史を持つアメリカで経験的に証明されているのは、一般市民の支持者、すなわち「市民俳優」が一番効果的な素材だという法則だ。パンフレットに載せるスチール写真でも動画でも、俳優ではなく一般の支持者の方が良い。興奮している人、目に涙を浮かべる人、候補者に握手を求める人。支持者が集まる集会は「素材」の宝庫だ。有権者は「皆が強く支持しているらしい」という「ムーブメント」に無意識に影響を受ける。

結局、本物の有権者が一番の「素材」というのはアメリカ流の発想だが、肖像権意識が比較的緩い台湾ではとりわけこれがやりやすかった。動画時代になって以降、アメリカの集会の現場では「この集会は陣営が撮影しています。あなたの顔が広報物などに利用されることがあります」と警告が貼られるようになった。台湾では注意書きはない。パンフレットどころか、知らないうちにテレビCMに自分が「出演」していることもある。

実業家候補は広告枠の大量購入はできても、支持者の熱狂は買えない。エキストラ動員をかけても、ソーシャルメディア時代には「やらせ」は参加者から情報が漏れる。トランプは実業家でもあるが、支持層の大衆的な熱狂は本物だったから、広告戦にも真実味が出た。

許信良の留学、当選、亡命

台湾のこうしたキャンペーンの原型をアメリカから持ち込んだ人物がいる。国民党に長く入国禁止にされ、アメリカに亡命していた台湾民主化の立役者の一人、許信良《きょしんりょう》である。一九七〇年代末に桃園県長を経て一九九〇年代を通して民進党主席などを歴任した。筆者はコロナ禍が台湾で激しさを増し始めた二〇二一年五月に台北で会見した。

許が民主化への精神的な刺激を受けたのは留学先のイギリスで、一九六七年から二年間、政府給付で学んだエジンバラ大学時代だった。現地の学生運動に感化され、権威主義体制に疑問を抱くようになる。許はこう回顧する。

「台湾は当時、独裁者の支配下にありました。学生だった私は恥ずかしかった。なぜかって、彼らの国はとても優れていて先進国なのに、学生たちは自分たちの国がさらに良くなることを望んでいたからです。民主主義や自由を含む普遍的な価値を要求していました」

政府に対して物申す学生がいなかった台湾を顧みて、許はスコットランドで「台湾に戻ったら何かしよう」と決めた。

しかし、許は国民党に奨学金を給付されて留学したため、帰国後は国民党で働いた。国民党改革派の言論誌『大学』に参画し、地方議員として政治キャリアを重ねた。アメリカの選挙に興味を持っていた許は、地方議会時代にアメリカ訪問のチャンスを摑《つか》む。初渡米は一九七三年、国務省の招きで一ヶ月間の視察だった。この渡米が許の人生と台湾の選挙を変えた。

「私たちの政治キャンペーンは、実はアメリカのやり方に影響されました。すべてです。政策、綱領、宣言、演説。どのように宣伝するか。政治家として私は綱領が重要だと考えていました」

国民党は候補者選別システムも含め、キャンペーンについては民進党を模倣したという。一九七七年の桃園県長選はその節目の実験になった。国民党の推薦を得られず無所属での出馬となった。戒厳令下では選挙キャンペーンが唯一の合法的な自己主張の手段だった。公開の演説会は言論活動を兼ねており、選挙を口実に普段できない言論を吐き出した。

許の選挙戦は荒れた。中壢《ちゅうれき》では不正投票に抗議する市民が、不正調査を行わない警察分署を包囲し、騒乱の中で死者も出た（中壢事件）。「選挙、最終日のことを覚えています。政府が何か口を出そうとしたようですが、無事に終わりました」と許は思い返す。

見事に当選した。許はこの選挙が台湾選挙史の転換点だったとこう回顧する。

「私のキャンペーンは台湾の歴史に残るものでした。やり方も、選挙本部も、何もかも、アメリカ式を台湾に持ち込もうとしたのです。それ以降、民進党の選挙運動はそのモデルに倣いました」

しかし、一九七九年の美麗島事件中、たまたまアメリカ訪問中だった許は、国民党政府に台湾への入国禁止措置を受ける。運命に吸い寄せられるように、そのままアメリカに留まった。亡命は一〇年にも及んだ。

二つの死亡事件とアメリカの圧力

外からの民主化運動のために『美麗島週報 Formosa Weekly』をロサンジェルスで仲間と刊行した。一九七九年に許信良ら党外活動家が発行した雑誌『美麗島』のアメリカ版である。三人の子どもたちはニューヨークに、そして許夫妻はロサンジェルスで息を潜めて暮らした。居場所を突き止められないように、台湾人との交流は控えた。「国民党の工作員はアメリカのどこにでもいるし、大学には中華系や台湾人のコミュニティがあるから」と振り返る。許は折しも一九八〇年代にあった二つのアメリカ絡みの事件への恐怖が関係していたと明かす。台湾の民主化をアメリカが外から駆動するきっかけになった事件だ。

一つは許らの雑誌『美麗島』の熱心な寄付者でもあった陳文成《ちんぶんせい》の死亡事件だ。台北出身の陳はミシガン大学で博士号を取得している統計学者だった。カーネギーメロン大学の助教授だった一九八一年当時、台湾に里帰り中、『美麗島』への献金の罪で警察の取り調べを受ける。その翌日、台湾大学の敷地内で、遺体で発見された。不審死である。

もう一つはその三年後の一九八四年に起きた作家の江南《こうなん》殺人事件だ（本名・劉宜良《りゅうぎりょう》、ヘンリー・リュー）。蔣経国の伝記を無許可で出版し、カリフォルニアの自宅で射殺された。FBIに実行犯の台湾暴力団「竹聯幇《ちくれんほう》」が逮捕され、国民党との関係を疑われる証拠が出てきた。

二件とも被害者はアメリカ国籍を持ち、しかも二件目はアメリカの国土内での暗殺だったことから、米政府は看過しなかった。当時、連邦議会下院外交委員会アジア太平洋小委員会

美麗島週報編集部（1980年）。許信良（中央）。活動家仲間が滞在する拠点でもあった。右下は秘書で記者出身の陳婉真（陳婉真氏提供）

を率いていたスティーブン・ソラーツ委員長（民主党）は、アジア地域の民主化推進派だった。一九八二年には「台湾のすべての住民の人権を保護し促進することがアメリカの目標である」ことを確認する「台湾決議五九一」を提出している。事実上の戒厳令解除の要求だ。

陳文成死亡事件を受け、ソラーツ委員らは議会公聴会を開き、「国民党がアメリカのキャンパスで行っている監視活動」に関する調査報告書が議論された。陳が教鞭をとっていたカーネギーメロン大学の学長も議会公聴会で「台湾の学生の安全」について懸念を表明。学長の要請で科学捜査専門家が台湾に赴いて調査をすることになった。

二件目の江南殺人事件でも、下院の委員会が議会報告会を開催したことで、米メディアもアメリカ国内で行われる白色テロ行為を書き立てた。映画『裏切られた台湾（Formosa Betrayed）』（アダム・ケーン監督、二〇〇九年）はこの一連の事件をモチーフにした作品だ。

これらと相前後する形で蔣経国は一九八二年一月にアメリカに特使を派遣し、レーガン政権の国家安全保障会議アジア局長のガストン・シグールに、民主化を含む台湾の政治改革について考えを伝えている。一九八六年にはこの計画をあえて『ワシントンポスト』に公表してアメリカ世論にも訴えた。一九八六年、国民党政府は民進党結成を認め、一九八七年に戒厳令は解除された。

人種差別とデモクラシーの価値

許信良はロサンジェルス中心部と北東パサディナを結ぶハンティントン・ドライブ沿いに住んでいた。『美麗島週報』編集部をメキシコ人街に置いたのも華人や東洋人を避けるためだった。戦時中の強制収容所送致でもぬけの殻になった日系人街にメキシコ移民が居着いた地域だ。その方が安全だったからだ。実際に住んでいた当時は、華人コミュニティには近づかないようにしていたという。国民党がいそうな場所、とりわけチャイナタウンからは家族を隔離した。中華系や台湾人の新たな友人も作らず自ら孤立を選んだ。子どもが台湾語をうまく話せなかったこともあり、家族での会話は英語だった。

許信良のカリフォルニアでの亡命中、アメリカはレーガン政権だった。

「私はレーガンが好きではありませんでしたが、それはレーガンが操り人形だったからです。

大企業に操られた操り人形。彼は自分では何も考えていない。でも、レーガン政権がうまくいっていたのは、レーガン政権が優秀なスタッフを集めていたからです。周囲にいたのは大成功したCEOばかり。彼のスタッフは優秀で有能だった」

民主党に共感を抱いていたのは「普遍的な価値観に優しい」のが理由だった。アジア人はアメリカにいると人種問題の根深さに必ず目覚める。一九八〇年代当時もアメリカでは人種差別が深刻で、ロサンジェルス・ドジャースのゼネラル・マネージャーの黒人選手へのレイシスト的な発言に世論が辞任を求めたことを今でも覚えているという。社会の病理の状態の深刻度ではなく、その社会が持つ、問題に立ち向かう「姿勢や情熱」のようなものがデモクラシーの価値だと考えた。

「私はアメリカが最も偉大だと思っています。なぜなら、彼らは世界最大の問題である人種差別に対処しているからです」

大統領選挙からの啓発

許信良がアメリカ政治で感化され、台湾に持ち込みたいと願ったものは二つあった。一つは党大会的な集会イベント、もう一つは予備選挙だった。

アメリカの大統領選挙では秋からの本選挙のキックオフ前の夏に、四、五日かけて党大会を開催する。巨大屋内スタジアムを貸し切りにし、全米から参集してコスチューム姿で小旗を振る代議員の党員がフロアを埋め尽くす。大統領の正副候補の指名受諾や応援演説のステージが青、赤、白の風船だらけになり、音楽が鳴り響く。支持者を興奮させるし、メディア宣伝になる。そのエッセンスを持ち込みたいと許は考えた。子どもや家族と地域で集まって台湾語で話す。そうしたローカルなものとアメリカンスタイルのメディア戦略の組み合わせが許の想定だった。

アメリカの選挙資金パーティの雰囲気も学んだ。一九八四年大統領選挙では民主党の資金集めパーティにも、ひょんなことから潜り込んだ。中華系とのつき合いは避けていたが要所は摑んでいた。地元中華系有力者が民主党のモンデール陣営の資金集めパーティを開き、そこにゲストとしてマサチューセッツ州から参加していたエドワード・ケネディに面会した。この選挙でケネディは出馬を期待されたが、最終的にモンデール候補の応援に回っている。

許が構想したアメリカ風のキャンペーンが本格的に開花したのは二〇〇〇年総統選の陳水扁政権のチーム以降だったが、なるほどグッズ販売も、電飾も、ステージ演出も、聴衆に配る小旗だけではなく、余興の音楽を挟み、応援者の登壇、最後に党幹部や大物の演説というプログラムの構成自体がアメリカの党大会そのものだ。台湾では「造勢大会」のように「造勢」という語で気勢の盛り上げを表す。

一九九六年、台湾で初めての直接総統選挙が行われた。その民進党の候補争いに許は名乗りをあげたが、そこで支持者の声を直接取り込もうと試みた。

「台湾は世論調査のようなものを使って候補者を選んでいます。それは私が始めたことです。アメリカの予備選制度から学んだものです。大統領選挙だけでなく地方選挙でもアメリカには予備選があります。台湾ではかつては日本のように党が候補者を決めていました。それを変えました」

しかし、許はアメリカの制度を完全に真似ることはできなかった。アメリカの大統領予備選挙は「州で運営されていて州ごとに制度が違った」からだ。だから党で独自に開催した意見聴取の集会を開いたのだ。集会に集まった有権者と候補者が対話してから、集会に集まった人々が投票した。

話を聞いていて既視感があった。アメリカの予備選では候補者が投票所に当日に訪れるわけではないが、直前まで候補者が現地入りし、小さな会合で有権者に語りかけて説得する。有権者同士が話し合い、集会の現場で参加者が決断するのは、アイオワ州などで長く根づいていた党員集会と瓜二つだ。アメリカが予備選挙を全米五〇州で順繰りに行うのと同じように、全土で集会投票を実施した台湾の予備選の黎明期《れいめいき》の意外な姿に、アメリカの予備選を専門にしてきた筆者は驚嘆した。

「総統候補を決めるために初めてこの方法を導入したのです。でもこの方法は続かなかったので世論調査を導入しました。世論調査で候補者を決める。今では民進党だけでなく、国民党もこのシステムを採用しています。これも私が導入したものです」

そう言う許は民主化に弾みをつける上で大衆に当事者意識を持たせる必要性を感じていた。「党のエリートが決めた候補者に社会的な支持がなかった」からだという。候補者を政党ではなく民意によって選ぶことが有権者を刺激し民主化を成熟させると信じたのだ。

異色の候補者選択方式

アメリカの政治学者のD・メイヒューがいうように政治家の目標が第一に「再選」であるならば、政治で一番大切な問いは「誰がどのように候補者を決めるのか」である。日本やヨーロッパの多くの国のように政党の権限の強い国もあれば、アメリカのように政党の権限が弱い国は党員が予備選挙で決めることもある。

党議拘束から政党の性格の統一性まで、政党が統一単位として確立していなければ、党幹部の判断だけで決める小選挙区の候補や比例名簿に従えない。政治学における候補者指名の比較研究では、どこまで指名の決定を政党幹部の外に開いていくかが論点となるが、台湾は異色の事例とされている。一つは方法がコロコロと変化していて制度が落ち着かないこと。

もう一つは国民党と民進党で違う歩みをとっていること。そしてもう一つは許信良が目論んだアメリカ式の予備選挙の導入が頓挫《とんざ》し、「世論調査」という方法に手を出したことだ。

民進党は結党当初は党幹部の投票、党員投票の半々で決定していた。途中、先述したように一九九六年に許信良の改革案として、党員による直接投票のほか、前年に二ヶ月半かけて台湾中を回り五〇回ほどの候補者演説と支持者による投票を実施した。この一般有権者の支持者投票を維持する方法として「世論調査」の導入が編み出された。

当初、党員票五〇%、世論調査五〇%だったが、これが二〇〇〇年に党員票が三〇%、世論調査七〇%となり、二〇一一年以降、小選挙区の一〇〇%を電話による世論調査で決定する方式を採用している。世論調査員が無作為に各家庭に電話をかけて世論調査を行い、政党の候補者を決定する仕組みは世界でもほとんど例がない。この方法で二〇一二年総統選の民進党候補者となったのが蔡英文だった。

国民党には違う歴史がある。国民党は一九八九年から党内の党員投票制度を試みていたが、紆余曲折を経て政党幹部による評価と世論調査が加えられ、党員投票と世論調査による方式が二〇〇〇年の総統選挙以降に確立された。当初は半々だったが立法委員選挙は党員投票三〇%、世論調査七〇%という「七三制」に落ち着いている。総統選は制度が定まらず、二〇二〇年は例外的に世論調査一〇〇%だった。

世論調査の落とし穴

世論調査方式の利点は、党員以外も参加できる徹底した開放性だ。しかし、弊害もある。

第一に、両党同日開催ではない。一定期間、世論調査の日が設けられるが、政党ごとに時期が違う。二〇一九年に民進党は六月、国民党は七月に行った。二〇二三年は民進党では不開催。国民党は郭台銘《かくたいめい》というアウトサイダーによる政党「乗っ取り」防止のため、党幹部だけで候補者を決めた。のちに第三候補の元台北市長の柯文哲が率いる民衆党と連合調整で、正副総統候補を決める世論調査だけ行った（結果として統一候補の交渉は頓挫）。

アメリカは二〇二四年以前までは州ごとに共和、民主が同日開催していた。同日ならば相手政党側の勝敗が、同州内では相互の結果に影響を与えにくい。開催時期をずらすと、先発実施の党の結果が、後続の党の争いに影響を与える可能性は排除できない。

第二に、世論調査なので、ごく一部の人にしか回答のチャンスがめぐってこない。政治に熱心で、意中の応援候補がいる有権者が意見を表明できず、政治に興味がなく誰でもいいと思っている人のもとに電話がかかってしまうこともある。投票所に出かける労力なしに、受動的にいい加減に意見を言うことも物理的に可能だ。

アメリカの予備選挙は、開放型の州では党派を問わず無党派層も参加できるが、投票所に行く手間もあるので、基本的には熱心な政党支持者が参加する。投票率は低くても、投票意欲が強い者で決めることに大義有り、と考えられている（後続州では候補者の選択肢が減少する、州間の不平等問題は別途ある）。

第三に、非党員、非支持者の回答が、人気を正しく反映しない可能性があるという問題だ。支持政党と無関係にランダムに世論調査会社から電話がかかってくる。例えば、民進党支持者のもとに国民党の世論調査の電話がかかってくれば、誰が国民党の候補になるのが民進党に有利かを考えて回答する可能性がある。そういう手の込んだことをする人は割合としては少ないので副作用は認められない、というのが台湾の選挙研究者の主流見解ではある。しかし理論的にはそういうインセンティブをもたらす。つまりこの世論調査は、純粋な党内人気の反映ではなく、相手側の政党を支持する有権者の妨害も入り乱れての（さながら本選第一段階のような）戦略的争いの性格を排除し得ない。アメリカで、共和党の候補を誰にするのが良いかを、骨の髄までリベラルという民主党支持者の意見を取り入れて決めているようなものなのだ。

相手側の世論調査の電話が来た際の回答の仕方について、草の根の支持者に陣営が大規模な秘密訓練を施せば、相手政党の公認選びに一定の影響を与えることも理論的には可能だ。実際、候補者陣営が電話回線を大量に契約して世論調査に影響を与えることも以前は行われた。候補者が自ら一〇〇〇台の電話を設置すれば、抽選される割合は少なくとも二％以上となり有効サンプルが増える試算をジャーナリストの胡文輝《こぶんき》は指摘している。

参加資格の間口が広く開放度が高い一方、やる気のある投票したい人でも確実に「投票」できるわけではない上に、非党員の声が党員と等価に扱われる。予備選挙の国際比較で、先駆的な研究を行う学習院大学の庄司《しょうじ》香《かおり》教授は台湾方式を「参加なき開放」と呼ぶ。「世論調査方式は党員や支持者の意思決定への参加の機会を奪うこととなり、党組織の存在意義が問われる事態となっている」と同教授は述べる。

もちろん、党の公認候補の選抜に有権者が参加できる開放性は、その機会がまるでない日本から見れば、少なくとも、政治への当事者意識の喚起ではポジティブに捉えられていい。

演説中の効果音とサントラ

総統直接選挙の黎明期に許信良らの集会演出に影響を与えたのは、一九九五年から一九九七年まで民進党の宣伝部主任を務めた陳文茜《ちんぶんせん》である。ジャーナリストを経てニューヨークの大学院の博士課程で学んでいたが凱旋《がいせん》帰国で民進党に参画。軽快な音楽やダンスを取り入れたアメリカ風のテレビ向け集会の演出は、陳の功績だと言われている。

後継者が演出上の試行錯誤でアメリカの集会演出を真似ていくうちに、台湾にしかないものも生まれた。演説中の効果音だ。アメリカでも演説の前後には盛り上げの音楽が鳴り響く。キャンペーンソングもあるし、応援のアーティストが熱唱する。しかし、演説の最中にサントラのような効果音を流し続けるのは台湾特有だ。

DJのように舞台裏の音響スタッフが、聴衆の反応や原稿の進捗を見て、クライマックスで「ジャーン」とドラのような音を入れたりする。参加者はまるでスペクタクル映画を観ているような気分になる。

台湾の選挙に慣れすぎるとアメリカの選挙演説が静かで退屈にすら感じる。アメリカでは演説中の音楽は御法度だ。政治家は素の演説力だけで聴衆を感動させる力を試される。演説中ずっとテクノ的な音楽や「ここで拍手」「ここで笑う」的な音響効果を入れることはない。

アメリカ式選挙を取り入れてきた台湾は、最終的に選挙集会をライブコンサートに進化させてしまった。有権者を政治家の難しい演説だけで数時間も足留めするのは難しい。トリの演説まで引っ張り感動させなければ次はない。台湾の選挙現場に漂うこの強迫観念はアメリカの比ではない。候補者の最後のお願いは、アンコールの大合唱前の最後の熱唱だ。高揚感溢れる一晩のアドレナリン体験を与えるには「サントラ」が必須となる。

この台湾風の習慣は選挙進化の行き着いた先の究極形態なのか、それとも扇情的な演出なのか。ニュースの原稿やドキュメンタリーのナレーションにセンセーショナルないしはセンチメンタルな音楽が要るか、という古くからある放送ジャーナリズム倫理にも似た問題だ。台湾の選挙通は、演説中の激しい音楽は当たり前で「ないとダメ」だと力説する。演説で泣けなくなるからだ。

曰《いわ》く「集会の演説で聴衆は必ず最後は泣く。感極まって。アメリカや日本は政治家の演説は効果音なし？　それはつまらない。集会は政策を語る場ではない。地域と同じ体験を共有して確認し合う場。感情の共振こそが大切で政策論は関係ない。だから音楽が欠かせない」。

選挙集会の意味、演説観がそもそも違うのである。

屋外広告とラッピングバス

二〇二二年のCBS『六〇分』が「民主主義の台湾」の象徴として番組内で率先して紹介した映像は、候補者が巨人のようにビルから垂れ下がる屋外広告だった。候補者の顔や全身を強調する屋外広告も台湾オリジナルで外国人には珍しい。台湾によくある不動産業者の仲介者の顔出し広告が転じたものだとされる。

面積、数、インパクトで勝負する。看板の位置や雰囲気、巨大さが通常の商業的な看板と変わらない。縦横二〜三メートル程度のものからビル壁面を覆う巨大広告までさまざまだ。

選挙が終わってもいつまでも貼られているので、非漢字圏の外国人は「この町のいたると

ビル壁面の巨大「全身看板」。原住民候補。台中、2024年（筆者撮影）

ころにいるあの人物は誰ですか？」とよく聞いている。近年は端整な若手候補も多いので俳優の商品広告のように見える。候補者の割当番号があれば「政治家」だとわかる。

この屋外広告の進化系が交通機関のラッピング広告だ。選挙前になると半分以上が政党の候補者の顔になる。自分の顔がバスの側面になり、町中のあちこちを埋め尽くすのはテレビ広告とも固定した場所の屋外広告とも違う、皮膚感覚の「席巻《せっけん》感」がある。タイムズスクエアのネオン広告を数分間ジャックすることでも味わえない公共空間ジャックだ。

それゆえ資金力と自己顕示欲のある候補者には魅力がある。二〇二四年総統選では無所属での立候補の署名を募る実業家の郭台銘が台北中のタクシーを広告ジャックした。

ただ、これも国民性次第でアメリカには向かない。分極化社会でもアメリカは公共空間の党派化には慎重だ。バスならともかくタクシーは運転手も客も個別空間を侵略される気分を味わうので、トランプの広告タクシーなら乗車拒否する都市部のリベラルな客もいそうだ。

実はアメリカの選挙ではあまり顔写真を用いない。日本の選挙ポスターに相当するものもない。「ヤードサイン」という厚手の紙を庭の芝生に立てる。「TRUMP」とか「OBAMA」とか名前（苗字）が書かれただけの紙製のプラカードだ。地方議員だと名前は知っているが、顔は知らないという滑稽なこともままある。自己顕示社会にしては不思議な慣習である。

掃街——台湾独自の街宣車パレード

民進党創設メンバーで邱義仁、呉乃仁《ごだいじん》、林濁水《りんだくすい》らと民進党の派閥の一つである新潮流系のグループを牽引してきた洪奇昌《こうきしょう》も「選挙レジェンド」の一人である。洪は選挙のアメリカ化にはシニカルな見解を持っていた。

自由な社会のアメリカと権威主義体制の制約の中でシステムを編み出した台湾では成り立ちが違うからだ。民進党が有権者に近づく回路作りに執着したのは、戒厳令下でメディアが国民党に独占される時代にはメディアで国民を動員することができなかったからだ。そこで集会の技術が磨かれた。この台湾独自の経緯を無視してはならないだろう。

「米台の違いは国民との直接的な接触です。民進党は国民と直接接触することに非常に慣れている。アメリカは国土がとても広く、人々と直接接触するのはかなり難しい。だから、それぞれの集まりは、数千人です。台湾の地域の集まりは、通常は数人から一〇〇〇人程度。かなり違う。私たちはアメリカから何かを学びましたが、米台にはまだいくつかの違いが残

「掃街」中の蔡英文総統（左）。警備車両と撮影用報道車両（右・手前）台中市内、2020年（筆者撮影）

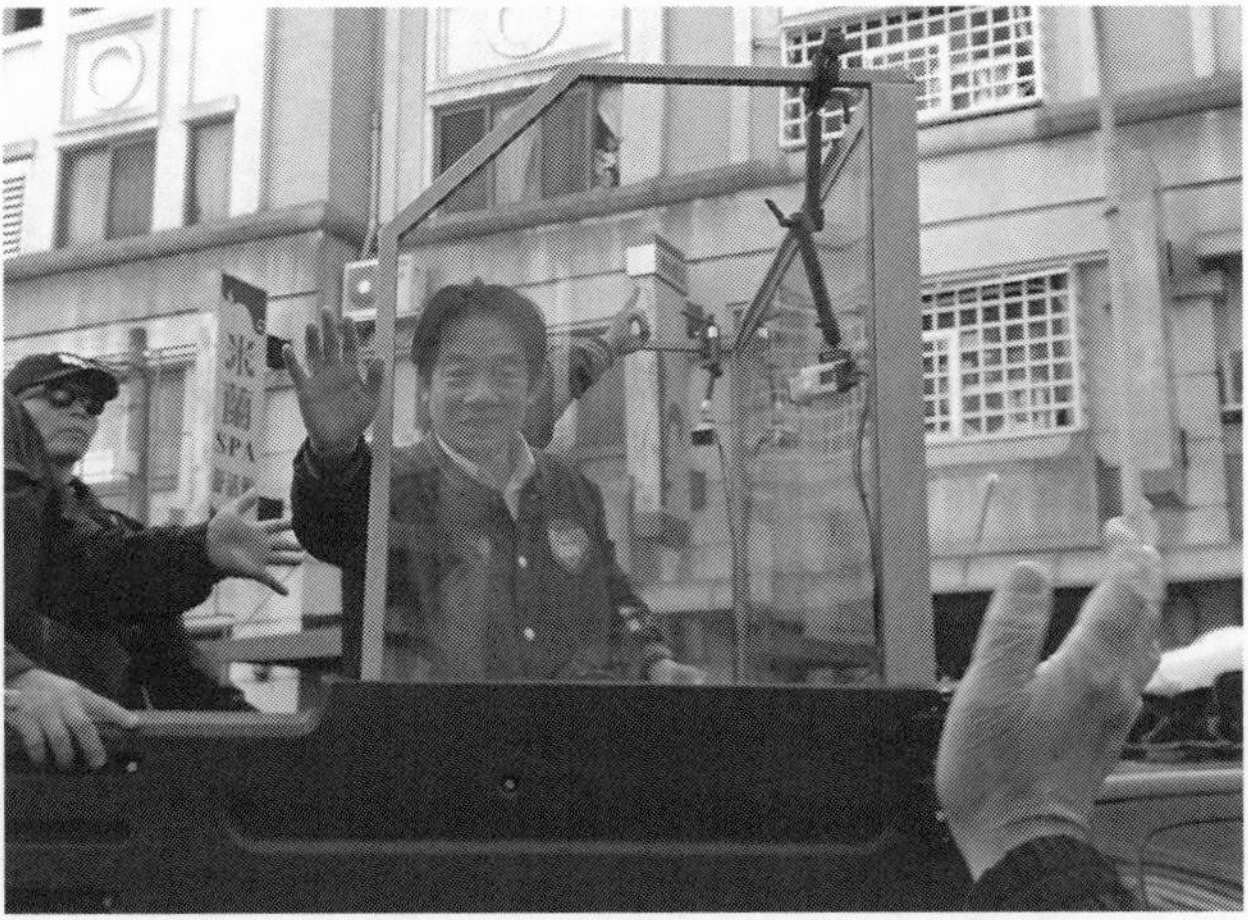

立法委員候補者と「掃街」に繰り出す総統選中の頼清徳副総統（当時）、台中近郊、2024年（筆者撮影）

っています」

この洪の指摘はとても深い。アメリカでいう「戸別訪問」とは支持者による支持者への訪問で、候補者による訪問ではないからだ。全州、とりわけ全米を単位とする本選挙では候補者はメディア経由でしか売り込めない。だが、地理的に小規模の台湾では、候補者自身が有権者と触れ合うことが不可能ではない。だから、台湾の有権者は候補者から話を聞きたがる。「空中戦」のアメリカ化の一方、台湾土着のオリジナルの選挙運動が開発された。防弾ガラスを取りつけたジープやトラックに候補者が立ち乗りし、沿道に手を振りながら町中を低速走行する街宣はその一つだ。ローラーで街路を掃いていくかのように車列でパレードして回るので「掃街《サオジェ》」と呼ばれている。

筆者は二〇二〇年、二〇二四年と連続で、蔡英文、頼清徳、蕭美琴らが立法委員候補の応援で行う「掃街」を各都市で取材した。プレスの撮影トラックの荷台は、まるで立ち乗りジェットコースターの様相だ。警備車両に先導された車列は選挙本部を出発する。片方の車線を白バイが規制し、先頭車が「総統がやってきました！」とスピーカーを鳴らし続ける。

台湾の選挙を取材するとき、必ずその地域を回る「掃街」のトラックにまず乗せてもらうことにしているのは、地域の有権者の雰囲気がよくわかるからだ。集会には歓声をあげる支持者しかいないが、街全体に動員は仕込めない。一時間も選挙区を走ると候補者が好かれているのか嫌われているのか、知名度や支持の浸透度もわかる。「掃街」は皮膚感覚の支持率調査であり、人気や知名度のなさもリアルに突き刺さる。

沿道で「観戦」できるように事前にコースが告知される。大通りから路地裏のような細い街路に入り、密集した商店街から人々が「選挙だ！」と言って飛び出してきては、飛び上がって手を振る。横断幕を掲げ、ビルやアパートの窓という窓から人が顔をのぞかせることもある。動員された地元党員団は交差点で小旗を振る。台湾の有権者は一瞬でも何らかの候補者との接触感を求めており、候補者不在の街宣車では意味をなさない。

草の根街宣としては「地上戦」的でもあり、メディアを使って夜のニュースにさせ、沿道の支持者を広報物に転用できるので「空中戦」でもある。近年ではFacebookなどのライブ配信も行われている。陳水扁が狙撃されたこともある台湾だが、警備を強化しつつも「掃街」だけは止めようとしない。台湾の選挙で最も重要なキャンペーンだからだ。

選挙戦大詰めでは、立法委員候補の応援で総統と副総統の候補が梃入《てこい》れで手分けして各選挙区で同乗するが、これが可能なのは立法委員の候補者数が膨大な数ではないからだ。また、高速鉄道（新幹線）なら一時間半で台北から南部の高雄まで移動可能なコンパクトな地理も関係している。

ほかにも興味深い有権者との接触方法がある。地元の寺の廟で線香を両手で掲げて参拝するのも効果的だが、二〇二〇年選挙ではゴミ収集車を追いかけて一〇キロ走るキャンペーンをした候補者まで現れた。台湾には街路にゴミ集積所はない。ゴミ収集車が毎日音楽を鳴らしてやってくる。ゴミ収集車を追いかけて走っていけば、その先にはゴミ出しの地元民が必ず集まっていて、ソーシャルメディアで話題作りになるのだ。

アメリカで盛んな電話センターからの電話作戦（フォーンバンク）は台湾にも存在する。しかし、ボランティアの人力の電話ではなく、録音音声のロボコールだけに簡素化されている。台湾の選挙現場は、アメリカで重視されている、見ず知らずの他人による接触つまり支持者による代理接触には力点を置いていないのだ。

選挙制度やキャンペーン手法はローカルの文化との親和性で発展していく。無理やり移植しても根づかない。是々非々で受容され独自の進化を遂げる。民主化の旗手たちがアメリカから体得したものも、制度そのものではなく、制度やキャンペーンに体現されていたある種のデモクラシーのスピリッツのようなものだったのかもしれない。

では、民主主義の要であるジャーナリズムは台湾でどのように発展したのだろうか。初の直接総統選挙が始まった一九九〇年代から政権交代が起きた二〇〇〇年代は奇しくもテレビ時代だった。視聴者一人あたりのチャンネル数が最も多い社会の一つとされる「メディア過多」社会のメディアを次章以降では掘り下げる。

第3章　ジャーナリズムと権力批判

台湾のテレビ自由化とCNN現象

一九九三年、台湾の民主主義に転換点が訪れる。政府がケーブルテレビ法案を可決し、旧三局からテレビのチャンネル数は突然二〇〇近くに増えたのだ。報道機関の数も世界一となった。

同年九月に香港TVBと台湾の「年代影視」の共同出資で生まれたTVBSを皮切りに、台湾ではケーブルニュース局が一九九〇年代に続々と開局した。

折しもその頃、アメリカは二四時間ニュースチャンネルのCNNが一九八九年の天安門事件、一九九〇～九一年の湾岸戦争など国際報道で弾みをつけ、テレビ報道を支配してきた三大ネットワーク（CBS、NBC、ABC）の寡占的な牙城を脅かしていた。

CNNは『クロスファイア』『キャピタルギャング』など、「パンディット」と呼ばれるテレビコメンテーターが、保守・リベラルの立場に分かれて激論を交わす「ディベート番組」で社会現象を作り出した。顔を売りたい政治家、政治思想を拡大したいイデオローグ、講演料を稼ぎたいジャーナリストを巻き込んで、視聴率が欲しいスポンサーとテレビ局に共同利益をもたらした。

しかし、このアメリカのテレビの政治トーク文化が、遠く太平洋を隔てた東アジアで、若いデモクラシーに刺激を与えたことはあまり知られていない。二〇二一年に他界したラリー・キングのCNN『ラリー・キング・ライブ』はまさにその代表例だった。

キングは一九九二年のアメリカ大統領選挙でテキサス州の富豪ロス・ペローを番組で盛り立て、三つ巴《どもえ》の構図を作り上げるなど一九九〇年代のクリントン政権期を通して、政治フィクサーとしての影響力を誇った。ブルックリン訛りが特徴的なユダヤ系の元ラジオDJだ。

このアメリカの『ラリー・キング・ライブ』からインスピレーションを受けて誕生したとされる台湾テレビ史上の伝説の番組『二一〇〇全民開講』がTVBSで華々しく始まったのは、開局翌年の一九九四年八月だった。「二一〇〇」は放送開始の午後九時のことで、二一世紀の始まりにも絡めた。「全民」はすべての市民、「開講」は台湾語の「お喋《しゃべ》りする」の意味で名づけられた。

台湾の政治討論番組の起源ともいわれるこの番組は、特定の政治問題についてコメンテーターが卓上で激論を交わす夜の生放送番組で、二〇一三年の放送終了まで台湾の政治シーンを牽引してきた。二〇〇〇年に誕生した民進党の陳水扁政権の汚職を執拗に掘り下げ、事実上、陳水扁総統を実刑に追いやるほどの影響力を誇った。

画期的だったのは一般の視聴者が生放送で意見を述べるアメリカのコールイン方式を真似たことだった。アメリカ人はコールインが好きだ。これはラジオから来ている文化で、車修理の方法を尋ねる『カートーク』のようなバラエティから、保守・リベラルに分裂した政治トーク、キリスト教番組まで花盛りだ。これをテレビに持ち込んだのがラリー・キングだった。

自由なアメリカでは自説を生放送で述べるのは日常だ。しかし、戒厳令が三八年も続いた台湾では、発言の自己規制が当たり前だった。その意味で、台湾での「コールイン」の浸透は革命的だった。

案の定、公共の電波で自説を述べる番組の誕生に、これまで口をつぐんできた市民が何か溜《た》まっていたものでも吐き出すように、電話が殺到するようになった。テレビ局のリスクの取り方も半端ではなかった。生放送で仕込みではない一般視聴者に自由に話させるのは放送事故と隣り合わせである。

李濤――台湾のラリー・キング

『二一〇〇全民開講』をプロデュースし、自らアンカーとして人気番組に育てたのが台湾のラリー・キングの異名をとった李濤《りとう》である。キングと同じサスペンダー姿で台湾の茶の間に登場したハンサムな男の立ち振る舞いに台湾の視聴者は魅了された。

李が中国文化大学ジャーナリズム学部の一年生だったときに早々と打ち立てた目標が「ライブショーをやる」ことだった。「非民主的であったり、報道の自由が開かれていない状況の中で、私の目的はそれをオープンにすること」だった、と語る。

李の人生を変えたのはアメリカのミズーリ大学への留学だった。ミズーリ大学はコロンビア大学と並ぶアメリカのジャーナリズム学の草分けである。台湾との関係は深く、一九五〇年代半ばに始動した台湾のジャーナリズム教育では「ミズーリ・モデル」が浸透した。

一年半近くの間、ほとんどアメリカのテレビ番組漬けになった。CBSでのインターン中に、ウォルター・クロンカイトがアンカーを務めていた旗艦番組『CBSイブニング・ニュース』のプロデューサーのボブ・リトルの薫陶を受けた。アメリカのネットワーク局とのコラボレーションも実現させた人脈は在米時代に築かれた。李の放送ジャーナリズム魂は生粋のアメリカ産である。

アメリカのジャーナリズム学科での勉強は、李には驚きの連続だったが、最も影響を受けたのは言論の自由だった。当時、大学で学期末に論文課題があった。李は孫文が唱えた「三民主義」に基づく「三民主義による台湾の報道基準」を胸を張って提出した。それが正しいジャーナリズムだと思っていたのだ。ところが教授は「ミスター・リー、これはゴミ（クラップ）だ。こんなものは民主主義ではない。廃棄しなさい」と突き返した。脳天を撃ち抜かれるような経験だったという。アメリカのジャーナリズム大学院は専門職訓練の色彩が強いが、あえて李は、放送技術ではなくメディア理論や心理学を学ぶことにした。

アメリカから台湾に戻った李は厳しい統制の中で、ジャーナリズムではなくまずドラマ制作で映像技術を磨いた。ある日、局の上司から「君はジャーナリズムの素養がある」と報道局異動を勧められる。戒厳令時代の二〇代、駆

『2100全民開講』スタジオの李濤（TVBS提供）

け出しのテレビ記者が誕生した。その頃の言論統制の苦悩について『天下雑誌』のポッドキャスト番組『好好説那年』で回顧している。

それは政府の道路建設の報道だった。李は「七、八キロにも満たないこんな短い道にどれだけの予算を注いだのか」と無駄遣いと非効率性を炙《あぶ》り出して政府批判をした。翌日、上司の報道局長は喜んでいた。「私がアメリカで見たことがあるCBSニュースのようでとてもいいぞ」。髭剃《ひげそ》りローションまでご褒美にくれたという。ところがその日の午後に一転、お前のせいで総経理（社長）にこっぴどく叱られたと上司が言ってきた。総経理が言うには「CBSとCTS（華視テレビ）の一文字の違いは、天と地の違い」だった。「我々は政府だからな、李濤に今後は批判しないように言え」とのことだった。

国民党の文化工作会から毎日のように監査を受け、報道内容の変更を要求された。上司に原稿を目の前でゴミ箱に捨てられたこともある。李の自由な批判精神に時代がまだ追いついていなかった。

コールイン番組『二一〇〇全民開講』

ミズーリ大学の恩師からはこんな警句も受け取っていた。

「全体主義というか、権威主義というか、蔣経国の支配下に戻るのだから、あまり急《せ》いてはいけない。無理に急ぐと一過的に終わってしまうから、落ち着いてゆっくりやることだ」

　李はその教えを忠実に守った。

「レーニンが言ったように、彼らを打ち負かすことができないなら、まず彼らに加わればいい」

　政治的な発言は控え、社会ニュースで地道に信頼を勝ち得たのち、アンカーとして報道番組『新聞追撃』をまず開始した。この番組で単独インタビューしたフィリピンのベニグノ・アキノ元上院議員がマニラに戻ってすぐに銃撃を受け殺害されたことで、番組と李の評判は知れ渡った。ライブで速報する「生放送」へのこだわりに覚醒した。

　かつて演劇青年だった李は、テレビは「演出」がすべてであることも知り尽くしていた。テレビ演出のネタはアメリカの番組だった。在米時代に缶詰で番組を視聴し、ニュースのフォーマット、セット、小道具、アンカーの服装や話し方、表情、プレゼンテーションやスタイルなども事細かに分析した。ラリー・キングからもインタビュー方法を学んだと筆者に明かしている。在米の一年半近く、片っ端からテレビを見ていたという李は「どんな手を使ってでも人の目を引くことがとても大切」だと述べる。

『二一〇〇全民開講』は、オープニングのタイトルCG、スタジオのアンカーへのワンショットのズームイン、軽快な音楽、衣装のサスペンダー・ルックも計算されていた。ゲストが過剰に長く話したり、回りくどい言い方をしていたら会話を打ち切ったという李の手法は、熟議にはマイナスでも、視聴者を惹きつけるために議論のスピードとテンポを重視した。

アメリカから屋外生放送

李が特殊だったのはビジネスマインドを持った番組制作者だったことだ。李は一九八〇年代に一度、テレビ報道を離れて、一〇年ほど台北のフォード自動車で広報業務に携わったビジネスマンでもある。視聴率には徹底的にこだわった。

『二一〇〇全民開講』は「屋外ライブ」企画を視聴率の起爆剤にしていた。パネリストや観客ごと屋外にもっていく演出だ。アンカーが大ニュースの現場をスタジオにして番組を仕切る「ロケーション・アンカー」に近い。討論番組をロケで行うのは、アメリカの保守司会者ウィリアム・バックリーが『ファイアリング・ライン』で不定期開催した例しかアメリカにもない。それも生放送ではなく録画だった。生放送で一般大衆が押しかけている現場で、政治を議論するのは放送事故の温床だ。

それでも李は月一回の屋外放送にこだわった。時には数百人、最大で三〇〇〇人もの人が集まった。高雄など南部で開催した際には興奮した参加者が台湾語でまくしたてる光景もよくあった。会場として好まれたのは道教の廟である。台湾では市民が信仰を超えて集う共通の広場だ。この伝統は今でも続いており、二〇二四年選挙前特番『T台開講　決戦二〇二四』のフィナーレは台南の安平開台天后宮で放送された。

『二一〇〇全民開講』は海外にも「屋外スタジオ」を持ち出した。在外台湾人といえばアメリカである。ニューヨーク、ロサンジェルス、サンフランシスコで六〜七回のライブ放送を行ったが、台湾だけではなく、中国大陸、ヨーロッパ、アメリカ大陸、東南アジアに向けられたものだった。全世界の中国語を解する人に届ける、ある種の放送を使ったデモクラシーの拡散だった。世界中から、中国大陸からもコールインを受けた。二〇一三年、中国の市民イベント現場で、ある海外帰りの中国政府高官がロサンジェルスでの『全民開講』を覚えていると歩み寄ってきたこともあったと李はいう。

「私たちはアメリカの地方テレビ局とも協力して、世界中の華人もターゲットにしていましたが、そのインパクトは当時、本当に息を呑《の》むほどのものでした」と李は語る。政権交代の総統選を控えた一九九九年には、台湾は国民党から民進党に政権交代をすべきかをニューヨークで論じた。また、国民党、民進党、新党、各政党の代表をアメリカに連れていき、台湾系が多い主要三都市を行脚《あんぎゃ》して番組を中継したこともあった。

選挙権が在米台湾人にもあるからだけではない。アメリカこそが台湾の命運に影響を与えてきた本拠地だからだ。日本の感覚では違和感もある。アメリカに主要政党のトップと渡り、全員で現地の在米タイワニーズと討論している姿を台湾に中継する謎の企画は絶賛された。

民進党のスパーリング役

『全民開講』が秀逸だったのは国民党にも民進党にも開かれており、ゲストの偏りがなかったことだ。政治家の多くはこの影響力を誇る番組で主張したがった。国民党一党時代は民進党を堂々と招くことができなかった。

李をライバル視する政治家は多かったが、のちに駐日代表などを歴任する謝長廷《しゃちょうてい》もその一人だった。民進党内有数の実力者で総統への意欲も見せていた。行政院長だった二〇〇五年、「李濤を制圧できた者こそが民進党の総統候補になる」と挑戦状を突きつけてきた。李はこう述べる。

「謝長廷と私は親しかったので、あなたの番組に出演させてもらえませんか、と言ってきたのです。快諾しました。ところが、番組が始まると思いもよらぬことに私への個人攻撃を展開したのです。番組の三〇分のうち二〇分近く私を攻撃していたと思いますね。最後の一〇分で反撃しました」

民進党の政治家同士の討論の場も提供してきた。黎明期の民進党を作り上げた一人である盧修一《ろしゅういち》を番組の司会者に招いたこともある。「蘇貞昌《そていしょう》、謝長廷など民進党の重要人物はすべて『全民開講』で鍛えられた」と李が豪語するだけのことはある顔ぶれだ。李は分断や対立自体を悪いことだと捉えていないという。

「歴史的に必然的なことです。台湾であれアメリカであれ、全体の政治的傾向は対立に向かって動き始めている。ある種のトレンドで、それは悪いことではありません。重要なのは立場はなんであれ、事実に基づいているべきだということです」

李の現役時代はまだネット黎明期。「フェイクニュース」の拡散以前だったこともあろう。李は二〇一〇年、南カリフォルニア大学で講演し台湾のジャーナリズムの成熟の事例として、陳水扁政権の汚職追及報道を紹介した。政権交代していなければ、民進党をここまで叩いたのかはわからない。

政権を厳しく追及するジャーナリズムがちょうど、国民党側の「藍」、民進党側の「緑」の二項対立にはまったことで、国民党にルーツを持つエリートのジャーナリストやメディアが政府の不正を暴くインセンティブを得て、結果として権力批判のジャーナリズムがテレビに根づいた。『全民開講』は徹底的に民進党を鍛えたスパーリングの相手でもあったのだ。

李は台湾の民主主義と放送ジャーナリズムを開拓した自局のＴＶＢＳへの愛社精神が凄《すさ》まじい。筆者との会見も「ＴＶＢＳからの社命なら受ける」という返事だった。だが、李の開拓の功績に抗《あらが》うかのように、台湾の政治討論はライブを拒むようになっていった。テレビはかつて一瞬で消えていくメディアだったが今は動画で残り、粗探しされる。よほど神経が図太いか完璧主義を放棄しないと困難になった。

次第に『全民開講』は硬派テーマと視聴率の両立で苦戦し始める。民主化が成熟し、視聴者はコールインに飽き始めていた。二〇一三年、ついに李は番組を降りる。二人のアンカーが入れ替わり立ち替わり後を継いだが、視聴率は上向かず一年未満で打ち切りになった。番組とはある時点で同時代的に要請される存在でどうしても「旬」がある。

アメリカ式放送ジャーナリズムの原則

台湾の大学には新聞学科がある。「新聞学」というのは中国語でジャーナリズム学のことだ。日本のようにメディア以外の勉強をして会社で記者修業をする制度とは対照的に、アメリカでは大学や大学院でジャーナリズムを学び、会社は即戦力を求める。終身雇用ではない社会では組織は新人教育のコストを最小化したがる。

台湾は完全なアメリカ式である。初期のアメリカ留学の学者が戻ってきて、国立政治大学の新聞学科が隆盛を誇った。戦後の台湾の主要メディアの編集権を握る中枢の人材育成をリードした大学だが、教授陣もアメリカ式のジャーナリズムを手本に教えてきた。台湾は新聞学科出身しか記者採用しないアメリカの慣習を踏襲《とうしゅう》している。

文学部の一種のような分野なので女性率が高い。そのためアファーマティブアクションなしに黎明期から、記者という仕事自体が、女性の仕事として定着し、今でも五対一ぐらいで女性率が高い。テレビで政治家にぶら下がる記者やアンカーが女性ばかりなのはそのためだ。

アメリカ式の放送ジャーナリズムで絶対に譲れない一線が、ニュースを伝える人間がジャーナリストであるべきだという原則である。この流儀は、市場原理に基づくものではない。ジャーナリズムの職人的な身内の論理だ。自分が書いた原稿を代読する人が、同じ現場の苦労を知っている人なのかどうかは職場の士気に関係する。さらにアンカーは編集長も兼任するので、ニュースのバリュー判断ができる人でないと務まらない。

ところが日本では「アナウンサー」というバラエティ番組の司会者や、ドキュメンタリー番組のナレーターを担当したりする「声のプロ」が、ニュースの「読み手」を長く務めてきた。

台湾は権威主義時代の三局（三台）時代からアンカーは記者だった。台湾では一九九〇年代のケーブルテレビ開局当時、テレプロンプター（電子カンペ装置）を導入していなかったので、放送する際にはニュースを理解している必要があった。今は台湾でもカメラのレンズ前のテレプロンプターは必需品である。日本流の手元の縦書き原稿の天井カメラ再映方式ではなく、横書き原稿（中文）のスクロール式システムでアメリカ流である。

「専任主播」（専任アンカー）は外へ取材に行かない。だが、土曜日や日曜日になると、（専任が休んで）代わりに「兼任主播」（兼任アンカー）が当番制でニュースを担当する。

兼任アンカーは月曜日から金曜日まで、取材に行かなければならない。土日に、一本か二本、あるいは三、四本のニュース番組を担当するのが「兼任主播」という制度だ。専任、兼任を問わず、テレビ局で例えばドキュメンタリーや番組のナレーションや吹き替えが必要な場合、上層部の方に許可をもらえさえすれば、担当することは可能だ。兼任アンカーの本職は記者なので、「記者主播」（記者アンカー）とも呼ぶ。

制度の背後には、アンカーにまず記者としての経歴を積ませる狙いがある。かつては一〇年、一五年ぐらいしたらアンカーとしての「読み」やスタジオ向けの訓練をしてもらえた。今は早いと三〜四年。まず記者をして、その後に素質のありそうな人や見た目がいい人が、読みの訓練を経て、兼任から専任のアンカーになっていく。

取材経験がゼロで専任アンカーに抜擢《ばってき》されたのは、「網膜《もうまく》くん」（陳《ちん》子見《しけん》）の事例ぐらいしかない。「網膜くん」とはもともとコメディアン的なユーチューバーで、ライブ配信では一〇万規模の視聴者を惹きつけていた。中国共産党を茶化す寸劇などアメリカの『サタデーナイトライブ』風のブラックコメディを得意とする。反中国の激しい言論精神と若者人気に注目して「華視」は大抜擢したが、「記者ではない人間をアンカーやリポーターに抜擢すべきではない」とジャーナリストたちから集中砲火を浴びて一時的な話題作りで終わった。「新聞主播」(ニュースアンカー)は、商業やエンターテインメントのイメージがつかないように、通販番組やバラエティ番組には出演しない。会社の許可なしに「業配」と呼ばれるスポンサーの宣伝広告の仕事を個人的に受け、自分で動画を撮影して商品を売る事案が発生し、クビになったアンカーもいたほどである。

台湾の記者クラブ

日台のメディアには類似点も少なくない。日本の悪名高き「記者クラブ」は台湾にもある。記者クラブ制度は日本だけのものではなくアメリカのホワイトハウスや議会にもあるが、アメリカは当局が「一本釣り」のリークを好むので個別の信頼形成をしないと、クラブに所属していても会見に出られるだけで、どのみちスクープは望めない。

台湾の記者クラブ「記者聯誼会《れんぎかい》」はアメリカ型と日本型の中間で、日本の幹事社制度、番記者制度ほど内密な結社性は色濃くないが、インナーサークルに入る一歩として会員になっておく必要がある。各現場にそれぞれの「記者聯誼会」がある。例えば、立法院には立法院の「記者聯誼会」、総統府には総統府の「記者聯誼会」、経済部(経済産業省)には経済部の「記者聯誼会」がある。司法院、監察院などどこも同じだ。

台湾では、入会しなければ取材できないというルールはなく、入会していなくても取材は可能だ。ただ、「記者聯誼会」に所属している記者だから特別に配慮することはないにしても、メンバーであることを梃子《てこ》に信頼関係を築いて、所属していない記者に比べてより多くの情報を聞き出せるのは日本やアメリカと同じだ。

「記者聯誼会に入会しないと取材できないのはスポーツ、特に野球です。『中職』（中華職業棒球大聯盟）の場合、彼らの『記者聯誼会』のメンバーにならないと取材はできませんでした」と関係者が語る。記者クラブが日本に特有の害悪であるかのように論じられて久しいが、こうした制度自体は大なり小なり、アメリカにもアジア諸国にも遍在する。

市場化による過当競争

台湾の放送メディアは商業化の道も駆け足で経験した。戒厳令時代は政治的な自由はなかったが、視聴率競争もなく、チャンネルも三つしかなかったのでテレビの影響力は甚大だった。民主化後、法規制が緩まりチャンネル数が突如三桁に膨れた。小さな地域にあまりに多くのテレビ局が生まれた。この「混雑による競争」の発生は、アメリカでさえも未経験の事象だ。

世帯視聴率はどんどん下がり、今では一%とれれば御の字である。政治的な自由が増した一方で、メディアの経営は不安定になり、エンターテインメント化した。

つまり、台湾の放送メディアが経験したのは、市場原理の導入が必ずしもジャーナリズムにいい作用を生まなかったことだ。かつては「党政軍」すなわち国民党、政府、軍が「三台」と呼ばれた三つのチャンネルをそれぞれ独占していた。党の中国テレビ＝中視CTV、政府の台湾テレビ＝台視TTV、軍の中華テレビ＝華視CTSである。華視の総経理の荘豊嘉はこう述べる。

「それこそ新聞学の学者の理想論でしたが、与党・政府・軍隊が『三台』から撤退すれば、市場経済を通して、テレビ業界がより良い発展を遂げることができると思われていた。しかし、企業が牛耳ることになってみたら、かえってメディアの環境が悪くなる一方でした」

台湾でも視聴率は重要だ。視聴率の高さによって、広告費も変わる。視聴率五・〇％を超えて、五・一％や五・二％ぐらいあると三〇秒のコマーシャルで二〇万元（台湾ドル。約八〇万円。近年、為替の変動が大きいが、本書では参考のために一台湾ドル＝四円として計算する）以上の収益が得られる。台湾では一五秒単位の場合もあるものの標準的なコマーシャルの長さは三〇秒だ。

激しい視聴率競争の中で、台湾のテレビ演出はアメリカ風だけでなく日本風も取り入れるようになった。日本のワイドショーや報道番組から学んだのは、フリップやチャート、スタジオの模型などの使用だった。例えば地震や土石流の解説など、台湾のニュース制作に大きな影響を与えた。

しかし、さらにインパクトをもたらしたのは香港のアップル（蘋果日報《リンゴ》）グループだ。創業者であるジミー・ライが台湾で設立したテレビ局「壹電視（Next TV）」は、「蘋果日報」紙面をテレビでそのまま映像化し、ニュース番組でカラフルなアニメーションを使って報道する手法を開拓した。これがまたたくまに他のテレビ局のニュースにも波及した。

それまでの台湾のアンカーは日本やアメリカと同じように座ってニュースを読んでいたが、壹電視が設立されてから、気象予報士のように全身が映るように立ってニュースを読むようになった。後ろでモニターやCGのアニメーションが動いて、画面が賑やか、華やかになるように演出するためだった。

ジャーナリストか、タレントか

わずかな視聴者をつなぎ止めるため、アンカーのタレント化も促進された。日本や韓国のような男女が並ぶ「お雛《ひな》様スタイル」ではなく女性のソロアンカーが中心の台湾では、フェミニンな雰囲気のミニスカートのアンカーが増えた。台湾のニュースを見る外国人は、モデル立ちのミニスカート姿のアンカーに衝撃を受ける。

ある局の女性アンカーが内情を語るところによれば、各局が好むアンカーのイメージというのはそれぞれ異なっている。「民視」などは家庭的な女性像を好み、フォーマルなスーツ。スカートは少なくとも膝までの長さが必要だという。台湾が特徴的なのは、基本は丈の短いスカートで足を露出して高いハイヒールを履かせる演出で、その濃淡に局の色が出る。

各テレビ局のアンカーのイメージの好みの設定はチーフプロデューサーや、テレビ局の上層部が決める。スタイル決め（定装）として、番組にデビューする前にメイクやスタイリストに試案を作成させ上層部に選んでもらう。写真に１２３やＡＢＣＤＥの番号を振っていき、上層部がＣの写真を選んだら、その先ずっと同じヘアメイクや衣装でやっていくという。「実は私の今のこの髪の長さは、もうかれこれ二〇年間同じ、勝手に変えてはいけないのです。もちろん髪の毛はどんどん伸びますのでカットはできますが、全体を切ることもできなければ、これ以上伸ばすこともできず、このぐらいの長さを維持しなければならないのです」と、このアンカーは吐露する。

ところが、ここで矛盾が生じる。彼らはタレントではなく報道記者である。また、ニュース番組のコンテンツの多くは短信ばかりで深い取材が盛り込めない。政治ニュースでも二分程度。台湾の視聴者は放火殺人や摘発系の社会ニュースを好んで視聴し、国内政治は多少なりとも好まれるが、国際ニュースになるとすぐチャンネルを変えてしまう。

国際派ジャーナリストの苦悩

高度メディア社会であるはずの台湾の泣きどころがこの国際報道体制の脆弱さだ。視聴者や読者が国際ニュースを求めないと、市場原理の商業メディアではインフラを育てる動機がなかなか生まれない。台湾のニュースの現場には英語や日本語に堪能《たんのう》な現場スタッフがたくさんいる。彼らは常にフラストレーションの塊だ。

新聞には固定された国際面はないか半ページ程度で、テレビでは国際ニュースだけに時間を割くことは稀。日本関連の情報は些細《ささい》な町ネタから流行の紹介まで少なくないが「文化ニュース」である。

「時事情報としての国際的な政治経済のニュースは売れないし、誰も見ない。そう局幹部は少なくとも思っている。試したことはないので思い込みだが、リスクをとったことがない」。主要局の日本通のスタッフは口惜しそうに口を揃える。

二〇〇四年一二月のインドネシアのスマトラ沖地震では、津波の被害が拡大した。当時、外交担当記者だった筆者も、発生直後から外務省に張りつきで報道し、年明けにインドネシア入りをした。台湾メディアの海外支局網は限られていて、突発事態では海外メディアの報道を伝えるしか方法がない。現地の台湾外交官も少ない人員で安否確認に苦戦していた。

地震発生直後、ジャカルタに詰めていたある台湾外交官のもとに突然、台湾の「東森テレビ」から電話があった。「被害人数や状況」の確認をされたという。その電話はそのまま生放送されていた。コールイン番組が全盛だった二〇〇〇年代の台湾ではよくあったことだ。その外交官は咄嗟《とっさ》にテレビに映っていた日本のNHKの情報を伝えた。名誉のために付言すると、優秀な外交官だったからこそ、台湾の視聴者に少しでも情報を与えて安心させたいプロ根性が優先したまでだ。参考になる津波被害の情報を蓄えていた台湾メディアは当時なかった。

ただ、国際取材インフラと人材の層の厚さは別問題だ。台湾メディアにも凄腕の国際的ジャーナリストは少なくない。TVBSの二〇二〇年米大統領選挙特番で評判を得た国際記者の銭怡君《せんいくん》もその一人だ。昼の政治討論番組『新聞大白話』のアンカーを務める銭怡君は、台湾でコロナ禍が「第三級」警戒体制になったにもかかわらず、局本社ロビーで迎えてくれた。

大学でジャーナリズムを学んだ後、中華航空で五年間、客室乗務員として世界を飛んだ。流暢な英語に磨きをかけた。一九九八年の中華航空六七六便墜落事故の衝撃を機に航空業界を去り、メディアに転身したという。後に台湾大学で政治学修士を取得している。研究テーマは二〇一六年に古巣の中華航空の客室乗務員が起こしたストライキを事例にした台湾の労働運動だった。台中《たいちゅう》市政府顧問などの公職も経ている。

銭怡君は国際記者として海外の災害取材の経験も重ねた。フィリピンの台風ハイヤンでは、犠牲者の遺体が積み重なっている現場に分け入った。「結局、私たちがフィリピンの島に入る取材は、米軍に連れていってもらうしかありませんでした」と述べ、米軍の輸送インフラ依存を目の当たりにしたという。

日本取材では映画監督の宮崎駿《みやざきはやお》氏の単独インタビューに成功したことがある。映画『風立ちぬ』の取材だったが、関連取材に思い出があるという。

「映画に出てくる昔の日本人が食べていた『シベリア』というお菓子です。かなり古いものだから普通のお店には置いてなかったんです。それで、スタッフにお願いして探してもらったら、台湾の雑貨屋のような小さなお店が一軒ありました。最初、店に電話したとき、実は先方は一度は断ってきたんです。でも、その後、あちらは一つ質問してきました。『あなた方はどこから来たの?』と。それで『台湾です』と言うと、『OK、台湾ならいいよ』と言ってくれました」

二〇一一年の東日本大震災で、台湾から約二六四億円の義援金が届いた。義援金をめぐる日台ドキュメント小説『アリガト謝謝《シェシェ》』(木下諄一著、二〇一七年)がのちにベストセラーになったように、3・11の台湾の支援に対する日本側の感謝はじわじわと全国に広がった。

「私たちの取材後、店主はさらに私にお辞儀までして、3・11ではありがとうございました、と言ってくれました」と、銭は宮崎監督と写る写真を見せながら、取材の感激を筆者に伝えようとした。

中国ファクターという困難

銭怡君は「華視」時代に特派員として北京と上海に駐在した。中国大陸には家族的なつながりがある。

「私の父方の祖父は中国大陸から来ました。父は当時一二歳か一三歳。彼らは国民党と一緒にやって来たようなものです。それで私は中国に対しては色々と想像するところがありました。母は（もともと台湾にいた）台湾人です。だから、何とか中国大陸を見に行こうとしていました。どうしてもこの目で見たいという気持ちがあったので、普通のジャーナリストよりも想像力が豊かだったかもしれません。しかし、行ってみてわかったのは」

銭は少し言葉を濁すとつき添いのTVBSディレクターに「こういう政治的なこと言っていいのかな」と尋ねた。「ご自身でご判断ください」とディレクターが答えると、銭は筆者の方に向き直り背筋を伸ばし、「（行ってみた結果）二つの別の国だと、さらに感じます。私の考え、想像では、中国は中国、台湾は台湾です」とコメントした。

これは藍色寄りと言われている局のアンカーとしては勇気ある発言だが、あくまで局ではなく個人の見解である。国民党寄り藍色メディアのジャーナリズムは、李濤のように政権批判の金字塔を打ち立てたが、モチベーションが権力批判なのか、藍と緑の永久のいがみ合いに由来する感情的な政党批判なのか、常に疑いを持たれやすい。銭はこう述べる。

「私たち台湾人は、アメリカにも共感していますが、中国の我々への影響は段違いです。話題が中国に関係することだと、簡単に『中国の代弁者ですか』と言われることがあります。私が最も難しいと感じていることです」

台湾は特殊だ。中国ファクターが、台湾のあらゆる政治の「認同」や価値に影響するからだ。二大政党の片方である国民党は、大陸の中国共産党に対して正統な中国を主張すると同時に大陸との融和性を求めてきた。そのため、二大政党の間の議論や政権批判が、純粋な政策論争に向きにくい制約がある。

それが純粋な政権批判や政党批判だったとしても、国民党批判をすれば「反中」、民進党批判をすれば「親中」とレッテルを貼られてしまう。実際にはあらゆる政策に中国が絡んではいるが、アメリカの二大政党のような政策論争にはなりにくい。

「台湾にとっての「中国報道」は、私たちにとっての「国際報道」とは違う。ジャーナリストはみな、自身の親族ルーツから色眼鏡で見られてしまい、分析や論説も中立的に受け取られにくい。銭も「私の台湾での政府への批判報道が誤解につながらないか、悩みの種です」

と言う。

言い換えれば、台湾の国際ニュース報道の発展を阻んでいる原因は、必ずしも視聴者の内向きニーズだけではない。人材の層は揃っている。むしろ、台湾が置かれている立場こそが、銭怡君のような優秀な国際派ジャーナリストたちを苦しめてきた。国連での「承認」なき存在のまま世界で取材をすることも、対中認識で激しく分断する台湾人に向けてバイアスなき報道をすることも、凄まじく骨が折れることは想像に難くない。

シカゴ帰りが目覚めた「台湾人の物語」

そこで台湾の国際的な経歴のあるジャーナリストは必ずしも海外報道を目指さず、国内報道に本領を発揮するケースもある。

台湾の地域文化を扱うドキュメンタリー番組として業界で長年高い評価を受けている番組にTVBS『一歩一脚印　発現新台湾』（一歩ずつ、新しい台湾の発見）がある。この番組のアンカーを長年務めたのが台湾の女性テレビ記者の草分け、詹怡宜《せんいぎ》である。

報道局の副総経理にまで上り詰めた。大卒後、全国紙『中国時報』の国際部門の編集者として修業したが、開局したTVBSの記者一期生募集に手をあげた。「テレビは、紙媒体に比べてどちらかというと表面的なものだと思っていた」と詹怡宜は振り返る。「紙媒体では背景を書き込めるが、テレビでは少し浅く、2センテンスでインタビューして終わり」だと思ったからだ。

しかし、自分のテーマで特集取材ができるようになるとテレビの力に目覚めた。「映像と音を伴って視聴者の家に入っていくことで、世界に対する認識を変えることができます。活字で大作を書いても、読者がタイトルしか見てくれなかったのとは大違いでした」

もともと、研究者志望の詹怡宜の原点は、TVBS入局前に学んだシカゴ大学の公共政策大学院への留学だった。シカゴの地方政治における行政の市民サービスの可視化の試みの事例に刺激を受け、これがジャーナリズムを意識するきっかけになった。台湾における市民と政府のわだかまりの修復の鍵は適切な報道だと常々思っていたからだ。行政学をシカゴで学んだからこそ、関心は国際政治ではなく、台湾の地方の暮らしへと向いていった。

今や台湾の国民的長寿番組『一歩一脚印 発現新台湾』には、農家、商店主、ありとあらゆる台湾の一般の人が登場し、彼らの暮らしを丹念に映像化する。だからこそ、この番組は、「藍」「緑」、党派関係なく台湾人に愛されてきた。シリーズ長続きの鍵は、市民の一人一人が生きてきた足跡に耳を傾け、人生の「物語」を掘り下げることにあるという。

チャンネル分立と偏向の誘惑

台湾経済に詳しい神奈川大学の川上桃子《かわかみももこ》教授は、過当競争に陥ったメディアが利益を出すために政治的なポジションをとることで読者あるいは視聴者を獲得する方向に傾いてしまった構造を指摘する。

これはまさにアメリカで起きた現象でもある。ルパート・マードック経営のFOXニュースは「リベラル偏向」がスタンダードだったアメリカのメディア界で、トークラジオぐらいしか保守層を顧客にできていないと、ニッチを求めて保守偏向に舵を切った。同じことはMSNBCがリベラル客向けに行った。

TVBSは徐々に国民党寄りの「藍陣営のテレビ局」に性格を変えていった。これを加速したのは多チャンネル化だった。アメリカのCNNは定時ニュース専門の『ヘッドラインニュース』と、『ラリー・キング・ライブ』や『クロスファイア』などトークショーを流すチャンネルを分けたことで、トークを尖《とが》らせることが可能になった。報道機関としての中立的な役目をニュースチャンネルで果たすことで、残りのチャンネルでは政権の内側の人間に政権の擁護や、政権への攻撃をさせることができるようになったからだ。

TVBSもチャンネルを二つに分け、「三八チャンネル」は、ニュース専門チャンネルとして不偏不党で報道に徹し、「五六チャンネル」は政治色を打ち出すチャンネルとした。それ以降は、急速に「ブルー化」が促進された。番組司会者への政治家の起用にも踏み切った。

国民党の政治家で二〇二四年総統選挙の国民党副総統候補にもなった、趙少康《ちょうしょうこう》が司会を務める『少康戦情室』は今や局の看板番組、台湾を代表する「政論番組」(次章詳述)になっている。

中国人研究者による中国メディア研究では、二〇一〇年前後に日本拠点の研究者を中心に「南方週末」など市場メディアの賛美がブームだったことがある。筆者は当時、中国メディアの変革に希望を馳《は》せつつも、この種の研究には異論もあった。政治体制が自由でないままで、市場化されたメディアが生まれることは、政府に経済的なアメで間接操作するツールを与えるだけだからだ。地方の汚職をどれだけ暴いても、それは中央政府の権力者の腐敗撲滅キャンペーンの代理作業になり、どのみち完全な自由がなければ、中央政府の権力は批判できない。市場化=民主化ではないどころか、経済原則の導入は、政治体制次第では表現の自由を歪める危険がある。

民主主義の人的資本

前述の「華視」総経理の荘豊嘉はこう結んだ。

「今の番組は、知識性(知的さ)を求められています、これが第一の前提だと思うのです。二つ目は、より進歩した普遍的価値です。これは、どのメディアでも、こだわらなければならない。人権です。どんな評論をするにしても、知識性には人権の概念が欠かせない」

知性と人権で政治家の言動をチェックせよと理想論を語るが、現実には台湾メディアはそうなっていない嘆きでもある。だが、良質のジャーナリズムの根幹はインフラではなく、人間である「ジャーナリスト」そのものであり、それは目先のルーティンやスクープを離れた好奇心や情熱で測られる。言い換えれば民主主義の人的資本だ。

「華視」報道局で国際部副主任を務める廖林麗玲《りょうりんれいれい》は、かつて民進党で出馬と落選経験がある。彼女にはテーマがある。単独インタビューで特集番組にしたダライ・ラマだ。チベット支援の勉強会に主要メンバーとして参加している。バター茶を啜《すす》りながら講話に耳を傾ける。

二〇一九年九月某日、台湾とキリバスの断交のニュース対応に追われながらも、廖林副主任は総経理の取材で局に来ていた筆者を熱心に勉強会に連れ出した。なぜ筆者を誘ったのかはわからない。日本に何かを伝えてほしかったのかもしれないし、チベットに興味があると思われたのかもしれない。

台湾のメディアでは、お金のため、見栄のためではなく仕事を忘れ、民主主義、表現の自由にまつわる何かのテーマにのめり込む人たちにたくさん会ってきたが、彼女もその一人だった。記者としては中立性を失い政治的すぎるかもしれない。しかし、こういう放送人がいる限り、どんなに台湾のテレビが分極化していても、外国資本の買収にあっても、ジャーナリストには希望があると考えるのはナイーブすぎるだろうか。

もちろん、経済的な自由競争が政治的な偏向ばかりか、政府広告によって政府に番組を買い支えられるジレンマも生む。それでもなお台湾の状況が「致命的」でないのは、「藍」「緑」のわだかまりを超えて、この社会が自由を求めているからだ。そのことを次章でさらに確認してみたい。

第4章　政治広報と「世論」戦

生放送ではない報道番組

「三《サン》、二《アー》、一《イー》」

キューサインが出された。暗がりに光るマルチモニターを向いてまるで宇宙船のコックピットのように座るスタッフたち。機材を冷やす冷気が差し込む「サブ」（副調整室）は常に放送人のアドレナリンを高める。

台湾を訪れた人が宿泊先で往々にして気になるのは、夕方から夜にかけてどのチャンネルでも何やら政治評論めいたものが放送されている現象だ。台湾名物の「政論」（政治討論）

番組である。筆者は「三立」「年代」などこれまで数多くの台湾のニュース専門チャンネルの「政論番組」の制作現場を視察してきた。放送の核心は、古今東西、構成台本とそれを決める会議にあるが、それがテレビでどう表現されるかはスタッフが詰める「サブ」に凝縮される。

　筆者はアメリカ政治の現場では上司の議員を出演させる広報戦略側の立場で、日本の報道機関では自分がキャスターと掛け合いをする出演者の立場で、総理官邸から北京、時にはミサイル発射中の平壌《ピョンヤン》まで数えきれない場所からライブ中継を経験してきた。生放送の緊張感は独特のもので、終了するとどっと疲れる。だが、二〇一九年以降に台湾のテレビ局で立ち会った夜の「政論番組」の「サブ」にはあの張り詰めた空気はなかった。それもそのはずで、まだ表は明るい夕方。すべて収録なのだ。

「三立新聞」（SETN）の副調整室（筆者撮影）

「政論番組」は昼間・週末の一部番組や選挙当日の特番を除き生放送ではない。概ね夕方に約九〇分収録し、半分編集でカットされ日本でいうゴールデンタイムからオンエアされる。夜のデイリーの報道番組が生放送ではないことが許される風土は、日米のジャーナリズムから見ると独特だ。

『二一〇〇全民開講』のように台湾でもかつては生放送が主流だった。生放送が好まれなくなっていったのは、複数の理由による。一つには、録画で編集した方が凝ったテロップや鮮やかな画面作りができることだ。バラエティ番組の制作手法である。ライブの番組はどうしても「画面作り」が単調になりやすい。

そしてネットの浸透だ。人々はネットへの書き込みで満足するようになり、コールイン番組の需要がなくなり、生放送の必要性が消えたのだ。

コメンテーター管理も隠れた理由だ。売れっ子コメンテーターは取り合いになる。微妙に収録時間をずらすことで、彼らが複数の局に出られる。台湾ではごく少数の人が同時にあちこちの番組を梯子する。

さらに発言の分量調整だ。一人で延々と話す人がいても、録画なら編集で発言の長さを均等にできる。放送が一時間の討論番組だと、CMを抜いて正味四五分。収録は九〇分が目安でそれ以上長いと編集が大変になる。夕方一六時から一七時半に収録して、二〇時までに「完パケ（映像、CG・テロップ、音声ミックスまでの全編集を終えた放送可能な完成データ）」にして二一時にオンエアするには、編集に三時間もない。そこでスクリプト（台本）が要る。

無論、収録中にニュースが入れば、適宜修正は入る。筆者が現場にいた日も「三立新聞」

『新台湾加油』では、新しい情報が入るたびに、プロデューサーが直接プロンプター原稿を打ち込み、アンカーがアドリブで話題を変えていた。それでも収録から放送まで数時間の時差が出る。その間に起きる突発事態は放送できない。

「緑」寄りと「藍」寄りの分裂

アメリカのケーブルのニュースチャンネルでは、保守(FOXニュース)、リベラル(MSNBC)の色を公然と出している。放送メディアの中立性が重視される日本からは特異にも見えるが、民主主義社会におけるテレビの党派的政治色はアメリカ固有の現象ではない。台湾でも民主化の過程で、国民党寄りの「藍」メディアに加え、民進党寄りの「緑」メディアが台頭した。政党が党派的な戦略家や批評家を番組に送り込み、世論の方向性に影響を与える行為はアメリカ以上に日常的だ。「スピン操作」と呼ばれる政治広報戦による偏りが自明のこととして有権者に受け入れられているのもアメリカと似ている。

例えば、民進党寄りのテレビが、民進党陣営の動きを国民党陣営のニュースよりも長く放送することは珍しいことではなく、その逆もしかりだ。アメリカでも保守メディアが選挙直前にトランプ大統領の動静ばかり報じても誰も文句を言わない。日本では公示日以降、タスキはモザイク、候補者は胴体から下だけの通称「お化け映像」限定の報道を長年踏襲してきた。中立性優先の日本の感覚からは、米台の報道は有権者の政治リテラシーへの丸投げに見えるかもしれない。

台湾の新聞は一九八七年の戒厳令解除で自由化に動き出した。国民党の代弁者としての立場から能動的な政治アクターへと変化したことで、むしろ政治性を増した。川上桃子が顧爾《こじ》徳《とく》の研究を参考に要約しているが、戒厳令解除直後の台湾の三大新聞は、『聯合報』が「国民党非主流派、反本土化、統一寄り」（「本土化」とは中国大陸化のことではなく、台湾を本土として生きていく台湾化のこと）、『自由時報』が「本土派」、『中国時報』が政治的には中間的立場で、社会問題では相対的にリベラルな路線を打ち出していた。台湾におけるメディア分断は、アメリカのような「保守」「リベラル」分断とは違う。あくまで「中国ナショナリズム」と「台湾ナショナリズム」を両端に置いたアイデンティティの政治対立軸が根底にある。

しかし、テレビは政治的には保守的で一九九〇年代も基本的には変化せず、陳水扁政権まで大人しかった。それでも、かつては民進党の候補者の音声を流すことも許されなかったが、さりげなく流して上司も見て見ぬ振りをするという、現場ぐるみの「小さな抵抗」の積み重ねで、民進党の候補者の音声も流されるようになりテレビも「民主化」していった。

現在はニュース専門チャンネルだけでも、「非凡」「民視」「三立」「東森」「年代」「中天」（ネットチャンネル化）、TVBS（愛称はT台）などがあるが、このうち「民視」と「三立」

が民進党寄りの「緑」で、近年は「年代」もやや「緑」だ。それ以外が中道か国民党寄りであるとされる。経営者が交代すると色が簡単に変わるのも特徴の一つで、東森は「藍」に寄り、地上波の「華視」は今や「緑」色が強い。「年代」もかつては緑寄りではなかった。

だが、こうした傾向は二〇〇〇年代以降のものだ。国立台北芸術大学副教授で元「華視」記者の劉蕙苓《りゅうけいれい》の調査によれば、二〇〇四年に民進党の陳水扁の二期目が始動した頃、まだジャーナリストの四割は「どの政党も支持しない」と答えていた。民進党と国民党への支持を強く表明していた記者はそれぞれ二割強だった。しかし、媒体による偏りは同調査でもすでに顕在化していた。新聞記者は民進党（一八・三％）よりも国民党（二五・一％）を支持し、テレビ記者は国民党（一七・三％）よりも民進党（三七・三％）を支持していた。

テレビメディアが急激に党派的になったのは市場経済の競争原理が関係している。二〇〇〇年代以降、ケーブルテレビが視聴率争いの主戦場となる中、所属政党の色におもねることで、差別化を図るようになったためだ。民進党政権の誕生が関係していることは言うまでもない。国民党の影響下にあり続けた「中視」以外は、緑側の世論に配慮した番組で視聴率を稼ぐようになっていった。緑寄りの新しいジャーナリストも多数迎えた。テレビに引きずられるように新聞記者も二〇〇〇年代末と比べると民進党寄りの記者が増えたという。

テレビ局上層部は政治思想と社のカラーの一致度が高く、政権ごとに幹部が入れ替わることすらあるが、現場は職人なので意外に政治と無関係である。ここもアメリカに似ている。保守系のFOXニュースでもカメラマンやディレクターにはリベラル派が多数いる。彼らはテレビ職人であり、職場を政治色で選ぶ意思は薄い。

台湾の放送界は記者やプロデューサーの社間転職も激しい。アメリカでは、伝統的ジャーナリズムの王道がリベラルだった経緯から、記者の保守系メディアへの転身は覚悟が要るが、台湾では会社の党派色を度外視した局間転職も珍しくない。「年代」「中天」「TVBS」「三立」と複数社を渡り歩くのは普通のことだ。

名嘴――コメンテーターの役割

どの国にもテレビ局の報道には旗艦番組というものがある。日本では夜の二一時以降の総合ニュースであるが、アメリカでは、かつては三大ネットワークの夕方ニュースだった。現在アメリカはMSNBC『レイチェル・マドウ』に象徴されるケーブルニュース局の夜のオピニオン番組に旗艦が移行中である。選挙特番の司会にも政治オピニオン番組の司会者が登場しつつある。

台湾の旗艦的報道番組はニュース番組ではない。二〇時から二二時の時間帯に放送される「政論番組」である。台湾の総合ニュースは、定時のフラッシュ的な影の薄い存在でしかない。政治討論番組はアメリカ型でも日本型でもなく独自型を形成している。「年代新聞」の『突発琪想』、「三立新聞台」の『新台湾加油』など夜は人気番組が視聴率競争の刃を交える。

政治的な色にも配慮している。無論、中立への配慮ではない。「有権者、視聴者が期待している局や番組の色通りに、しっかり偏らせる」配慮だ。

民進党寄りの「緑」の局の場合、四人コメンテーターがいたら、うち三人は民進党寄り、一人は国民党寄りにする。台湾の視聴者は結論が出ない罵り合いよりも、明確な「偏り」に依拠した特定方向からの詳細解説を好む傾向があることを現場は学んだからだ。もちろん、テレビ局は当然自分たちが中立だと装う目的もある。

中には、謝震武《しゃしんぶ》が司会する「年代新聞」『新聞面対面』のように、「藍」と「緑」を均等に三人ずつ出演させ、双方が火花を散らす番組もある。だが、その際も大切なのは出演者に政治的な色が曖昧な人を出さないことだ。

立法委員のレギュラー出演者が、「民視」『台湾最前線』の番組宣伝で宣伝役を務めていたことがある。日本に喩えれば、頻繁に出演する特定の政党の議員が「朝まで生テレビです、ご覧ください！」と特定の局の番宣枠に出て発言しているのと同じである。いくら政治的に分断されたアメリカのケーブルニュースでも想像できない。保守的な共和党上院議員でも「FOXニュース・サンデー、ご期待ください！」と叫ばない。

台湾の「政論番組」のゲストは二種類に分類できる。第一に各政党の政治家で、現職議員や候補者である。第二に中国語で「名嘴」と呼ばれる専ら「政論番組」に出る時事評論家である。「メディア人」「時事評論家」と呼ばれることもある。大学教授もその一角を成す。

台湾ではテレビのコメンテーターは党派的代弁者で中立な存在とは思われていないため、発言へのファクトチェックも局の責任とは考えられていない。いきおい番組画面下に表示される見出しのテロップ（CGタイトル）の語尾は「？」ばかりになる。断定しない。無論、話題や出演者の選定で、編集権が静かに発揮されているのは古今東西共通だ。

ソーシャルメディアの力が大きい台湾であるが、主流メディアの討論番組のアジェンダ設定機能は消えていない。政党や政治家が世論対策や議題設定の目的でメディアにリークをして誘導する政治広報戦略の「スピン操作」が日々繰り広げられている。

「スピン操作」にはサイクルがある。朝刊の内容をネットが扱い、それを夜の「政論番組」で評論家が繰り返す。一つのネタで、朝、昼、晩、新聞からテレビのコメンテーターへ、それがまた翌朝の見出しへと、同じ内容がバトンタッチで繰り返される。

このサイクルの中心としてテレビの力は大きい。台湾の政党の戦略家や政治家には、夜のテレビの討論番組をザッピングして対応を考える習慣も定着している。アメリカならここにトークラジオが加わるが、このニュースの朝から晩まで媒体を縦断した流れは同じだ。

番組側の論理

「台湾の政治討論番組で、本当に視聴者に客観的または理知的な結論を説明したいと思ってしまったら負けです。政治番組を見るような人は、基本的に緑の人は絶対に緑、藍の人は藍、という人たちです。中立で語りかけても、視聴者は嫌がります。この種の視聴者は本当に狂信的（狂熱）で強烈（激烈）です」

こう明かすのはある「緑」寄りのテレビ局の「政論番組」のプロデューサーだ。政権与党である民進党を擁護する視聴者ニーズを満たすことが至上命令だという。

「今日もし与党を叱るゲストが二人出演したら、彼らで視聴率は落ちますね。正直聞いていてバカバカしいと思うこともあるけど、視聴者はそれがとにかく好きなのです」

しかし、彼曰く、テレビの視聴者は相対的にまだ少し分別があるという。番組はネットでも時差放送されているが、「網友」（ネット民）にはネットに書き込みをする戦闘的な「網軍」がいて「与党／野党の悪口を言うな」というコメントが覆い尽くす。

二〇二〇年総統選挙では、緑陣営の番組は韓国瑜批判で視聴率を獲得して潤った。これはトランプの登場でCNNやリベラルメディアが視聴率を爆上げした構造と酷似している。政治的な喧嘩《けんか》は商品として売れるのだ。例えば、二〇二一年五月以降のコロナ感染者の拡大では与党不信が増した。ワクチンが手に入らないという危機感が充満する中、政権と「緑」メディアは日本からのワクチン支援を大々的に伝えた一方、「藍」メディアはそれが、日本で当時、薬事承認されたにもかかわらず厚労省が接種を見送ったアストラゼネカ製であることや、中国からの別のワクチン調達の可能性などを報じた。

興味深いことに、二〇二一年の「第三級」警戒体制とワクチン不安報道では、民進党寄りの「年代」「三立」の視聴率が低迷し、TVBS『少康戦情室』『国民大会』『新聞大白話』は急上昇した。政権を叩く方がジャーナリズムは生き生きする。アメリカでもラッシュ・リンボーなど保守系トークラジオの爆発的拡大は民主党のビル・クリントン政権期だった。

『新台湾加油』収録中の台北スタジオ。手前はモニター前で解説のスタンバイ中の民進党立法委員（筆者撮影）

番組にとってパネリストは素材であり身内である。何らかのテーマを掘り下げることにした場合、専門外のことであっても、局がリサーチした情報を渡して政治家でも評論家でもレギュラーのコメンテーターに解説してもらうという。実は台湾の「政論番組」ではコメンテーターの発話の概ね五割は、こうした番組側が提供するネタで、フリップも原稿も準備される。思想的な立場を考慮した割り振りをするので、意に反する台詞を無理に演じさせられることはない。しかし、「頼清徳批判ならこの人」と大まかな分担があり、出演者もそれを手伝う暗黙のルールがある。残り五割がコメンテーターの完全に自由な発言だ。

つまり、番組の建てつけは、緑側と藍側のどちらかの視点からのニュース解説にあり、コメンテーターが制作陣と二人三脚で解説を練り込む。だからこそ、「政論番組」がニュース専門局のゴールデンとプライムの帯を独占しているのだ。「討論」がニュース局の旗艦番組なのはなぜかという疑問はこれで氷解する。

コメンテーターはパネルやモニター前で説明役も務める。あれは本来なら記者が行う仕事だ。それを「政治家」「大学教授」にもやらせる。彼らコメンテーターが局の解説委員の仕事を兼ねてしまっている。「識者」に論評ではなくニュース解説を代弁させる方式は、日本にもアメリカにも報道番組では存在しない。

出演料は出る。無料のボランティアではない。一時間収録で三〇〇〇台湾ドル（約一万二〇〇〇円）、二時間だと六〇〇〇台湾ドル（約二万四〇〇〇円）が目安だが、話す内容をリサーチャーに準備してもらえ、拘束時間二時間程度としては悪くない対価だ。レギュラーになると本給より多くなることも少なくない。

アンカーの編集権は番組によって千差万別だ。アメリカ同様に絶大な編集権を持ち、テーマ決めやゲスト選びを指揮する場合もあれば、プロデューサーに委ねられる番組もある。経済や中国への分析の深さで業界内での評価が高い「年代新聞」の『年代向銭看』では、アンカーの陳凝観が強い主導権を持っていることで有名だ。一方、同じ局でも『突発琪想』はレギュラーのゲストがテーマのアイデアを出し合うなど性質が違う。

政党側の論理

では、政党側の論理はどうなのだろうか。

国民党も民進党も「政論番組」を政治的な世論誘導の戦場だと割り切っている。選挙の争点設定に影響を与えるため、政党は熱心に代弁者を番組に送る。中にはスピン目的でコメンテーターがフェイクニュースまがいの未確認情報を流すこともあり、批判の種にもなる。「私のソースによると」という憶測発言による攪乱《かくらん》戦術だ。

国民党中央政策会政研部主任だった陳俊安《ちんしゅんあん》は国民党のキャンペーン戦略を担う若手ホープだ。蔣万安台北市長の側近として、のちに市政府の要職にも就いている。

「最初に結論を言いますと、政論番組には真実はありません。政治討論番組自体がショーなので、いわゆる真実はないのです」

各陣営が自分の支持者や反対者にどのような理念や概念を伝えたいのか、これが政論番組の本質だという。では、政論番組をどのように使うのか。誰を政論番組に出すのか。各政党は政論番組によく登場する「名嘴」の LINE グループあるいは Telegram グループを抱えている。その時々の重大な議題に関して、政党がインプットしたい要点を「セントラルキッチン（中央厨房《ちゅうぼう》）」と呼ばれるプラットフォームを通して、簡単な文案や言い方など「発言要領」にした形で「名嘴」たちに提供している。表現の方法やアレンジはコメンテーターの自由に任せる。

政論番組で同じテーマを議論している回では、どの局のどのコメンテーターでも「藍」と「緑」ごとの話が類似していることがままある。これは皆が同じ「セントラルキッチン」から提供された「発言要領」をもとにしている証拠である。陳はこう述べる。

「実は名嘴には皆、値段がついていて買うことができるのです。だから、今日、より多くのお金を払ってくれたり、自分に比較的友好的な陣営に、番組での発言が偏ったものになる。政論番組とは実際には宣伝のチャンネルです。自分の支持者に語りかける。ついでに名嘴を通して敵陣を攻撃するものです」

自陣営からも誰かを送り込まなければ、すべての政論番組が敵陣営のプロパガンダのツールとなる。広報戦略を代行するPR会社を入れて、番組に送り出す政治家や政党のブランディングに彼らの助言を利用することもあるが、必ずしも効果的とは言えないようだ。候補者の選挙参謀と、PR会社との間で方針上の摩擦は絶えない。政党は候補者の政治家としての将来を考えて売り出したいが、PR会社は候補者を一時的な商品としてしか扱わないと陳もこぼす。政治がマーケティングに必ずしも適さない問題は、フィリップ・コトラーらマーケティングの第一人者が、マーケティングの政治や選挙への応用を試みた一九九〇年代末から、アメリカでは自明化していた問題だった。

プレースメント・マーケティング

民進党のメディア戦略は三人いる副秘書長のうち一名が全責任を持つ。総統府の官房長官に相当する秘書長の下にいるのが副秘書長だ。国民党同様に広告代理店に戦略の主導権は与えていない。台湾では政権運営でも、アメリカと違いコンサルタントの関与は限定的である。演説の草稿を作るスピーチライター集団は、集会で演説の背景に流れる音楽や効果音も巧妙に計算した上で、政治家の演説の「間」を考える。

さらに国民党からの「攻撃」を察知して応戦を発動する「新聞（ニュース）語権」を司《つかさど》る部門があり、彼らは政論番組に政治家やメディア人を送り込んでアジェンダ設定を争う。

そして台湾の「政論番組」とメディアの世論戦を観察する上で、絶対に知っておかねばならないのは「プレースメント・マーケティング」である。党や政治家の広報戦すなわち「広告」として出演する政治家側がお金を支払う仕組みのことだ。これがあまりに当然のように埋め込まれている。

アメリカ生まれの政治メディア戦略では「有料広告」「無料広告」という分類をする。有料広告はCMや「通販番組」のような番組の買い切りだが、政治家の持ち上げしかしないのは自明でお金さえ払えば宣伝できるため信憑《しんぴょうせい》性は低い。

一方、「無料広告」と呼ばれる「報道番組への出演」は、頼まれて取材を受けたり出演したりするもので、政治家側の恣意性が介在しない点で信憑性は高い。お金を払ってしまっては「有料広告」と同じになってしまい、広告効果の効果は半減以下になる。つまり「ステマ」である。すなわちこれは、「無料広告」である報道番組への出演を、一部「有料広告」として買い取る荒技である。

台湾のテレビ局ではまず各番組の責任者が「プレースメント」のニュースが欲しいかどうかを決める。あるいは政治家が「ニュース広告」を一つ購入したとする。それと引き換えに政論番組で一度露出させる取引である。

なぜ台湾では政治家が出演料を支払ってテレビに出ていることを隠し事にせず、社会が受け入れているのか。なにより急激な市場原理の競争にさらされた台湾のテレビ局が、少ない制作費で番組を制作する上で、広告収入を補填する収入源の一つとして止むに止まれず手を出したという経済の論理だ。テレビ局の営業部門は、候補者が選挙に立候補したくても知名度がない場合「番組に出ませんか」と売り込む。あるいは、ニュース記事を売り込む。

つまり、候補者のイベントをテレビ局がニュースにしてあげるという契約だ。台湾人がネットの氾濫の中で、ステルスマーケティングに一定の耐性を備えているのは、政治報道でこうしたメディア共謀の「ステマ」報道がすでに当たり前のように存在していたことも関係している。

しかし、より有力なのは「政治家は宣伝のために出たくて出ている」ことを開き直る、分極化社会の台湾なりのフェアネスだという考えだ。筆者はこの文化要因も大きいと見ている。

政治家が金を払ってテレビに出ていると聞くと、アメリカ的な政治倫理からはアレルギーがあるが、自分や政党の「宣伝」であると明示しているわけで、視聴者や有権者にはわかりやすく、一周回って嘘偽《うそ》りがない。しかも、「出演権」の購入だけで、「編集権」の購入ではない。メディアは編集権までは売り渡しておらず、金を積んで出演した政治家の発言のどこをどう切り刻むか、どういうアングルでどの程度の「尺」で撮影するかも局次第である。つまり、政治家は金だけ払って出演して恥をかくこともある。

コメンテーター政治家の独立性

もちろん、テレビ局にも政党にも指図を受けないという豪気な政治家もいる。政論番組コメンテーター常連の民進党立法委員の荘瑞雄《そうずいゆう》はその一人だ。南部の屏東地盤だが、弁護士、台北市議会議員も歴任した。体格のいい身体から発せられる野太い声はよく響く。

月曜は「三立」「年代」の二番組を梯子し、火曜「民視」、水曜は「三立」の『鄭知道了』、木曜は再び「三立」の『新台湾加油』。週に普通五本、少なくとも四本は番組出演を抱えている。荘瑞雄ぐらいレギュラーになると政党もいちいち管理しない。「民進党との内部協議はないです。私は自分の意見を述べ、表現したいことを表現する。伝えたい意見を社会大衆に受け入れてもらいたいのです」と述べる。

政治家にとってあらゆるパブリシティ（露出による広報）が利益なのは、選挙デモクラシーの原則だ。荘瑞雄が清々しいのは、「意見」は藍か緑か、党派で違うことを堂々と明示していることだ。荘は日本統治時代の遺産も大切にする「緑」を自認する。この立場を台湾の視聴者は理解してコメンテーターの発言を聴くので印象操作にはならない。

「なぜ台湾には親日派と親中派がいるのか、なぜ私は割と親日だと思われるのか。私は比較的日本の良い面を話します、政治的な議論の中で中国との関係、そして日本との関係になると、私は中国が嫌いなので日本側につくわけです」

荘瑞雄は「政論番組」は、本来は生放送が理想だと考える。編集が介在しない発言こそ、表現の自由の根幹だからだ。テレビ局にも忖度しない。発言を操作されたことはないという。

「我々はレギュラーなので、彼らもあえて意見を歪めることはないです。もし歪曲《わいきょく》されても、次の番組で、テレビ局に強制されたと、事実をそのまま話します」

しかし、ニュース番組では編集されたことがあると荘は訴える。

「総統選挙など、非常に物議を醸す問題への言及ではカットもされます。それは局性（テレビ局の性格）です。私の発言を歪ませ、断片に切り取るのは藍寄りの局です。私は抗議しますよ。受け入れられなければ、次回からその局の取材を拒否します」

「中天」規制と中国の介入問題

台湾でも、大学の新聞学で教える原則では新聞社は言論機関であるとされている。中華民国黎明期の機関誌や清末に孫文らが立ち上げた『民報』なども政治結社の機関紙で、いずれも革命思想を宣伝するものだった。

他方、公共の電波は国民が共有するもので政党の色があってはならないとしている。だが、あくまで理想論だ。権威主義体制を礼賛する政府メディアからスタートした台湾は、それら国民党系のメディアを追撃する必要があり、メディアがはなから政争にまみれていった。民主化の必然の副作用だったとも言える。ある放送記者はこう語る。

「全員、同じ政党や政治家を支持するよりも、それぞれの支持者がいていいのではないでしょうか。台湾は多元的で、とても自由な社会であることの表れでもあるのだと思います」

台湾のメディア人は多数の意見に耳を貸さない専制的人物を「一言堂」と呼んで忌み嫌う。もちろん、法規制がなく野放図だというわけではない。台湾には、番組の内容を審査したり、放送倫理に違反していないかを監視・管理したりするNCC（国家通信放送委員会）という機構がある。かつてNCCは機能不全だと批判されていたが、ニュース番組の中で明らかに特定の商品の宣伝をしたり、商標が映し出されていると罰金処分の対象になっている。

二〇二〇年一一月、NCCが「中天テレビ」の免許の更新を認めない決定を下したことで、民進党政権による親中派テレビの排除かと騒ぎになった。「中天ニュース」は放送から撤退し、YouTubeのネットチャンネルになった。

この決定以前から「中天テレビ」は、特定の候補者を支持するニュースを放送し続けたなどとして罰金処分を複数回受けていた。二〇一八年の高雄市長選挙では韓国瑜の報道が九割を超えていたとされ、二〇一九年には同氏を支持する子どもたちを取り上げた放送が問題視された。NCCは、まだ発達途上にある子どもを利用して政治的印象操作をしてはならない、として処分を下した。それらが積もり積もっての免許不更新だった。

この一連の「中天BAN事件」騒動は、台湾のみならず民主主義社会の言論の自由を考える上で示唆的な問題をはらんでいる。

第一に、報道のバランスは一つの組織やチャンネルの中だけでとる必要があるのかどうかだ。独裁国家で国営放送しかないならともかく、複数のメディアがあるならば、視聴者は自由に選べるので、トータルでバランスはとれる。特定の局が偏向していても、それはFOXニュースのように表現の自由の範囲内ではないかとも考えられる。

第二に、しかし、その偏りが国内の多様なイデオロギーや表現の自由の純粋な発露なのか、それとも何らかの外国勢力の意向をそのまま反映しているのかでは、「偏り」の意味も変わってくる問題だ。「中天テレビ」のオーナーは食品を扱う総合メーカーの「旺旺《ワンワン》」で、『中国時報』を足がかりにメディア経営を多角的に手掛けている。アメリカでもNBCはGEの傘下だったが、放送局はエンターテインメントや通信業界の一角をなすのが主流で、異業種の所有は珍しい。メディアを異業種が所有することでジャーナリズムが歪められないかという議論はまだ国際的にも解答が出ていない。

また、「旺旺」の場合は中国大陸とのビジネス上の結びつきから、中国の意向を反映した報道が懸念されてきた。こうなると少し話は別で、間接的な外国資本によるジャーナリズム介入の議論になる。

しかし、それとて経済のグローバル化の時代に完全には排除できない。そして中国寄りであっても、それも一つの自由な言論だ。さらに、「緑」寄りのライバル社の関係者も認めるように、中天の姿勢は政治目的と思われがちだが、実はアメリカのFOXニュースのように経済原理に基づいている。平時はさほどでもない視聴率が選挙期間には突出する。かき入れ時だ。政治コンテンツでどう視聴率をとるかの自律的な経営判断だとも言える。

中天の親元的な局である「中視」にいた記者は「一九八八年、中視にいた頃はまだ自由はなかったが、彼らは今は（政府から）独立しています」と述べる。

第三に、放送免許取り上げが一〇年前なら痛恨の打撃だったが、ネット配信時代には皮肉なことに規制としては何の効果もなかったことだ。世界的なテレビ離れで台湾の番組もYouTubeに移行する中、中天は元気にネットで「政論番組」も配信放送を続けており、今でも中天ファンは熱心に配信に食らいついている。

結局、問題なのは、「公共の電波」とは何で、単一でどこまで中立性を担保すべきなのか、ニュースと「政論番組」のようなオピニオンのショーの境界線があるのかといったことに尽きる。「政論番組」の二項対立の偏り自体をこの際見直すのか、それとも「中国の介入」だと問題になるのか。これらが深く広く討議されないまま、国民党が政府の政治介入だとして中天の反発に加勢し、いよいよ「中天BAN事件」は政争の具になってしまった。

政治番組は台湾向け、ドラマは大陸向け

むしろ気になるのは「緑」と見なされる社の中国との微妙な関係だ。民進党でメディア戦略担当を手掛けているベテランは、TVBSと中天の視聴者は国民党支持者で、しかも中天は一部の中国人が見ることすらあるので、彼らのニーズを満たすために必死で民進党を罵っている、と指摘する。ところが、政治番組しか視聴しない人には不思議なことだが、「三立」が中国に対して穏健な報道姿勢になることが少なくないという。

「中国的な要素は中天だけではないのです。例えば、三立も中国に売るための番組がある。中国は三立に圧力をかけ、何人かの司会には中国を罵倒するのはダメだよと圧がかかる。三立はテレビや映画番組で中国に販売したいコンテンツを抱えているんです。つまり、中国市場に期待を持っていれば、中国の影響を受けることになります。TVBSや中天は中国と関係する広告が少なくない。批判は可能ですができないこともあります」

「三立」で政論番組を持っていた鄭弘儀《ていこうぎ》は、かつて毎日中国の悪口を言っていたら番組打ち切りの憂き目にあったという。「三立」では中国を批判するのは自由だが、中国がそれに耐えがたいと判断した時点で、彼らは出演者を交換したいと考えるようになる。

「言語の壁」が防波堤になるケースもある。「民視」の場合、ドラマで中国に売れるものはすべて台湾語なので、閩南語（台湾語のルーツ言語で今も相互に通じる）を話す福建省マーケットにしか販売できない。そのため北京にそこまでお伺いを立てる必要もない。他方、「三立」のドラマは北京語での制作で中国市場を手に入れたいことからどうしても遠慮がちになる。

三立は「ドラマの三立」の異名があるほど優れたドラマ制作に定評がある。経営陣の収益目的以外にも、ドラマ制作者も出演者も広く中国語圏の視聴者に見てほしいという表現者としての承認欲求は抑えようがないはずだ。CNNのように完全なニュース専門局でなく、バラエティやドラマの収益を報道に流し込む総合商業局である限り、コンテンツの販売の取引先からの影響は免れない。

ユーチューバーになった人気アンカー

二〇二二年、「三立」で『新台湾加油』など人気番組のアンカーとして一五年間も「視聴率女王」に君臨してきた廖筱君《りょうしょうくん》の転身に業界は驚嘆した。「ユーチューバー」になってしまったのだ。「三立」がドラマ営業を優先していたことに不満があったのかと世間は訝《いぶか》しがったが、そうではなく廖筱君は影響力の衰えを見せつつある伝統的メディアから足を洗い、勢いのあるデジタルメディアに舞台を移す準備を以前から考えていた。

YouTube視聴が早期から浸透した台湾ではテレビとの融合も早かった。局はライブ配信にせよ録画にせよ、ほとんどの政論番組をYouTube上にセグメントで細切れにしてアップロードするようになった。一定の時差（ディレイ）を設けて、テレビのスポンサーの顔を立てているだけで、事実上ネット番組化しつつある。

二〇二二年七月八日に安倍晋三元総理銃撃の一報が飛び込んできた。テレビを去った廖が報じる手段はYouTubeしかなかった。二四時間以内にYouTubeチャンネルを立ち上げ、事件の続報をしているうちにいつの間にか「ユーチューバー」になってしまった。アメリカのABC放送にテッド・コペルというアンカーがいたが、彼のイランのアメリカ大使館人質事件の特番が、事件解決後もそのまま『ナイトライン』という長寿番組になったのに似ている。

地上波との違いは、もはや視聴者を台湾人に限定していないことだ。安倍元総理の銃撃から三日後に出した「論説」動画で、安倍元総理の弔い方で中国に「大人の対応」を求めたが、「国内外の視聴者」への感謝で廖筱君は締め括った。テレビではあり得ない挨拶だ。

YouTubeチャンネル『筱君台湾PLUS』では社内スタッフはわずか二人でスタートし、二〇二四年三月時点で三〇万六〇〇〇人登録。立ち上げから一年半強でこの数字は台湾の人口規模では凄まじい数だ。もちろん、著名ジャーナリストの立場を存分に活用した効果だ。

廖は「三立」の自分の番組を丸ごとYouTubeに持ち込んだからだ。

多くの元アンカーは旬が過ぎた後に思い出したようにネットに登場するので登録者数が伸びない。廖は人気絶頂のまま電撃退社し、自分の番組のコメンテーターをごっそり連れていった。これまで『新台湾加油』で世話になった出演者で彼女の頼みを断る人は少ない。

廖は複数のコメンテーターが連続的に独り言を発する「政論番組」に長年食い足りなさを感じていた。やりたかったのは本物志向のディベート番組と、一人のゲストからじっくり話を聞き出すインタビュー番組だ。

「藍」と「緑」のディベートがコンセプトだ。「緑」だけ「藍」だけの偏りの是正策として、「緑」でも「藍」でもない無色透明のアリバイ的な配分では済まさない。黎明期の『二一〇〇全民開講』の精神を体現しているし、アメリカの保守思想家ウィリアム・バックリーの番組や『チャーリー・ローズ』など骨太インタビュー番組を彷彿とさせる。廖はこう述べる。

「緑が多いとされるメディアでは、ほとんどの番組が緑の視点が中心で、藍が多いメディアは藍の視点が中心でした。異なる意見にも寛容であってほしい。この小さな台湾では、多様な対話を通じて共通の価値観を見つけ、お互いを理解し合えればと願っています」

大きなスタジオで平均年齢が二〇歳のスタッフを集めてサブチャンネルで『REAL TALK』を立ち上げた。オープニングCGデザインなど全体のビジュアル、ゲスト選び、トピックの設定、番組の収録、編集、企画から完成まで、二〇人以上の若い感性に任せている。

廖篠君は「ゲスト改革」も目指している。前述したようにこれまでの台湾の「政論番組」は、政治家と時事評論家の二種類が党派的に供給される、宣伝戦の道具になってきた面があった。台湾にも「専門家」を根づかせたいのだという。軍事専門家はその一つだし、台湾が苦手としてきた国際ニュースにも手を広げたいとして、こう述べる。

「例えば、今日は国際情勢、イスラエルとハマスの最新の情勢について話したいとか、重点は米イラン、あるいは米露対立かもしれない、となれば適切なゲストを設定します」

日米では既視感のあるフォーマットだが台湾ではこれが意外と少なかった。また、選挙特番ぐらいだったライブ放送の配信チャンスが多いことも、ネットのプラットフォームの魅力だという。YouTubeでのコメントの中には善意ではないものもあるが、コメント機能もオフにせず耳を傾ける。

政治家の演説会やイベントはライブ配信で実況する。二〇二四年総統選では新北市での頼清徳イベント、台北市での侯友宜イベントを共にライブ配信した。悩みはマネタイズに知恵が回らないことだ。広告案件を引っ張ってくるビジネス部門を立ち上げる余裕がなかった。

「せっかく貯めたお金も使い果たしました」と笑う廖篠君は、根っからのジャーナリストで、どうやらビジネスにあまり向かなそうだ。

藍と緑の宣伝戦を超えて

台湾式の政治コミュニケーションや宣伝戦に食い足りなさを感じるアメリカ帰りもいる。第1章で紹介した呉怡農だ。立法委員の選挙戦でフラストレーションを感じたのは、政策議論をするディベートの欠如だった。「二〇二〇年に選挙に出馬して、何が一番のやり切れなさでしたか？」という筆者の質問にこう答えた。

「もっと議論させてほしい。もっと建設的な議論がしたいのです。なぜなら、有権者には問題を理解し、候補者の立場を理解する資格があるからです。今は、ただ侮辱をぶつけ合っているだけです。本質的なものではありません」

呉怡農は「対面討議のプロセスが必要だ」と言う。候補者の肉声と顔に一瞬でも触れるのが台湾式のキャンペーンだった。彼が望んでいるのは有権者の悩みに直に触れて政策を訴える「タウンミーティング」のような機会に聞こえた。呉は率直に語った。

「台湾ではそのような機会はありません。有権者がトラックの周りを走っている姿しか見えません。街角に立って手を振って。私たちが開催する討論会でさえも、討論にはなっていない。ただサウンドバイト（メディア向けの短い発言）の泥仕合のようなものです」

三〇年前の台湾で、少年時代の彼は街頭で署名をもらうことができなかった。今は自由に投票できる。大きな進歩だが、現状に満足しないからこその次なる理想だ。アイデンティティや「族群」ではなく、イシューで投票する選挙に変えたいのだという。

他方、前章で紹介したTVBS国際記者の銭怡君はこう言う。

「『政論番組』あるいは『名嘴』が台湾の混乱の元凶だという人がいます。しかし、社会の感情がこの人たちに反映されているだけだと私は思うのです。混沌《こんとん》の元凶だとは私は全然考えていません。多元的な意見が表明されて然《しか》るべきです。社会には色々な意見があるのですから。我々は二三〇〇万人いて、二三〇〇万通りの考え方があるかもしれないのです」

たしかにその通りである。お行事の良い見せかけの中立の追求は表現の自由を歪めかねない。とりわけジャーナリズムで民主化を成熟させてきた台湾では、言論規制は社会の自由の「逆行」を想起させ、不健全な萎縮につながりかねない。

呉の希求する「族群」ではない「イシューによる議論」も、銭の肯定する「二三〇〇万の意見」も至極もっともだ。さて、だとすれば問題は多様な意見、ダイバーシティとは何なのか、そしてそれをどういう基準でメディアが汲《く》み取るのかという問題になってくる。これが台湾ではなかなかに難しい。次章で検討するように、台湾では時間差で住み着いた「族群」集団ごとに、文化も言語も政治アイデンティティも、まるで違うものを抱えているからだ。

第5章　言語と文化、多様性の政治学

政治的言語としての台湾語

台北の地下鉄（ＭＲＴ鉄道網）では、次の駅を知らせるアナウンスで、中国語（北京語）、台湾語、客家語の各言語が流れる。台湾鉄道では南部や東部の路線で原住民（先住民）言語も放送している。

これらは言語的な利便性の便宜ではない。中国語がわからない市民は、一部高齢者を除きほとんど存在しないからだ。台湾語母語話者、客家や原住民を平等に扱うポリティカル・コレクトネスの原則である。近年、中山、台北、中正紀念堂など一部の台北中心部の駅の区間限定で日本語が入ったが、これは日本からの観光客向けで意図がまるで違う。

選挙年になると普段より耳にすることが多くなるのは台湾語である。現在の台湾の人口上の最大勢力は、一七世紀以降福建省から台湾に渡った人々に由来する。言語も福建省南部の閩南語（「閩」は福建の意）がそのまま持ち込まれた。これを台湾語（「台語」）と呼ぶが、閩南語と同一視するかには党派性が絡む。すなわち台湾アイデンティティと密接な関係がある。

台湾語には日本統治時代の日本語由来の単語も入り込み、明らかな独自性がある。閩南語と呼ぶと、現在の福建の方言との区別上、適切ではない。純粋に言語学的観点からの分類で台湾語と呼んでいるのではないのだ。その意味で台湾語というのは政治的含意のある名称である。例えば、広東語は広東省や香港で話される方言で、香港では「広東話」と呼ばれる。その広東語を香港の広東語だけを取り出して「香港語」と名づけるようなニュアンスに近い。台湾人が香港の広東語を指して「香港話」と聞き慣れない表現を使うことがあるのは、自分たちの「台湾話」への類推から生じているとの説もある。

一九五〇年代半ば以降、学校教育などで使用を禁じられ、国語を中国語に統一された経緯から、台湾語は国民党支配への反発を象徴する土着魂の記号性をまとうようになった。ある民進党の幹部は言う。

「台湾ではこの一〇〇年の間に二回も『国語』が変わっています。一八九五年に台湾が日本に割譲され、日本語が国語になりました。日本統治時代が始まった直後は、ほとんどの人が『文盲』になってしまった。しかし、一九四五年に国民党が来て、北京語が国語になったので、今度は日本の教育を受けていた人たちがまた『文盲』になったのです」

母語ではない「国語」を学ばされることが繰り返されてきた歴史なのだ。

地方に行けば南部を中心に台湾語が根づいているが、若者の間では理解言語ではあるが使用言語ではないという状況になりつつある。だからこそ民進党の政治家は、若手でも、普段の生活ではあまり使用していない台湾語を演説で使う。台湾語ができることが台湾に根ざしていることの証明になるからだ。国民党の政治家も台湾生まれの世代は台湾語を流暢に操ることで、「台湾人政治家」をアピールする。

一般的に台湾人は北京語で話していても台湾語の語句を適宜混ぜることが多いが、そのほかにもセンテンス単位で北京語と台湾語をスイッチしたりする「ちゃんぽん」が珍しくない。「政論番組」でもアンカーやコメンテーターが一言、台湾語を発するとスタジオの緊張が和らぐ。プライベートでも「効果」は同じで、よそよそしい場合は北京語で、喧嘩の仲直りや打ち解けたいときなどは台湾語に切り替える。

二〇二〇年総統選で再選された蔡英文の隠れた追い風は、言語政策での台湾語支援だった。二〇一九年七月、公共放送「公視」で台湾語専門チャンネル「公視台語台」の放送がスタートした。もともと言語多元化の法案を通す条件として、当該言語の専門局を作る必要があった。客家、原住民の専門チャンネルはすでにあるのに、台湾語の専門チャンネルは存在していなかった。

台湾語ニュースの努力

主要な民間放送局の一つで民進党寄りの「民視」は一九九七年に開局した際、台湾語・台湾文化を保存することを趣旨としたことから、ニュース番組に関しても非常に多くの時間帯を使って、台湾語ニュースを放送してきた。

台湾語ニュースは、一九チャンネル、六チャンネルなど複数のチャンネルで午前七時、一〇時、正午、午後三時、夜七時と、一日に複数の放送時間帯がある。「民視」ではたまに中国語のドラマも放送されるが、基本的に台湾語ドラマがメインだ。全国視聴率一位のドラマもある。台湾語マーケットの存在感は小さくない。

「民視」で台湾語ニュースに長年携わっていた人物に話を聞くことができた。

出身は南部の高雄だが、台北で大学を卒業したという。台北に残れる仕事は何かないかなと探していたところ、見つかったのは台湾語のラジオ局だった。ところが、しばらくの間働いて、いわゆる無許可放送局だったことに気がつく。党外や初期の民進党の運動は無許可のラジオ局を通して行われていた。就職したラジオ局はいわゆる「党外放送局」だったのだ。いかに台湾語が「政治言語」かを表すエピソードだ。

その後、円山《えんざん》にあるＲＴＩ（台湾国際放送）で台湾語部門に所属し、台湾語アナウンサーを経て、二〇〇〇年代末からは「公視」で台湾語ニュース部門に参加した。当時、中国語のニュースを台湾語に吹き替える作業があった。

実家の家庭使用言語は台湾語だったが、台湾語を学び直したという。大学は新聞学科卒で、台湾語学科や台湾文学研究科のような正規の訓練を受けてきたわけではない。そこでラジオ局に台湾語の先生に来てもらって、レッスンをしたという。七つある台湾語の声調を含め、猛トレーニングを行った。「弟子入り」したのは、高名な台湾語の先生だった。

今の台湾語は、中国語の表現をそのまま台湾語の漢字音で読んで直訳で言うことが多いが台湾語の先生に厳しく直されたという。ラジオニュースはわずか五分だったが、スタジオの外で先生が待ち構えていて、原稿を指して「ここさっき間違えた」と三〇～四〇個もの発音の間違いを指摘され、一字ずつ、一〇回繰り返させられたという。放送では一文字二文字言い間違えても、間違いに気づいたら、すぐに言い直した。接続詞の間違いなど、報道の事実の正確さに影響を与えないような間違いだったら、言い直さずに、そのままやり過ごした。

しかし、「民視」の二〇年の努力にもかかわらず、台湾語が消えかけてきているという現場の焦りが募っている。台湾語ができない新人が増えてきたのだ。二〇年間も台湾語の放送時間帯があって、さらに台湾語のドラマも放送されてきたのに、若い世代の社員があまりに台湾語ができない、とこのベテランは失望していた。

台湾語専門チャンネル開局の意義

「民視」ですら二四時間台湾語のチャンネルに踏み込めなかった。あくまで台湾語の放送時間帯を設けてきただけだ。台湾語は「中国語化」の深刻な影響を受けている。

台湾語固有の文法で考えて話すことができなかったら、台湾語の普及に役に立たない。

「ある言語の社会での使用空間が、もう一つのマジョリティ言語によって長期的に圧迫されていると、その言語が消滅したり、だんだん使用者が減ってきたり、あるいは私たちが本来話していた言葉と姿が違ってきたりします」

そう述べるこのベテランの台湾語放送スタッフは、台湾語専門チャンネルの開局の価値は「正しい台湾語の継承」にあると指摘する。なるほど、二〇一九年に開局した「公視台語台」は、ドラマからバラエティまで終日台湾語だけのチャンネルだが、字幕の漢字で挑戦的な試みをしていて、それが民進党支持者の心を摑んでいる。従来の台湾語放送のように字幕に中国語を用いず、台湾語のまま書き起こしているのだ。

台湾語には発音だけは存在しても、どの漢字で表記するか、社会的な共通認識がない語が多々ある。そのため台湾語学習者向けの教材では、それらの語は漢字表記なしでローマ字表記にしてきた。だが、放送字幕ではローマ字にするわけにはいかないため、台湾語ではなく中国語で字幕を記していた。要は中国語翻訳字幕であり、台湾語を知らずとも中文圏の人なら理解できるものだった。

「公視台語台」はこの伝統をひっくり返したのだ。同局の放送では適当な漢字が見当たらない語には、当て字や造字をするなどして、台湾語をそのまま書き起こしている。だから台湾語を知らないと字幕が理解できない。「台湾語を解する人だけに捧げる」、そういうテレビ局が台湾史上初めて誕生した。強烈な言語復興キャンペーンであり、政治的な含意は大きい。

二〇一九年七月、生放送特番で放送された「チャンネル開設記念イベント」に筆者も招かれた。基調演説で駆けつけた蔡英文総統は、台湾語が苦手だという自虐ネタも入れながら、異例にも全演説を台湾語で通し拍手喝采を浴びた。通常は、ごく一部台湾語で挨拶をするのが常だった。

アメリカの選挙アウトリーチ戦略でも、黒人英語、ヘブライ語、スペイン語などでの応援演説や戸別訪問は大きな意味を持つ。しかし、台湾で政治家、とりわけ総統が台湾語をどのタイミングでどの程度話すかのメッセージ効果は甚大だ。野嶋剛《のじまつよし》が『台湾とは何か』で述べているように、かつて馬英九も外省人でありながら苦手な台湾語を話す努力をして受け入れられた。

この日の蔡英文は早々に会場に現れたかと思えば、筆者ら来賓席の前列にどっかり腰を落ち着け、演説後も若いアーティストが爆音を鳴らす台湾語ロックや台湾語ラップ、伝統人形劇・布袋戯《ポテヒ》を存分に楽しんでいた。一言だけの挨拶で離席、は多忙な政治指導者にはよくある光景だ。だからこそ、基隆での開局特番では、「台湾語漬けの午後」を総統自らが素材となって演出した。

台湾語復興と日本文化

台湾の長栄《エバー》航空のハローキティ号は機体のラッピングのイラストだけでなく、機内の枕もハローキティだ。空港では「台湾熊」が出迎えてくれる。大学教授も政府の官僚も発表のスライドにマスコットの漫画を入れ、男子大学生がぬいぐるみをカバンにぶら下げる。

その台湾の「カワイイkawaii愛好」文化の源流ともいわれる日本の秋葉原《あきはばら》文化の研究に勤しむ学者がいる。台湾師範大学の台文系（台湾文学科）の荘佳穎《そうかえい》副教授だ。頻繁に来日してはアキバの現地調査を意気揚々とこなす。しかし、サブカル研究は彼女の一面にすぎない。「民視」に『民視台湾学堂』という番組がある。蔡英文政権一年目の二〇一七年にスタートした台湾文化のエスニック復興番組だ。台湾の歴史、哲学、キリスト教から食などの文化まで網羅的に取り扱う。番組キャスターが講義やゲスト対話を行うが、台湾語での会話を中心にしつつも北京語を併用している。キャスターは局のジャーナリストではなく、それぞれの分野の学者が務める。

そのキャスターの一人である荘佳穎副教授は、トレードマークのカチューシャ姿と流暢な台湾語で人気を博している。日本文化研究が台湾学の範疇《はんちゅう》にあることは、台湾では矛盾していない。その上、彼女は民進党のテーマソングの作詞を引き受けるなど政治的である。

この「台湾文化」「日本」「政治性」の三つには相関性がある。「台湾文化」復興はその文脈上、原住民からの台湾の歴史を振り返る中で、台湾が自らの歴史の中で大陸とは違うアイデンティティ形成に関わる時間を過ごした日本統治時代や日本文化、とりわけ日本語を前向きに位置づけ直すことを含むからだ。

たしかに言語としての台湾語復興は、福建省由来の中国語の方言の復興を兼ねているし、本省人の閩南文化は、道教の冠婚葬祭から食事まで福建省由来のものだ。しかし、日本統治時代に日本文化や日本語の深い影響も浸透して、今の多面的な台湾の言語文化が形成されていると彼らは考える。これが台湾語文化を閩南語文化と識別しなければいけない主な理由の一つである。言語の名称は、「歴史」や「政治」の文脈が決めるからだ。

台湾文学は、今でも台湾の大学では文学研究の学科（国文学系）にない。「台湾学」の中に位置づけられている。「正統な文学」は中国由来のものだけとされてきた。これはある種の差別である。しかし、この国文学からの排除の論理が、逆説的に台湾文化研究への熱を活性化した。荘佳穎副教授はなぜキャスターを引き受けることにしたのか。

「第一に、重要なことは台湾の文化的側面を番組に盛り込むことでした。視聴者に台湾の現状について批判的に考えさせることです。第二に、台湾語を日常的なものにすることです。専門家を招いてその専門を台湾語で話してもらうコーナーを始めました。第三に、台湾人に台湾のデモクラシーとは何なのかを再考してほしいという狙いです」

苦労は尽きない。いわゆる「独立派」に近い「深緑」と言われる視聴者には、「どうして番組全篇を台湾語だけで話さないのか」と叱られる。しかし、すべてを台湾語にすると若い世代は内容が理解できない。「民視」のコアな視聴者層である「深緑」の支持基盤を満足させるべきか、それとも若い視聴者を新たに台湾語世界に引き寄せる努力を優先すべきなのか。

台湾語力の底上げが必要だと感じた荘は大学の教室でもなるべく台湾語で学生に話しかけるようにしている。自分の子どもにも台湾語で話しかけて育てている彼女は、読み聞かせ用に台湾語の絵本まで出版した。

「ナショナルアイデンティティや国家の主体性を形成するには、台湾語の会話を続けないといけない」と力説する荘副教授がキャスターを務める「台製日常」というコーナーでは、台湾語や台湾文学を紹介する番組なのに、何らかの形で政治が絡まることが少なくない。

ある回では、日本のモダニズム詩人の系譜を継ぐ台湾を代表する詩人、林亨泰《りんきょうたい》を取り上げた。ゲストには林亨泰の長女で台湾文学者の林巾力《りんきんりき》・台湾師範大学教授を招き、林亨泰の詩を台湾語で音読してもらった。

林亨泰はもともと日本語で詩作していたが、国語が北京語に変わると最初はうまく書けなかったという。一九四八年に発生した国民党政府による学生弾圧「四六事件」に、現場の師範大学で遭遇した。この動乱の時代を作品とともに振り返る。文学の講義でもあり、そしてデモクラシーの講義でもあった。

ハロルド・ラスウェルと「台湾地位未定論」

番組の党派性は否定できない。そもそもこの番組『学堂』の「校長」は、陳水扁政権で故宮博物院院長、教育長官を歴任した歴史学者の杜正勝《とせいしょう》である。番組はときに歴史論争にも踏み込んだ。憲法学者の許慶雄《きょけいゆう》は放送開始の翌月、番組コーナー「台湾建国学」でさっそく「台湾地位未定論」を紹介して物議を醸している。

「台湾地位未定論」というのは、国際法上の台湾の地位について台湾独立派の支柱となってきたアメリカ生まれの理論である。サンフランシスコ講和条約で日本が台湾を放棄したものの、台湾の引き渡し先は明確にされなかった。そのため、台湾は中華人民共和国はもとより、中華民国にも帰属せず、台湾に住む人の自決権に委ねられているという解釈である。

この理論を主張した台湾独立派の法学者、陳隆志《ちんりゅうし》も案の定、アメリカ留学組である。一九六〇年に渡米して、ノースウェスタン大学を経てイェール大学で法学博士号を取得した。ニューヨーク大学ロースクールで教鞭をとっていた三二歳の秀才は、一九六七年にある衝撃的な本をアメリカで刊行する。

『フォルモサ、チャイナ、国際連合——国際社会の中のフォルモサ (Formosa, China and the United Nations: Formosa in the World Community)』と題された本で「一つの中国、一つの台湾」による独立論を提唱した。フォルモサとはポルトガル語で「美しい」の意味で台湾の別称である。前書きで「過去ではなく現在と未来に焦点を絞る」「もう一つの策を捻り出す」と宣言している。この政治色や政策提言色が強い本が学術的に好意的に評され、国際的にも影響を持てた最大の理由は、共著者がイェールでの陳の恩師、ハロルド・ラスウェルだったからだ。

『権力と人間』(永井陽之助《ながいようのすけ》訳)で知られるシカゴ学派の大物政治学者が、専門外の東アジア政治で共著を引き受け、台湾独立論に事実上のお墨つきを与えていた事実は、筆者らシカゴ大学に学ぶ政治学徒の間では一つのミステリーとして語られていた。

しかし、ラスウェルが政治学の知見を政策科学に応用していくことに関心を広げた時期に、陳隆志という類稀《たぐいまれ》な情熱と頭脳を持つ台湾人の弟子をイェール大学に迎えたことが化学反応を起こしたとしか考えられない。大袈裟《おおげさ》に言えば、台湾の民主化の未来を変えた。実際に民主化の活動家や独立派に読まれたのは一九七一年に陳が続けて出した『台湾の独立と建国』（中国語）だが、ラスウェルとの共著があってこその評価だった。

ラスウェルは出版当時、すでに六五歳。三〇歳以上も離れた弟子とこの年齢で主筆としてではなく完全に対等に共著を出す柔軟さは、ラスウェルの懐の深さだけによるものではない。ラスウェルにとって、新しい研究に手が出るキャリア中盤だったからだ。アメリカでは終身在職（テニュア）教授には最高裁判事のように定年がない。アメリカの大学では、何世代も若い弟子を六〇代、七〇代の大御所がじっくり育てられる。

民進党政権との攻防

しかし、「台湾地位未定論」は中華人民共和国も中華民国もいずれも受け入れていない。中華民国に関する解釈では、台湾の独立に親和的なはずの民進党とすら距離が大きい。与党になり政権を担えば慎重になる。そのため憲法学者の許慶雄は、陳水扁政権のことも激しく批判してきた。

中国共産党が台湾に軍事力を行使する意思がない限りは、「独立を宣言しない、国号を変更しない、憲法に『二国論』を盛り込むことを推進しない、現状を変更する統一か独立かの国民投票を推進しない、国家統一綱領や国家統一委員会の廃止をめぐる問題もない」ことを保証すると陳水扁が約束した「四不一没有（四つのノー、一つのない）」への批判である。

「民進党は再び台湾共和国樹立の目標を断念することを公然と表明し、『中華民国』は国家で、台湾はすでに独立していて、独立国家を目指す運動は必要ないと主張し始めた」と許慶雄は辛辣《しんらつ》だった。したがって、陳水扁、蔡英文ら歴代総統の姿勢とも相容れない。

許慶雄は二〇一八年放送の『民視台湾学堂』では、「台湾人が中華民国国旗を振って掲げるのは、台湾が中国の一部であることを世界に証明することになる」と青天白日旗を政府が用いることにも異論を突きつけた。蔡英文政権への配慮か、二〇一九年一一月、民視が「台湾建国学」と「台湾憲法学」の収録を中止したことを許慶雄が暴露している。

このように『民視台湾学堂』は、民進党政権とキャスターの学者の板挟みの中で、あまりに政治的かつ硬派な内容ゆえ、商業的にも決して成功していない。それでもプロデューサーは視聴率を気にしていないという。聖書、憲法学、哲学と、あらゆる角度から台湾史を掘り起こす番組の意義にかけている。

無論、映画や博物館には国民党支配を再検討する作品や文物は少なくない。すでに紹介した映画『悲情城市』のほか、日本統治が終わって生き別れになった日台の恋人の想いを現代の日台の若者が辿《たど》る『海角七号』など名作が目白押しだ。南部に行けば屏東県の「池上文庫」のように日本統治時代の思い出の品々が展示される民営のライブラリーもある。

しかし、「台湾学」を誰でも視聴できる全国放送で講じることは質的に違う進歩だった。

金門島を訪ねる

イデオロギーをめぐる連帯や対立よりも力強いのは、文化的な同質性である。共産主義などのイデオロギーは歴史的に永続的なものではなく政体の変容で変わるが、文化や言語を軸にしたアイデンティティは持続性がある。

かつて国民党と共産党の国共の争いに前線で巻き込まれた金門《きんもん》と馬祖《ばそ》は、文化的同質性はむしろ対岸の福建に近く、日本統治も経験していない地域だ。そもそも地理的に海峡の中間線の向こう側、中国大陸にへばりつくように厦門《アモイ》から目視できる沖合に金門島はある。台湾意識も薄く大陸に飲み込まれやすい存在でもある。

そのため、台湾の政府は、福祉を充実させ、島民を地元に定着させ、過疎化を防ぐなど「前線」の要所を守ろうとしている。常駐人口は七万弱。残りの八〜九万は金門人とは限らない。戸籍だけ金門に置いて利得を得ようとする人もいる。高齢者には節句などに手当が支給されていたほか、飛行機が七割の料金で乗れるなど手厚い。

小さな島なのに国立大学まで誘致されている。一九九七年に国立高雄科学技術大学の分校を誘致し、二〇一〇年には国立金門大学に昇格させた。民進党地盤の南部・高雄の若者が国民党地盤の金門大に入学して旅館でアルバイトをしていることも少なくない。

二〇一九年夏、筆者が国立政治大学に訪問学者として在籍していたとき、政治学系の台湾人の同僚教授の一族が経営している民宿に招かれ、金門にしばらく滞在することにした。エバー航空の子会社、ユニー航空の小さなプロペラ機で台北松山空港から離陸。台中沖に南下してから一路西へ。厦門沖の四国のような形の島は乾燥していてカラカラにのどが渇く。

鈕承澤《ニウチェンザー》監督の映画『軍中楽園』のモデルとなった国民党の軍人向けの旧慰安所は「特約茶室展示館」として、女性たちの「仕事場」がそのまま展示されている。なんとも言えない空気に押しつぶされそうになったが、民宿の職員は「なかったら金門の女性たちは危険だった。一〇万も兵隊がいたので、茶館のおかげで逆に危険が及ばなかった」と呟《つぶや》く。

一九七〇年代半ば以降の生まれだと金門人でもかつての砲撃の記憶はない。一九五〇年代末の中台交戦が激しかった頃、二日に一回、軍事施設に砲撃があった。その砲弾で作った包丁が土産物になっている。重工業がない観光収入依存の島だが、モロコシの一種の高粱《コーリャン》を原料にした独特の風味で知られる蒸留酒は名産だ。「坑道」と呼ばれる迷路のような地下の防空壕が、一ルートのみだが観光客にも公開されている。鍾乳洞的な道が網目のように島の方々に張り巡らされていて思いがけない出口に通じている。

台湾有事の前線か、軍事テーマパークか

戦史系の展示の仕方に二点が浮き彫りになっている。

一つは、かつてあった激しい島の攻防戦、四方八方から攻められたのに守り抜いたという軍・民一体の「共産党からの防波堤」の成功事例である。

もう一つは、他方で、その争いが「過去のこと」であることの強調だ。浜辺の複数の戦車の展示は、戦闘に使われた戦車を見せるための展示というよりは、戦車を公園のオブジェにしてしまったような並べ方であり、大陸からきた観光客もそれを「観光地」として楽しみ、シャッターを切る。かつてミサイル攻撃にも耐え忍んだ前線の島は、「軍事テーマパーク」と化している。

大陸からの観光客もツアーに参加して戦史を聴くが、声を荒らげて抗議するものはいない。観光地化は、重い歴史を連綿と記憶に刻み続けていくための強い効果がある一方、深刻視せずに興味本位で接していいという誤解を与えかねない。金門の場合はもしかしたら後者が突

坑道内の砲撃訓練を一般公開している。兵士は記念撮影にも応じる（筆者撮影）

出しつつあるのかもしれない。

台湾人観光客は必ずしも軍事史跡や大陸の福建文化の影響に関心があるわけではなく、青い海の開放感を満喫する。普通のリゾートの海との違いは、地雷が埋まっていて砂浜で泳ぎにくいことぐらいだ。筆者が民宿で朝食を毎日一緒にしていたのはベジタリアン（素食）食堂を台湾中部西岸の中堅都市、彰化《しょうか》で営む料理人夫妻だったが、島内一周のツーリングを楽しんでいた。

金門は観光業が成り立たないと生活できない。不動産持ちは古民家を民宿にして本人はシンガポールや台湾本島にいることが多い。政府が国家公園に指定した地区で古民家を修復している。修復後の用途は、展覧館（博物館）、民宿、売店などだ。民宿や売店の運営は入札で決まる。

金門の閩南語、馬祖の馬祖語

もともと、金門人は大陸時代の家族単位の絆《きずな》が強く、同じ苗字の人々が一箇所に固まって住んでいる。海辺の古寧頭という地区は李という苗字の人が多く、筆者が滞在した珠山集落は六八〇年前に河南省から渡った人々の村で、この地域に有名な洋館を建てた実業家の薛永《せつえい》南《なん》兄弟のように「薛」という苗字の人しかいない。古い集落のパッチワークだ。

「前線なのに中国人観光客もいるし戦地感がないが」と民宿の女将に訊くと、「金門に来たことがない人は戦地だと思うかもしれないが、一九九〇年代に両岸が交流を解放しています。私たちは言語、閩南語が通じるし、我々は彼らの厦門の天気予報を視聴しています」と言う。

厦門人も対岸の金門で放送されている台湾のテレビを視聴している。大陸への不信感として金門人が口にするのは、海賊版の偽物や食品汚染など商品の品質などに限定されている。

閩南語が母語である金門人は、対岸からの観光客の厦門人と北京語を介さずに閩南語のまま会話できるはずだが、国民党時代の「国語」（北京語）教育で話せなくなっている金門では閩南語教育を再び重視しているという。小学校の二年、三年にあがると閩南語のクラスがあり強制的に学ばせている。ある金門人は言う。

「小さいときから接触してれば自然にできるが、今の子どもは聞き取りはできるが話せない。うちの子も、家の中に年配の人がいるから小さいときは話せたけど、学校は国語なので」

台湾本島と事情は同じだ。

「私の学生時代は閩南語を話してはいけなかった。罰金があったから。でも、今、学校で教える閩南語は我々の固有の閩南語と少し違います。北京語の翻訳風になっていて、自然な閩南語ではないのです。『国語』の言い方をそのまま閩南語に放り込んだものを教えている」

金門には「族群」という台湾独特のエスニックな多様性が欠けている。客家も大規模に存在せず原住民もいない。閩南人ばかりで同質性が強い。国民党に忠誠心があるように見えながら、複雑な心境も垣間見える。この金門人は言う。

「当初彼ら（国民党）は私たちのことをあまり必要としてなかったのです。かつては金門の専用の通貨がありました。台湾の島では使えないお金です。金門が敵の手に落ちたときに使えなくなるように。大陸に攻め落とされたら、金門は要らないと切り離すつもりだったからです」

もちろん、金門には蔣介石親子の銅像が目立つ。中国人観光客向けにブランド品を売る高級モール内の休憩所にまで、そこかしこに蔣介石・蔣経国オブジェが立っている。

「蔣介石親子、とりわけ老蔣（蔣介石）のことは尊敬しています。シニア世代は特に尊敬している。しんどい時期に彼が来たので。鄧麗君（テレサ・テン）の時代です」

これは国民党への党派的な共鳴というよりもノスタルジーだ。彼らもまた、ある意味では乗り込んできた国民党政府に北京語を突然強制され、言葉を奪われた人々である。それを少しずつでも取り戻そうとしている。台湾南部の民進党支持者と真反対のように見えて、同じ境遇を背負っている。ただ、それは台湾帰属ではなく、対岸の福建への帰属に向きかねない衝動を抱えている。金門・馬祖を中国寄りで、国民党の「ブルー」陣営だと峻別するだけでは、金門の「感情」は見えない。

金門に住む人々は、中国共産党にも中国国民党にも、そして自分たちの歴史に直接関係のない日本にも、その日本統治の経験を共有する本省人にも、どこにも馴染まない福建由来の閩南人だが、台湾で唯一、激しい戦闘にさらされ、女性を含む民間人が軍事訓練に駆り出されてきた。

ところで、金門と同じく坑道が張り巡らされた最前線の軍事拠点で、やはり同様に今は観光地化されているのは中国の福州市の対岸の離島の馬祖だ。五つの島と三〇余りの小島からなり、金門よりさらに秘境度が強い。

特筆すべきは、馬祖の地元民の母語は馬祖語という、北京語とも台湾語ともまったく違う言語であることだ。福建省沿岸北東部の方言の福州語とほぼ同じ言語である。同じ福建の方言でも、閩東《びんとう》語に分類され、閩南語とはまるで通じない。閩南語が台湾語と重なっていて相互で意思疎通ができることを考えると、北京語とも台湾語とも全く異なる中国語圏として、台湾の中で馬祖は孤立した言語圏である。

少なからぬ馬祖人が、台湾本島に移住してコミュニティを形成している。台北から高速鉄道で数十分の都市、新竹は客家の集住地で知られるが、馬祖出身者のコミュニティもある。彼らのような人たちを抱えているのも台湾の多様性の一側面である。

政争に翻弄された原住民テレビ

原住民族電視台（Taiwan Indigenous Television：TITV）は台湾の先住民族の手による彼らの文化と言語を扱う独自のテレビ局だ。台湾の言語別メディアは一般の商業放送のようには視聴率を獲得できないため経営的に自立できない。そこで原住民族委員会が既存の放送局に委託する形で、「ヤドカリ」のように別の組織の中に放送インフラを間借りしてきた。広告や寄付で自前の運営をするアメリカのエスニック・メディアとは異なる手法だ。

二〇〇四年、「原住民電視台（原民台）」は委員会からの委託で「台視」で産声をあげたが、翌二〇〇五年に東森テレビ、そして二〇〇六年から二〇一三年までは台湾公共放送（TBS）の一員となり、「原住民族電視台」と改称され、非営利系の放送を続けている。二〇一四年からは原住民文化事業基金会運営に切り替わり、施設は「中視」局舎に間借りしている。なぜ開局以降、ころころと運営主体が変わったのか。背後には二大政党による原住民囲い込みの争いの政治に翻弄された歴史が横たわる。台湾で少し政治やメディアの裏事情に詳しい人なら、「原住民テレビ」と聞くと苦い顔をする。多言語や多民族に配慮した「多民族台湾」が世界に誇るダイバーシティの象徴的なメディアである一方、台湾の二大政党の分断の綱引きの犠牲者として知られる政治的な存在だからだ。

エスニック・メディアの主役は、本来は当該の民族グループであるべきだ。しかし、史上初めての政権交代を実現したばかりの生まれたての民主主義社会だった当時の台湾では、それが政争の具になってしまった。公共的な放送への補助金を決める権限は政治が握る。その権限は編集権に及ぶこともある。案の定、二〇〇〇年代に政権を握った民進党の宣伝に原住民テレビが利用されているという猛烈な批判を招いた。政権を奪われた国民党側としては、もともと分厚い票田である原住民を奪われてはなるまいという抵抗もあった。

必ずしも民進党に悪気があったわけではないだろう。原住民との距離を縮めたいという張り切りの心情が空回りしたように見える。有名なのは二〇〇五年一一月に放送された、謝長廷主席が原住民の村落に液晶テレビをプレゼントするというイベント番組だ。民進党幹部と原住民の心温まる交流を描くはずが、多くの部族が未だにテレビの電波を受信できない事実を軽視しているとして、家電配りよりもインフラ整備ではないかという批判を招いた。原住民の生活事情に疎いという印象を刻印し、かえって民進党の原住民の取り込みにマイナスになった。

同年、原住民テレビ局は県市長と原住民県議会議員候補の選挙キャンペーンについて民進党候補をクローズアップする形で二回連続で放送したことが物議を醸した。また、立法院の内政・民族問題委員会では、民進党、国民党の双方から原住民テレビへのバッシングが吹き荒れた。その批判は民進党政権の党利的なチャンネル利用への注文から、編成内容にまで及ぶようになった。

台湾メディア・ウォッチ教育基金会の管中祥《かんちゅうしょう》元理事長が指摘するように、原住民テレビ局が開局してから集中砲火を浴びている原因は、「政財界の介入する余地を残しすぎて、原住民テレビ局を特定の政党や政治家のための広報テレビ局に堕落させてしまった」ことにあったといえる。

二大政党の綱引き

アメリカにも民族別に党派性はある。黒人は大多数が民主党支持だ。しかし、黒人チャンネルでオバマや民主党の候補者を長めに特集することがあっても問題にならない。それは政府や政党の圧力でそうしているのではなく、黒人メディアの編集長や記者が自らの主体性でそうしているからだ。だからこそ、民族メディアが政治を扱っても問題にならない。公民権、貧困、移民政策など人種や民族と政治や政策は切っても切れない。エスニック・メディアが政治を扱うのは当然であり、だからこそ私もかつて二〇〇〇年の大統領選挙と上院選挙では、陣営のアジア系戦略担当として、ニューヨークのアジア系メディアからの取材を積極的に受けることに専心した。

しかし、台湾、とりわけ原住民の事情にアメリカのエスニック・メディアの事例は当てはめられない。第一に、政府に予算を通じて運営の権限を握られていること、第二に、原住民自身が党派性を公に押し出すことを望んでいないこと（たとえ国民党支持が強くても）、第三に、それに反して二大政党の票の奪い合いの犠牲になりやすいこと（あるいは原住民に配慮しているというアピールの具にされやすい）。そして原住民自身が一六部族間であまりに多様で、一枚岩ではないことだ。

本来であれば政治について自由に論じることがアメリカ流の民族メディアの妙なのだが、同じ二大政党のデモクラシーでも台湾でこれを拙速に促すとかえって原住民の政治的な主体性を萎縮させる可能性がある。先述の管中祥が言うように「原住民の文化が歪められただけでなく、民族チャンネルとしての主体性も失われている」事態が固定化してしまう。

だから彼らは政治を扱うことに極めて慎重である。台湾では客家と原住民のテレビ局も個別の選挙特番を行うが、原住民テレビでは日頃のニュースでも選挙特番でも、「山地」と「平地」に割り当てられた原住民議席の動向を伝えはするが、国民党や民進党、政権への批評に深く切り込む報道は手控えている。

それでも二大政党の政争は思いがけないところに火種を招き込む。二〇一一年に放送された台湾原住民の正当な命名運動と土地返還運動を記録したドキュメンタリー『原運』は、国民党の一部から批判され、予算凍結を求める声まで出たが、批判の主体は国民党の原住民議員であったところに問題の根の深さが垣間見える。

民族メディアの報道現場は疲弊している。ある原住民テレビの匿名の関係者はこう述べる。

「政治介入は凄まじいです。緑政権のときは『緑』の候補を長く扱えというし、『藍』のときは逆なのです。でも『藍』に比べると緑政権のときの圧力は顕著です。緑政権はものすごく『藍』に対抗心を露《あら》わにします。政治ニュースはやりたくありません。今回も〔党派で賛否が割れる〕取材なので顔出しリポートは避けました。部族で怒られるし、国民党にも民進党にも敵を作ります。候補者を均等なバランスで取材するのは難しいです。どの音声を使うかも悩ましい。選挙特番は表面的ですね。深く掘り下げると党派対立になってしまいます」

原住民候補として出馬する場合、国民党でないと勝ちにくいのは事実だ。決して部族の指導者が指示するわけではなく、個人の判断で投票してもそうなる傾向がある。原住民の国民党支持傾向の理由としては、日本統治期終了以前に遡る本省人の閩南人（民進党支持が中心）との感情的なわだかまりを指摘する声は、オフレコが条件であれば少なくない。

「自分たちには民進党も国民党も中国人で、どちらが支配しても同じです。だから、日本が去ってから来訪して、婚姻を経て親族内の男系に存在する国民党になびいたのです」

原住民にとって最初に認識された他者は、他部族以外ではオランダ人だったはずだが（祖先がオランダ人と結ばれ、目が青かったり、髪が赤かったりする人も少なくない）、問題は移住者の規模と「土地を奪われた」という感覚と無関係ではないようだ。原住民の大多数が国民党の政策のすべてに賛同しているわけではない。しかし、土地を奪った者たちの政党は支持したくないという感情だ。民進党はだからこそ誤解を払拭しようと、熱心に原住民に優しい政策を繰り出してきた。

「微差別」を克服できるか

一方、最初から原住民テレビが無理に原住民スタッフだけで独り立ちせずに、既存のテレビ局の中に「間借り」したことが、原住民ジャーナリストを鍛える職業交流になった。東森テレビのディレクターとして非原住民ながら原住民テレビの制作を担当した世新大学の許志《きょし》明《めい》副教授は「非原住民の漢族のスタッフが助っ人として、原稿、撮影、編集までノウハウを伝授した」と述懐する。

原住民自身によるテレビ局ができる前は、漢族が彼らの代弁をするのが普通だと思われていた。しかし、台湾には一六の先住民族がおり、それぞれに特徴や伝統文化があるので、彼ら自身に発言させることが大切だという考えが浸透していった。

移民国家アメリカでは「エスニック・メディア」は「移民メディア」と同種のものとして扱われる。だが、台湾にもともといた原住民（先住民）にはこの定義は当てはまらない。ある原住民テレビの制作者は次のように言う。

「私たちは移民というより、この街への移住者のようなものだと思いますね。部落から都会へ。部族が田舎や山から都会へ移動することを台湾では移民とは言いません。他国からの移民でもない。原住民は中国語を話すのだから、原住民メディアが独自にニュースを作る必要性はないと言われてきました」

部族ごとに習慣や伝統、文化があり、さらには部族の法律も違う。台湾の原住民は一六カ国分の感覚を持っている。原住民テレビにとって悩みの種は一六の言語と異なる文化的特徴を表現しなければならないことだ。「原住民語」などというものはない。あるのはアミ語、パイワン語、ブヌン語という個別の言語でそれぞれはまったく通じない。共通語である中国語を原住民の視聴者全員が理解しているとはいえ、民族の言語で放送することに意義がある。言語は民族の存在を表すもので、言語の裏付けがなければ民族の区別と誇りを表現しきれないからだ。

当初、台湾の原住民ラジオは原住民のためのチャンネルとして設計されていたため、原住民の視聴者をより意識していた。しかし、放送が始まってしばらくすると、原住民の存在を「主流」の人たちつまり漢族に認めさせることの意義に気がついたという。許志明副教授はこう説明する。

「閉ざされた放送局になれば、漢族は見ません。主流社会は見ない。設立の意味が損なわれてしまいます。かつて台湾の主流文化は原住民を差別してきました。その考え方は現在も残っている。昔は差別と呼ばれていましたが、今は微差別と呼ばれています」

「微差別」とはある種のステレオタイプのことだ。例えば、台湾の原住民はお酒が強いとか、色黒でダンスが上手とかだ。原住民と友達づき合いがないと、そうした見方が抜けない。そこで台湾の主流の人たち向けの番組を制作する気運が生まれた。

近年、原住民テレビは二チャンネル化を議論している。一つは原住民言語で原住民のため、もう一つはスポーツや娯楽中心で中国語で漢族に見せるものだ。ただ、現時点では政府から拠出された資金の関係で、二つの局を設置することはできない。ラジオとテレビを含めて、年間一局の運営費用は七億台湾ドル（約二八億円）近くかかるので、二局を設立するには一四億台湾ドル（約五六億円）近くかかる。政府予算は七億台湾ドルほどしかない。

多元的な部族文化と格差

部族間格差も根強い問題だ。人口規模が一番大きなアミ族は現在では二〇万人近くだが、少規模なサオ族は七〇〇人しかいない。「原住民」という大分類の単位にごまかされがちだが、アメリカの先住民と同じく集合的なラベルは外から貼られただけのもので、アイデンティティは部族単位に成立している。

部族ですべてが違うし、地理的に隣り合わせだと衝突もあった。ブヌン族とセデック族の諍《いさか》いはよく知られている。漢族（閩南人）との婚姻が頻繁だった平地の部族は、もともとの血が薄まって顔つきは漢族と変わらない人も少なくない。代表例がアミ族で、数が多いのはルーツが片方だけでもカウントしているからだ。それに比べると台湾中央の南投県の山岳地を拠点にするブヌン族は今でも褐色の人が多いと同部族の関係者は語る。

統治時代の日本への解釈も部族で異なる。映画『セデックバレ』は台中州霧社（現在の南投県）でセデック族が日本統治時代の一九三〇年に起こした抗日反乱の霧社事件を史実に基づいて描いた名作だ。他方、あくまでセデック族固有の経験による事実と歴史観で、台湾原住民のすべてを代弁するものではない難しさを指摘する声もある。日本についての感情の好悪は部族でかなり揺れる。一六個の違う映画が必要だと語る原住民メディア関係者もいる。

互いの部族の母語は通じない。そこで日本統治時代に浸透した日本語の語彙《ごい》が共通語的なボキャブラリーの役割を果たすことがある。部族の言葉に日本語の単語がたくさん入っている。部族内には階級があり、同じ階級同士で結婚する。部族の中にある種のヒエラルキーが残されている。以前は他部族との結婚や恋愛は御法度だった時代もあるが、今では自由になっている。花蓮や台東など東海岸では、駐屯してきた独身の国民党の兵隊と部族の女性が結ばれた。当該地域で原住民が国民党寄りになった初期の理由の一部だと言われる。他方、通常、山地には兵隊は駐屯しない。かつてブヌンの山奥に一名だけ国民党の兵隊が来て居着いたことがあるが、それが伝説になるほど異例だ。

他部族と結婚した場合、子どもがどちらの部族になるのかは、部族の「母系」「父系」の伝統に左右される。例えば、アミ族は「母系」族なので母がアミならアミ族になるし、ブヌン族は「父系」なので父がブヌンならブヌン族になる。仮にブヌンの男性とアミの女性が結婚した場合は、男性側が優先されブヌンの名を子は受け継ぐ。ちなみに漢族が育てきれない子どもを、原住民で育てる養子のような風習が一部にある。

原住民テレビが大変なのは部族の言葉を曜日別に順繰りで使用する上で、それらを母語として流暢に話せるアンカーをキャスティングする労力だ。なにしろ少なく見積もって一六も言葉がある。後述するような客家語の下位方言（サブカテゴリー）の数が少なく思えるほどだ。部族の言語能力で選ぶなら村に残っている人が対象になるが、彼らは都会に出てアンカ

『パイワン（排湾）語ニュース』番組宣伝（原住民族電視台提供）

ーになりたがらない。都会に出てきた原住民の中から探そうとすると、原住民文化が薄くなっている。究極のジレンマだ。「台北などの都市に居着いているジャーナリスト志向の若者で、部族の文化に愛着があり言語を維持している人」というのはないものねだりなのだ。

「（台湾の）主流メディアが関心を持つ問題は、必ずしも私たち原住民が関心を持つ問題ではないということです。例えば、選挙番組の場合、台湾の選挙は常に国民にとって関心の高い問題ですが、原住民は部族の候補者に関心があります」と原住民テレビのスタッフは言う。

政治に翻弄されながら、独自の文化を継承するために苦悩する原住民テレビには興味深い方向性もある。一つは世界の先住民メディアとのコラボレーションだ。ニュージーランドのマオリ族との交流が近年盛んになりつつあり、原住民テレビは「マオリテレビ」と提携の覚書を交わした。マオリ族はオーストロネシア語族に属し、台湾原住民と文化的にも全体として類似性があるとされる。

もう一つは、原住民テレビにまとわりつく政治の匂いにこだわらない、新たな世代のパワーだ。原住民テレビの若手記者ラーナウ・バリジウス（菈瑙・法琉斯）は、英語とパイワン語に堪能で、原住民テレビでは英語ニュースを担当しているが、原住民の若手ラッパーとしてアーティストと二足の草鞋《わらじ》を履く。父親はパイワン族、母親はアミ族と閩南系本省人のハーフだ。家庭では母親に台湾語を仕込まれ、パイワン語よりも台湾語の方が得意だという。どの部族を名乗るかは自分で決めるとして、彼女はパイワン族に誇りと愛着を持っている。

彼女たちのような新世代が、ある種の「弱者」保護の対象としての「エスニック・メディア」をクールな存在に変えていこうとしている。ダイバーシティによる民主化は、必ずしも政治的手段をとる必要はない。

客家テレビと下位方言

台湾の「族群」の中でも理解がひときわ難しいのが「客家」である。中国大陸の広東省、福建省、江西《こうせい》省などに点在し、言語や習俗から建築、食事まで独自の伝統を持つが、人種属性でもなければ、「チャイニーズ」「ジャパニーズ」のようなエスニックの大分類でもない。中華系内のサブカテゴリーである。サブカテゴリーの特徴は、当人のほかの属性との兼ね合いで、いつどのように名乗るかは恣意的であることだ。

アメリカの中華系社会で、客家であることが日常的に話題になることは少ない。客家とはアジア系、中華系、台湾系、さらにその先へと辿ることで初めて出てくる属性で、筆者の選挙経験でも相手がこのアイデンティティを強く押し出すのは相当に親しくなってからだった。

台湾での「客家」アイデンティティ台頭は、国民党一党体制の衰退と民主化と微妙な関係がある。閩南系客家人すなわち本省人系の客家人ではない外省人系の客家は、外省人、本省人という「省籍」が後退したことでアイデンティティの表し方が変わったからだ。

李登輝政権中の一九九六年頃から、外省人という名称が大手を振って誇示するものではなくなったとき、それまで「外省人」と名乗っていた人で客家の血を引く者は、客家人と名乗るようになった。政治が変わるとアイデンティティの表明の仕方が変わる好例だ。両親が双方外省人の場合は別だが、片方が本省人だとそちらのルーツが表面化しがちで客家は典型だ。

客家も数々のステレオタイプにさらされてきた。客家は勤勉で特に女性が働き者なので、客家の男性と結ばれると家事労働への期待値が高くなる。そのため閩南人の母親は、客家男性に娘を嫁がせるのを敬遠するといった慣習もその一つだ。

客家のアイデンティティや独自メディアの必要性は、台湾語話者と同じく「言語」に由来している。客家テレビは客家語で放送している。台湾客家語にはさまざまな下位方言があり、いわゆる「標準」の客家語はない。このサブカテゴリー的な下位方言だけで五つも存在する。台湾の公共交通機関で使われている客家語は、西海岸の新幹線沿線や巨大な地下鉄網がある台北の下位方言が大半を占めているが、新竹駅や花蓮駅では異なるなど地域色がある。

台湾の「エスニック・メディア」がアメリカのそれとは異なるのは、エスニック集団の内部結束や言語伝承だけでなく、集団外への文化紹介の役割を担っていることだ。そのため、客家テレビのスタッフによれば、中国語で字幕を打ち、「非客家人が客家の文化や言語に近づくための架け橋」を目指している。戯曲（伝統オペラ）、音楽・歌番組の歌詞、文学の一部に限り、原作を尊重しつつ、ナレーションや効果字幕の形で客家語をそのまま表記している。かつては客家の詩を朗読したり歌ったりする文学番組も制作されていた。

放送では「正しいことば」をめぐる論争が絶えない。そこで客家語の研究者や学者を招集して、客家語の単語や発音の収集、分析、検証、比較を行っている。ただ、そこは「エスニック・メディア」。本末転倒にならないように、司会者、出演者、ゲストの母語がまず尊重される。

二〇〇三年に放送開始した客家テレビでは、一日に三本のニュース番組が放送されているが、放送の前に三人いる局の言語コンサルタントにアンカーや記者が相談する決まりだ。三人のアンカーがそれぞれ異なる下位方言から選ばれている。台北の取材班五チーム（記者五

客家戲曲『矮牯遇到妖』予告編（客家電視台提供）

名、写真担当五名）に加えて、台湾各地の客家の村に駐在する一一名の特派員がいる。

放送ハンドブックとして教育部の公開する『台湾客家語常辞典』と客家委員会の『客語認証——詞彙資料庫』が基準にされている。もっとも、ニュースで外来語などや客家語にないボキャブラリーが出てきた場合は、中国語での言い方の漢字表現を客家語音で読む。客家テレビ報道部五〇人のスタッフで三回のニュース番組を制作している。客家語の能力が大切になる。

ドラマ番組の場合は、時代、登場人物、地域などのドラマの設定に応じて、適切な下位方言にする。客家語オペラの道化役ではドラマチックな効果を出すために、「海陸」客家語と呼ばれる下位方言が使われているのがその一例だ。ただ、毎日三〇分、『腔調時段（下位方言の時間）』という番組を曜日ごとに放送し、客家語五大下位方言を平等に扱う努力はしている。

アメリカのエスニック・メディアとの違い

客家テレビの開局は、そもそもは二〇〇〇年総統選挙での陳水扁の公約だった。政府が助成することでマイノリティとしての客家の文化と言語を復興しようという計画だった。しかし、商業放送でも公共放送でもなく、政府主導の国営放送として政府予算に依存することで、政府批判のジャーナリズムは難しくなった。これは原住民テレビにおける政治の介入問題と同じだ。

台湾の原住民や客家のメディアを英語で「エスニック・メディア」と安易に紹介することは誤解を招くと、筆者が考えている理由である。アメリカや移民国家におけるエスニック・メディアは一般的に自主的に営まれているもので、広告収入だけで利益をあげられる商業放送は少ないにしても、政府が管理することはタブー視されがちだ。

無論、エスニック集団の復興に魂を燃やす、アメリカ風のエスニック・メディアらしいメディアが台湾にないわけではない。一九九四年に放送開始した「宝島客家ラジオ」は、客家テレビや原住民テレビのような政府の公共放送とは一線を画す、ラディカルなラジオ局として知られる。客家メディアの研究で知られる林怡蓤《リン・イーシェン》は、「放送制度と言語政策に代表される主流ナショナリズムのイデオロギーに挑戦した、唯一の放送メディア」として宝島客家ラジオを「客家社会運動の一つの成果」としている。

このラジオの挑戦とは、台湾語の定義への挑戦だった。「宝島客家ラジオ」は台湾語を客家語や原住民語を含めたものにさせようとしてきた。これは必ずしも閩南人や民進党への反発ではない。北京語を国民党の「中国ナショナリズム」風に国語と呼ばずに、華語とすることも、このラジオ局は推進している。まさに林が言うように「下からのメディア」である。

実はこのことは、筆者がアメリカで台湾系への選挙キャンペーンをしていた頃から不思議に感じていたことでもあった。「サブカテゴリーのさらなるサブカテゴリー」である客家は、どこからどこまでが台湾人で客家人なのか。どう呼んだらいいのか、客家語をキャンペーンで用いた方がいいのか。台湾系の指導者は「客家は別」とする人もいたし、客家人には自分たちだってタイワニーズだし、台湾客家の言葉は台湾の文化という意識もあり、本当に扱いに困った。

むきだしの多様性

多言語すべてを「国家言語」にする法律（国家言語発展法）が、台湾では二〇一八年に通過した。本章で紹介した台湾語専門局が二〇一九年に誕生し、順調に進んでいるかに見える多言語化だが、閩南人が話す言葉だけ「台湾語」と呼んでいいのかという原初的な問いは、多言語化を進めれば進めるほど、棚上げできない問題として肥大化している。原住民の言葉を「台湾語」としないのは、原住民社会が台湾という統一的な意識のもとになく、部族単位で完結する世界だったことは一つの理由になるのかもしれない。

二〇二一年に政府の国家言語発展会議の前座として台湾師範大学主催で開催されたシンポジウムは、台湾の多元化を前面に押し出し、パネリストがそれぞれの言語で話していた。しかし、通訳を介在させてのコミュニケーションはなかなかの手間で、嚙み合わないこともしばしばだった。閩南語ルーツの言葉だけを「台湾語」と呼ぶのはフェアではないとの考えから、台湾客家語、台湾アミ語、台湾台湾語という名称も用いられている。

ただ、根本的な相対化にはなっていない。台湾アイデンティティがそれだけ多くの文化や言語を包摂する多様なものである以上、本来は特定のコトバの中に「台湾」を固定化して詰め込むことができないからだ。さらに近年は台湾への新移民が増えている。タイ、ベトナム、ミャンマー、カンボジア、インドネシアからの新しい「台湾人」だ。実際、二〇二〇年総統選での電話説得では、タイ語、ミャンマー語、インドネシア語の録音音声で支持をお願いするビデオを民進党は製作した。これはもはや筆者がかつて実践したアメリカの集票キャンペーンにおける多言語アウトリーチ戦略そのものだ。

この定義困難なむきだしの多様性が台湾の現在地であり、どんな移民国家にも多民族社会にもない台湾らしい魅力でもある。その一方で、二重国籍を認める台湾は世界中に散らばる在外タイワニーズとともに台湾を運営している。台湾の内なる多元性が深まる中、在外タイワニーズのアイデンティティはいかなる変容にさらされているのか。次章はアメリカに飛び、そのダイナミズムに触れてみたい。

第6章　在米タイワニーズとアイデンティティ

ニューヨークの「リトル台北」

台湾の政治家は、訪米時に大リーグ球団ニューヨーク・メッツのユニフォームを着てみせる。二〇二三年夏に訪米した頼清徳副総統と、彼につき添った蕭美琴駐米代表（当時）の二人も「メッツ」姿で記念撮影した。二〇二四年総統選の正副候補の「チーム台湾」（陣営キャッチフレーズ）を誇示したのだ。

なぜ台湾といえば「メッツ」なのか。本拠地のシティ・フィールド球場がニューヨーク市クイーンズのフラッシングという町に隣接しているからだ。このフラッシングは台湾系移民

頼清徳・蕭美琴が「メッツ」観戦、2023年８月ニューヨーク（Shufu Liu/Taiwan Presidential Office/Planet Pix/Zuma Press/アフロ）

の集住地で「リトル台北」の異名でも知られる。ニューヨーク二番目のチャイナタウンである。

筆者にとっても、二〇〇〇年の民主党大統領選挙陣営ニューヨーク支部・ヒラリー上院選本部のフィールド作戦の拠点の一つだった「故郷」だ。アウトリーチ局で与えられた担当は「アジア太平洋系」の集票戦略だった。コミュニティ・リーダーを遠隔操作して、エスニック・メディアを利用した広報宣伝、献金イベントの開催などを仕込む作業だ。

そこでは二つの深刻な対立に悩まされた。一つは陣営内の縄張り争い。もう一つはアジア系内部、とりわけ中華系のサブカテゴリー内の分断で、この二つは相互に入り組んでいた。

筆者が所属した民族別・利益団体別の集票戦略を担うアウトリーチ局は、クリストファー・マギネスという若い中南米系政治の専門家が局長だった。同局のフルタイム勤務者で唯一のアジア人だった筆者が、アジア系を任された。外国人にとっては異例の措置で、連邦下院議員からの特別な推薦がなければ実現しなかった（『ラジオ記者、走る』新潮新書、『アメリカ政治の現場から』文春新書、参照）。

ヒラリー陣営のコミュニケーション戦略部門にはアジア系中堅幹部が別にいた。局長のチャン・シートー（司徒仲菁）はクリントン政権の元労働省報道官。また、大統領スピーチライターのジューン・シーは、大統領夫人たるヒラリーのコラム代筆者でもあった。一九九六年訪日での国会演説、一九九七年の江沢民《こうたくみん》国家主席の公式訪米時の演説から、香港メディアへの寄稿まで、クリントン大統領のアジア関係の発言を一手に手掛けていた。

彼女たちはアジア系のアウトリーチ対策の縄張りを越境してくることがあった。それを上司のマギネスの指示で押し返す毎日で、筆者の隠れ業務の一つはコミュニケーション局の「動き」を逐一監視して、アウトリーチ局の頭越しに独自のエスニック戦略をさせないことだった。まるで官僚機構の省益争いだ。だが、事態はもう少し複雑だった。

アジア系で無視できない最大勢力の中華系は派閥が細かく割れていたからだ。伝統的な広東系のほかに、台湾系の中の外省人系と本省人系、それ以外の大陸系といった分裂である。広東語系と北京語系の言語対立もあり、広報物を掲載する中文メディアで、アメリカの政治家の人名を広東語、北京語のどちらに基づいた音訳（漢字表記）で書くのか、香港式、台湾式の使い分けなどに神経をすり減らした。

中華総会や国民党などから商工会の会長、エスニック新聞の編集長まで、それぞれの派閥に「ボス」がいた。言語も違うし、民主党と共和党に求めるものも違う。相談する順番や協力相手を間違えると支援筋の面子《メンツ》を潰し、二度と陣営に協力してくれない。

広東系への対抗軸として

華人移民は、一八六八年以降のハワイへの日系移民に先立ち、ゴールドラッシュを契機に清朝末期の一八四九年に本格化した。台山など四邑《しゆう》と呼ばれる広東南西部沿岸地域と珠江《しゆこう》デルタ地域出身の男性に移民が集中していたが、排華法で一九四三年まで新規移民が途絶えた。こうした経緯で同質的な広東系の華人空間が生まれ、北京語と意思疎通ができない広東語が、北米華人社会の共通語としてアメリカにおける「中国語」となったのだ。初期移民は、同郷団体としての中華会館を軸に広東語社会を築いた。

排華法が廃止されると、大陸中国（中華民国）、そして台湾から北京語話者が流れ込んできたが、「非広東語話者は華人にあらず」の言語断絶は深く、お互い居住地を分離した。階層（商人、労働者、留学生、知識層等）とは別に、言語の違いも「二つの中華系」の分派の原因となったのだ。国民党の支部が方々に設立され、華人社会に「別の軸」が作り出された。

だが、話を筆者が経験した二〇〇〇年の選挙に戻すと、その時期のニューヨーク政界で広東系が依然として圧倒的力を持っていたのは、華人社会で彼らが多数派だったからだけではない。アジア太平洋系アメリカ人労働者同盟（APALA）の創設者のメイ・チェンが、アジア人の労働運動を、広東系華人を中心に組織化していたからだ。筆者にマンハッタン華人社会を手解《てほど》きしてくれた恩人でもある。ボストン生まれのチェンは一九八〇年代以降、ニューヨークのチャイナタウンで香港移民の労働者支援で汗をかき、華人労働者や商店主に慕われていた。チェンが号令をかけると一晩で驚くほどの数を動員できた。

中華民国建国を祝うチャイナタウン（双十節）2017年（民国106年）（中央通訊社）

だが、チェンにアジア系動員を頼むと、どうしても華人、なかでも広東系に偏る問題があった。また、ヒラリー陣営のコミュニケーション局長のチャン・シートーの存在も微妙に関係した。シートーは八歳のときに家族で広東語圏の香港から移民してきた一世だが、広東愛が強くマンハッタンのチャイナタウンの女帝と言われていた。

それだけに「第二チャイナタウン」

のフラッシングの台湾系とは折り合いが悪く、シートーの名前を出すと顔を顰《しか》める台湾系指導者もいた。シートーを陣営の華人スタッフの看板にしていては、台湾系がついてこない。そこで日本人の筆者がその間に入って、エスニック指導者たちの力配分を改革する役目を担った。大切なのはアジア系の票を確実にして、ゴアとヒラリーに勝利してもらうことだが、筆者の隠れアジェンダは二つだった。

一つは、ニューヨークでは、ハワイや西海岸のように活動的に政治参加しない日系人を取り込むこと。排除されていた日系団体をイベントに招くように慣習を変えた。もう一つは華人社会の多元化促進だ。具体的には台湾系への比重を増すことだった。放置しておくとマンハッタンのチャイナタウン開催になりがちな献金パーティを、あえてフラッシング付近のラガーディアで開催し、商工会や台湾系メディアを取り込んだ。

二重国籍の特殊性

ところが、今度は台湾系内の対立に手を焼いた。二〇〇〇年代以降、ベトナム、フィリピンなど多重国籍を認める法改正をした国も多いが、当時は、筆者の担当エスニック集団の母国のアジア太平洋の諸国で、多重国籍を認めている国は少なかった。

その中で、アメリカとの二重国籍を認めていた台湾移民は特殊な存在だった。彼らはアメリカ人であると同時に台湾人でもあった。そのため、台湾系だけは、出身地の内政分断をそのままアメリカに持ち込んでいた。四年に一回、総統を選びに台湾に投票に帰るのだから、何十年も台湾の党派対立を抱えたままなのも頷《うなず》ける。この点は多重国籍に馴染みがない国の人には想像がつかないため、アメリカのアジア系に関する分析でも盲点の一つになっている。

日系人ジャーナリストとしてロサンジェルス地域のアジア系に精通するトリシア・トヨタは自著『Envisioning America（アメリカを想像する）』（未邦訳）で、アメリカ在住の台湾人を「グローバルな存在のローカル化」現象と定義し、以下のように述べる。

「祖国の政治問題は決して遠い存在ではない。南カリフォルニアの台湾系アメリカ人コミュニティは、台湾以外では最大規模であり、両岸〔中台〕の敵対関係は、地元の争点となっている。必ずしも声高に主張するわけではないが、帰化した華人活動家の多くは、二重国籍によって政治的な活動を続けており、台湾に飛んで地方選挙に投票することも可能である」

イスラエルとユダヤ系市民の関係などには見られるものの、出身国の政党支持態度にまで気を遣うアウトリーチは、移民慣れしている都市民主党内でもレアケースで、筆者はニューヨークに居ながらにして、台湾政治の猛烈な実地学習を求められた。二〇〇〇年のキャンペーン中、筆者はある台湾系の重鎮に言われた。

「集票のために私たちに食い込みたかったら、まずは一から台湾政治について学びなさい。

やる気があるなら、すべてのことを教えてあげます。言葉も覚えなさい」

ニューヨーク民主党でも前代未聞の「謎の日系（日本人）スタッフ」は、アジア系社会でそこそこの知名度を誇るようになったが、一番面白がってくれたのは台湾系社会だった。「親日」だからではない。シートーら広東系支配への対抗意識があったからだ。かくして華人支持基盤の拡大と集票活動の一環で、筆者の台湾政治の猛特訓が始まった。

失われる台湾の歴史

しかし、それでも台湾系へのアウトリーチは至難の業だった。台湾系の政治指導者をローカルの広告に使おうにも、台湾系の定義が錯綜していたのだ。まさに「藍」と「緑」の対立に由来した歴史解釈の分断だった。

アジア系政治家の草分けといえば、サトウキビ農園の労働者としてハワイに移住した日系人が知られている。第二次世界大戦で片腕を失ったダニエル・イノウエ上院議員は大統領継承順位第三位にまで上り詰めた。だが、アジア系初の連邦上院議員はイノウエではない。彼より三年早く選出された同じくハワイのハイラム・フォンだった。フォンの父親は一八七二年に現在の広東省珠海市にあたる地域から移民。フォンは苦学してハワイ州議会議長などを歴任し、初の中華系の連邦議員になった。

さて、では初の台湾系アメリカ人政治家は誰だろうか。この問いには簡単に答えられない。何をもって「台湾」と考えるかの定義によるからだ。台湾を中華民国として考えるならば、中華民国が誕生して以降、中国大陸から渡った中華系移民との区別は簡単につけられない。

この問題を考える上で示唆的な展示がニューヨークの博物館にあった。チャイナタウンの在米華人博物館だ。「過去形」なのは二〇二〇年一月に火災に遭ったからだ。四〇年間収集された数千点の展示品の中には、初期アメリカ移民、特に広東系社会の遺品の手紙など貴重な資料が多数含まれていた。一部の展示品は救出されている。

この「燃えた博物館」にあったのが在米華人の英雄紹介パネルだ。

ブッシュ政権で労働長官、トランプ政権で運輸長官を務めたエレン・チャオ、武術家（マーシャル・アーティスト）で映画俳優のブルース・リー、チェロ演奏家のヨーヨー・マ、フィギュアスケーターのミシェル・クワン、ノーベル物理学賞受賞者のT・D・リーとC・N・ヤン、建築家のI・ミン・ペイ、ベトナム戦争慰霊碑で知られる彫刻家のマヤ・リン、ノーベル物理学賞受賞者でオバマ政権のエネルギー長官のスティーブン・チュー、ウェディングドレスで有名なデザイナーのヴェラ・ウォン、YouTubeの共同設立者スティーブ・チェンまで、分野横断で四〇人弱が選ばれていた。

写真と名前に簡単な紹介が英語と中国語で併記されていた。中国語名がない人は社会活動家のグレース・リー・ボッグズ、華人としてアメリカで最初に大統領選挙（一九一二年）に投票したタイ・レオン、アメリカに養子にもらわれて南北戦争で活躍した唯一の華人といわれるジョセフ・ピアースだけだった。他は皆、中国語名が併記されていた。

漢字表記が（中華人民共和国で使用される）簡体字なのは、この博物館が、近年の大陸移民の増加による在米華人社会の「簡体字」化の影響を受けていたからで、必ずしも中国資本への政治的な配慮ではない。

だが、大陸横断鉄道の労働者と初期の広東移民の歴史から始まり、「中華系の一体性」を強調した展示だったのは間違いない。常にそこで犠牲になるのは「台湾」の歴史だ。パネルの「英雄」には台湾にゆかりがある人たちも実は多数いたのに、略歴のどこにも「台湾(TAIWAN)」の文字はなかった。

「中華民国」移民とアイデンティティ

本人か親が中華民国生まれで、一九四九年以前にアメリカに移民した場合、移民した時点の中国、すなわち「中華民国人」というアイデンティティを継承している。出身が上海にしても広州にしても、共産党統治の中華人民共和国に親和性を感じる移民は少ない。他方、一九四九年以前の渡米者に事後的に「台湾人」という意識が芽生えることも稀だ。

デザイナーのヴェラ・ウォンの父親は、北京生まれで国民党の陸軍で中佐だったが、渡米してマサチューセッツ工科大学に学んだ。学友と起業した工業用化学品の「サミット」社で成功し財を築いた。父の潤沢な資金がヴェラの才を後押しし、ウェディングドレス界のレジェンドになった。

世界の半導体産業を牽引するTSMC創立者のモリス・チャンは興味深い。一九三一年、浙江省生まれの中華民国人だったが、中国で共産革命が起きる直前に香港を経由して渡米する。やはり留学だ。ハーバード大学を経てマサチューセッツ工科大、スタンフォード大学で修士、博士を取得。テキサス・インスツルメンツで半導体開発に従事した。

ところが国民党の孫運璿《そんうんせん》に請われて台湾への技術移転に協力することになる。一九八七年に立ち上げたTSMCにテキサス・インスツルメンツ二五年のノウハウを注いだ。ヴェラ・ウォンの父と同じく、台湾在住歴はない。留学後に台湾に回帰するかどうかは運命次第で、個人差があることがわかる。

それに比べれば、本人が移民一世であるエレン・チャオは「台湾系」と表記されるだけの理由はある。両親は国共内戦中に台湾に移住した外省人だが、チャオは一九五三年に台北に生まれ、八歳で移民するまで幼少期と初等教育の一部を受けているからだ。八歳なら当時の台北の記憶もある。

二世以降のアメリカ生まれ組は、アイデンティティの据え方が一層難しい。

アメリカのテレビニュース界の頂点の権威である全米夕方ニュースアンカーに、女性で初めて上り詰めたコニー・チャンは、台湾光復の翌年、一九四六年にワシントンで生まれた。中華民国の駐在外交官の娘だ。文献によっては「台湾系」と紹介されているが、本人は一貫して「チャイニーズ（華人）」と名乗っている。チャンは台湾生まれでもなく、一度も暮らしていない。チャンはジャーナリストとして、政治的には中立を保った。無論、中華人民共和国に共感を示したことも一度もない。

ただ、政治に無関心で反共精神が薄く、台湾歴も短いとその限りではない。中華系の宇宙飛行士たちが好例だ。一九八五年の宇宙飛行に中華人民共和国の旗（五星紅旗）を持ち込んだことが物議を醸したのは宇宙飛行士のテイラー・ワンだ。江西省で生まれたのち、一九五二年に両親とともに台湾に渡り、国立台湾師範大学附属の台北高校から香港経由で渡米。UCLAで物理学博士号を取得して、宇宙で数々の実験を成功させた。

NASAの後輩宇宙飛行士、リーロイ・チャオはアメリカ生まれの二世だ。両親はともに山東省出身の外省人で、短期的に台湾に住んでいた。両親の結婚と渡米後、リーロイは一九六〇年にウィスコンシンで生まれ、カリフォルニア大学サンタバーバラ校で理学博士号を取得した。その彼も一九九四年の初飛行で五星紅旗を持ち込んだ。

本人や親が台湾を経由していても、共産主義への拒絶心がないと「正式な外交関係」を優先してしまう。搭乗前に誰かから受け取った五星紅旗を持ち込めば、当然、中国でニュースになるわけで、外交的な意味が生じることに無頓着と思われても仕方ない。確固たる政治的立場ではなく政治への無関心の裏返しでもあるが、優秀な科学者に案外こういう事例は散見される。

ややこしいのは外省人が台湾人と結婚し、両親のルーツが半々というケースだ。オードリー・タンの両親のような例だ。多くは「外省人の気持ちがわかる民進党支持者」「本省人の気持ちがわかる国民党支持者」という「架け橋役」になる。台湾で民主化が花開いた隠れた原因の一つでもあるが、彼らがアメリカでどう名乗るかはこれまたケースバイケースになる。

台湾出身とか台湾にゆかりがあるだけでは「タイワニーズ」と名乗るとは限らない。だが、公に名乗らないだけで、心情的には台湾生まれであることにアイデンティティを持つ人もいる。

日本統治が終わって以降の台湾からの移民だけを、台湾系と見なす方法もある。台湾系アメリカ人の足跡を記録するオンラインのプロジェクトである「タイワニーズ・アメリカン・アーカイブズ（台美史料中心）」では、一九四九年をタイワニーズ・アメリカンの初渡米と位置づけている。しかし、この分類が可能なのも移民一世の場合だけだ。

チャイナの意味をめぐる錯綜

こうした「中華系アメリカ人」のカテゴリーがアメリカで曖昧にされてきた大きな理由の一つに英語での「チャイニーズ」という表現が関係している。英語の Japanese とか Chinese というのは、国籍だけでなく「日系」とか「中華系」のようなエスニシティを示す言葉だが、チャイニーズの場合、「国家名」が複数あるのでさらに錯綜する。

多くの外国人は「チャイナ」の違いが理解できない。第3章で触れた台湾の人気ユーチューバー「網膜くん」は、自身のコメディチャンネルで、英語の街頭インタビューで台北の路上で外国人に青天白日旗を見せて「何の旗か」と尋ねる企画をしたことがある。

外国人が「タイペイ・フラッグ?」と答える。するとインタビュアーが「ノー、チャイナ・フラッグ」と「正解」を教える。外国人はのけぞる。「チャイナ・フラッグ?」。すかさず「リパブリック・オブ・チャイナ（Republic of China）です」と説明するが通じない。

アメリカでシーズンを重ねて「アジア系アメリカ人」のイメージを形成したホームコメディがある。台湾出身の夫妻が、母親と三人の息子と新天地アメリカで暮らす実話の原作をもとにした『フレッシュ・オフ・ザ・ボート（ファン家のアメリカ開拓記）』である（「船を降りて新鮮」つまり「新移民」という意味）。

主人公である原作者はレストラン経営者にしてリアリティテレビの人気者のエディ・ファン。両親は湖南省と山東省からの外省人で、台湾暮らしを経て渡米した。アメリカ生まれの華人のことをアメリカン・ボーン・チャイニーズの略で「ABC」と呼ぶが、エディも首都ワシントン生まれ二世の「ABC」だ。一家はフロリダ移住でレストランを成功させる。

このシリーズはシーズン1の最終回にちょっとした政治的な「炎上」を起こした。映画『クレイジー・リッチ！』のレイチェル役で躍進したコンスタンス・ウー演じる若い母親が覚醒して、チャイニーズ風に生活を改めようとする。黒人のヒップホップ文化にかぶれる息子を案じてのことだ。世界の国や地域を紹介する学校の文化学習でも、エディに「チャイナ」を選びなさいと命じる。しかし、文化紹介の「出店」にかけられた旗は、中華人民共和国の「五星紅旗」だった。

放送後これが物議を醸した。台湾出身の一家が「チャイナ」を紹介する上で、中華民国の青天白日旗であれば意味も通る。もちろん台湾本省人からすればそれも「国民党由来の旗」ではあるが、外交では民進党政権も使用する共通の旗だ。

一家が現在の中華人民共和国からの移民ならば問題なかったが、一九四九年に台湾に渡っているので該当しない。番組は外交関係を基準に選んだのかもしれないが、「チャイニーズ」という英語だけでもそもそも範囲が曖昧な言葉なのに、国旗は視聴者に混乱を与える演出だった。日本でも昨今、「中国語可」の意味で無垢《むく》に五星紅旗を掲げる店舗があるが、特定の言語や文化を安易に「国旗」で表すことのリスクを露わにした例だ。

エディ一家は中国大陸出身の外省人の魂を濃く受け継いでおり、台湾人というよりもアイデンティティは「華人」にある。彼は「エスニック的にはチャイニーズで、台湾出身」と自称する。

このドラマの原作を書いたエディ本人が主演するリアリティ番組『ファンの世界』はエディが本人出演で世界各地の料理を批評する番組だが、七回目には台湾の歴史を掘り下げた。これが異例に政治的だった。原住民料理店や客家語ラジオ放送を取材する一方、閩南系や日本時代は薄味あるいはやや辛口の扱いだった。両親の出身である中国大陸を訪問して家族のルーツに想いを馳せつつ、台北では天安門事件の指導者ウーアルカイシと食事をするものの、台湾の独立や民主主義について意見が嚙み合わない。

国勢調査の選択肢をめぐって

従来、アメリカの政治家が台湾系市民を扱いにくかった背景には、存在を統計的に把握する困難さにも一因があった。

二〇二〇年時点、国勢調査では、アジア系は太平洋諸島系のほかには Asian Indian、

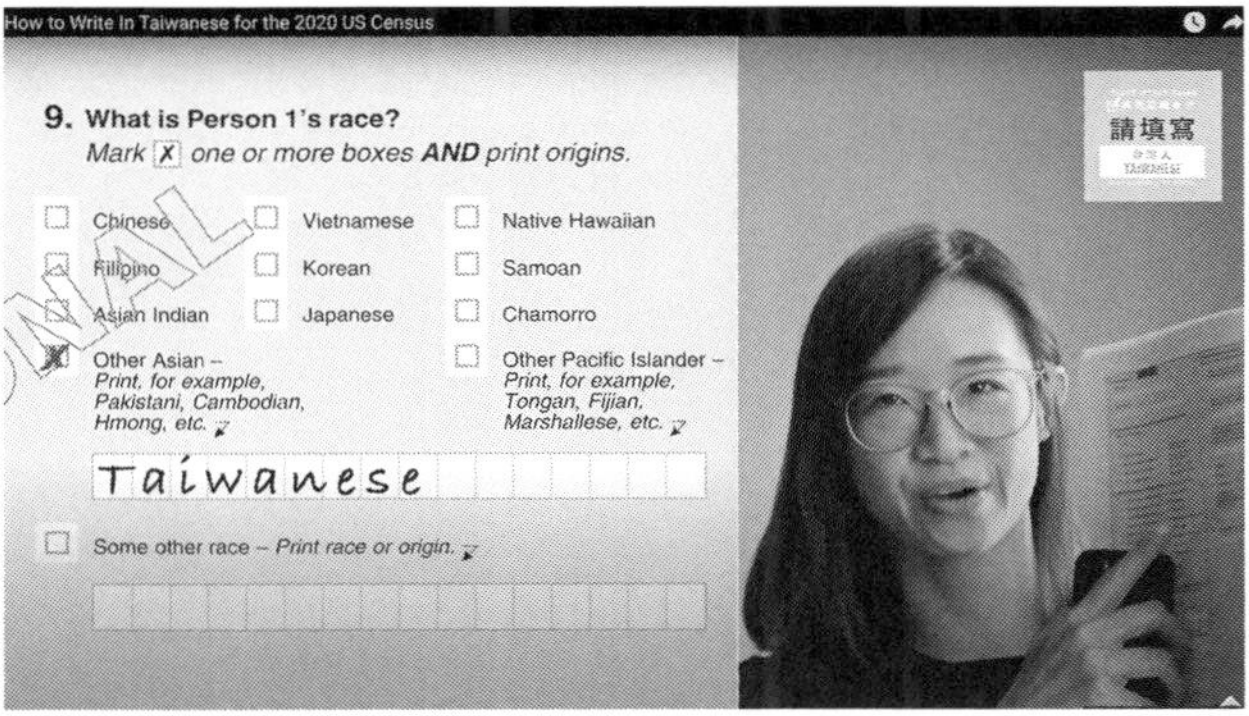

「How to Write In Taiwanese for the 2020 US Census」Taiwanese American Citizens League

Chinese、Filipino、Japanese、Korean、Vietnamese の六集団しか選択肢としては記載されていない。Other Asian を選ぶことも可能だが、「例えば」で記される事例集団は Hmong、Laotian、Thai、Pakistan、Cambodian など調査ごとに揺れる。Taiwanese が示されたことはない。

一九八五年以降、外省人系に続く波として渡来した本省人系の台湾移民は国勢調査の是正を求めるロビー活動を展開し、実際二〇〇〇年からは台湾系が集計分類では記載されている。しかし、調査時の選択肢には依然として入らない。現在に至るまで、「国勢調査では、『その他』を選び Taiwanese と記載しましょう」というキャンペーンを一〇年ごとに繰り返している。自由記述で Taiwanese と書けることを知らない新移民もいるからだ。

国勢調査は複数回答を許しているが、その意図が明確に示されていないので、Other Asian に印（Taiwanese と記入）、Chinese に印、Chinese と Other Asian の両方に印、などの選択自体が回答者の解釈に丸投げされている。調査の力点を移民社会側がどう定義するかで、回答が左右される。ロビー活動に効果があると考えられている理由はそこにある。

ピュー・リサーチセンターは、台湾系の二〇一九年時点の人口を最小一九万五〇〇〇人、最大六九万七〇〇〇人と見積もる。数字に幅があるのは、国勢調査の人種調査に「アンセストリー」「出生地」「前世代の血統や出生地」の質問を加えると数字が跳ね上がるからだ。しかし、これも完璧ではない。アンセストリー（祖先・血統）をどこまで遡るかは自己判断だからだ。台湾アイデンティティが強い人は、遺伝子上、福建の閩南系だからと Chinese に分類されることには抵抗感がある。同様に、親や祖父母の出生地を加味すれば、外省人ルーツの移民は大陸が故郷になる。純粋な Taiwanese は原住民だけになってしまい質問の意味をなさない。ともすればほぼすべての台湾移民が Chinese のカテゴリーであることを示す調査になってしまう。

案の定、二〇二一年四月にピュー・リサーチセンターが公表した報告に対して、台湾系エスニックメディア「TaiwaneseAmerican.org」編集長レオナ・チェンを筆頭に台湾系指導者ら五〇〇名以上が公開文書で抗議をした。Taiwanese を単独で分類せずに Chinese の大集合に含む集計方法に謝罪と訂正を求めたのだ。

チェンの言い分は「台湾系という存在が歴史的に消滅されるる動力にさらされているので守る必要がある」というもので、Chineseとだけはせめて分けてほしいという。文化人類学で、外からラベルを貼られる「名指し」行為と、自らのアイデンティティを自己定義する「名乗り」という区別があるが、この場合、後者の「名乗り」を押し出した要求だ。

台湾系に関しては歴史的解釈や自己アイデンティティがあまりに複雑に絡んでいる。「家族が移民前に永住していた地」や「自分を何系であることを大切にしたいか」という自己アイデンティティを調べる方が、Taiwaneseという集団の実勢を炙り出すには効果的なはずだが、国勢調査で選択肢に含めることとの外交上の含意を米国務省は懸念する。

調査時の外交関係が民族単位を規定するのか、文化や誇りの集団記憶が規定するのか、本質的な問いである。

「アジア系重要人物の極秘リスト」の再編集

アメリカの選挙ではこうした有権者のアイデンティティを探り、それに訴求する集票協力の要請を水面下で動かさなければいけない。現実に即したエスニック意識の情報は、政党の地方組織のアウトリーチ部門に知見として蓄積されてきた。

例えば筆者の虎の巻は、ニューヨークの民主党本部内で代々引き継がれていたアジア系重要人物の極秘リストだった。票の積み増しに欠かせない主要協力者の名簿である。

中華系の名前がアルファベット表記で漢字表記ではなかったのは、筆者以前の民主党本部の担当者が漢字や中文が理解できなかったからだ。ただ、地域指導者の情報提供をもとにChinese、Taiwaneseの裏分類は付されていた。また、英文の苗字表記だけでも、広東語読み、北京語読みの類推は可能だった。そこから筆者はさらに詳しい分類でリストを編み直した。

外交的中立性や人口動態管理上の指標ではなく、有権者の「誇り」「名乗り」に寄り添うことが要諦の選挙では、名簿の裏分類が筆者の中華系社会へのアプローチのコンパスだったが、最もデリケートで分類が難しかったのは、台湾移民だが親や本人の故郷が大陸で、中華

OUR VOTE IS OUR VOICE.
Vote Gore-Lieberman. Vote Hillary. Vote Democrat.
Let's keep Asian American families moving forward.
讓亞裔家庭繼續向前進
請投戈爾，利伯曼，希拉莉一票 請於十一月七日投民主黨一票
민주당에 투표 우리의 권익을 신장합시다.
11월 7일 선거에 고어를 대통령에 힐러리 여사를 상원의원에 투표합시다
PASULUNGIN ANG MGA PAMILYANG ASIANO AMERIKANO.
IBOTO SI GORE-LIEBERMAN. IBOTO SI HILLARY. IBOTO ANG DEMOCRAT.
BOHOTO SA NOBYEMBRE 7.
এশিয়ান-আমেরিকানদের অগ্রযাত্রা অব্যাহত রাখুন
গোর-লিবারম্যানকে ভোট দিন হিলারীকে ভোট দিন ডেমোক্র্যাটদের ভোট দিন
৭ই নভেম্বর ২০০০
Vote Democrat. November 7.
民主党陣営で筆者が製作したアジア多言語広報物。中国語は繁体字使用（筆者所蔵）

民国アイデンティティから Chinese を名乗る外省人系だった。世代的に高年配層ほど台湾は暫定的な居場所「中華民国台湾省」という考えで Chinese を名乗った。無論、中華人民共和国系の Chinese とは異なるが、言語や階層の分裂線はあれども、アメリカ華人社会では中華の伝統への誇りや帰依《きえ》という点でむしろ大陸系と親和性がある。

Taiwanese という日本統治時代の影響も帯びる記号には距離を置き、Chinese 回答が「血統」では正しいとの解釈も根強かった。「出身地は台湾でもアイデンティティは華人(Chinese)」という集団は、広東系移民とも本省人系の台湾移民とも違い、ボタンの押し方が実に難しく、広報文の中文翻訳での表現選択や献金イベントの席次にしても、面子に徹底して気を遣う必要があった。

さらに第5章で見た「客家」は、外省人系と本省人系に横断的に溶け込んだサブカテゴリーでありながら、誇りや結束は強く、独自の言語（客家語）を持つなど、扱いがこれまた複雑だった。筆者は陣営内の中華系スタッフの勢力にも配慮しつつ、別グループのコミュニティ指導者から複数意見を聴取することで、中華色の濃度に配慮をした。

こうした理由から、アメリカのアジア系選挙区で中華系票をまとめるには、数の論理や分裂要因の抑止の観点からも、台湾系候補ならば外省人系のルーツが有利で、過度に台湾アイデンティティを押し出さないバランスが落とし所となってきた。Chinese 全体を称揚できた方が旧来の広東移民や大陸新移民を糾合しやすいからだ。近年台頭している台湾系政治家の多くもこの枠に該当する。

米民主党とのチャンネル

ニューヨーク州の連邦下院議員グレース・モン（孟昭文）は山東省に祖父母のルーツを持つ台湾移民二世だ。

「モンの選挙区はとてもデリケートです。コリアンと華人、さらに中華系と台湾系の喧嘩。インド系とパキスタン系も憎み合っています。さらに南に行くとユダヤ人がいます。地政学的に発火性のある四つのダイナマイトがすべて選挙区内にある。モン議員が言うには台湾系が最も効果的なロビー活動をしているそうです」

こう説明するのは聯合報系の中文新聞『世界日報』編集幹部のジョー・ウェイだ。一九八〇年代以降のフラッシングの変遷を知る生き字引の一人で、古い世代の「深藍」でもある。若いモン議員を台湾系エスニック・メディアとして贔屓目《ひいきめ》に見守ってきた。

「私の両親は中国出身で一九四九年組です。しかし、私の妻は台湾の花蓮人です。一九八〇年代、フラッシングは本当に『リトル・タイペイ』でした。私は反共産党、反一党独裁体制です。それは変わりません。ここは共産主義者のいない中国みたいなところです。すぐに中国に戻りたいわけではない。中国が民主化されない限り戻りません。それがブルー陣営の考えです」

反共魂が強くても共和党支持ではないのは興味深い。ニューヨークの台湾人が民主党を支持するのは、華人であろうと台湾人であろうと移民に変わりはないからだという。

「民主党は少なくとも共和党よりも移民に優しいです。昨年（二〇一六年）の選挙では、台湾系コミュニティはヒラリーに賭けました。彼女との間には既存のチャンネルが築かれていましたが、トランプ周辺には窓口がなかったからです」

この「チャンネル」は、筆者が陣営で一六年前にニューヨークの華人社会に築いた小さな「遺産」だった。だが、台湾系が投票したのは必ずしもクリントン個人への愛着からではない。アメリカの大都市では、どこでも台湾系は総じて民主党に近いが、それはイデオロギーではなく、それらの都市を民主党政治が支配していて利益に与《あずか》れるからだ。徹底してプラグマティックである。

一九七六年に文化大革命が終わり、一九七六年から八九年にかけて、大陸の中国人がアメリカに入ってくるようになった。ウェイが台北から移住したのは、八〇年代初頭だった。当時の中国からの留学生には六〇歳以上の講師や研究員がいたという。共産党時代以前にアメリカで教育を受けていた世代で、大学院に「里帰り留学」をする層がいたのだ。

一九七七年以降、中国で大学を卒業した若い世代も来訪した。当時のアメリカ留学ではウェイの言葉を借りれば「中国での教育が破壊」された。一九八九年の天安門事件に関する在米デモに参加した中国人留学生は帰国できなくなり、一九九二年、ブッシュ政権はグリーンカードを与えた。その数、約五万五〇〇〇人。天安門事件に便乗した中国人移民も、大挙して押し寄せた。

中国の経済発展とテクノロジーの影響

そのアメリカの華人社会にも変化が及んでいる。中国大陸の影響の拡大だ。中国が強大になって以降の中国人訪米者には強い母国肯定感がある。二〇一五年にアメリカ政府は中国の消費力に期待して一〇年ビザを認め、二〇一七年までに大量の中国人が渡来した。

かつての大陸移民は労働移民が中心だったが、少ないながらもいた留学生は、自由や民主主義を尊重する傾向が強かった。しかし、ソーシャルメディアの発展で祖国と切り離される「リセット」感の消滅が事態を変えている。従来の広東語、北京語に加えて福州語や他の方言話者も増加する中、簡体字も浸透してきた。音声メディア主体の時代、北米の若年層華人は繁体字へのこだわりを旧世代ほどに持たないので、簡体字化に抗う「運動」も今ひとつ起きにくい。

フラッシング華人商工会のピーター・トゥ会長とジョー・ウェイは「緑」と「藍」の立場でかつては口もきかなかった。今では筆者と三人で会えるまでに融和的になった。理由はコリア系など他のアジア系集団に加えて、中国大陸系の浸透への危機感の共有だ。技術発展で海外留学や移住の政治的含意が様変わりしつつある。ウェイはこう述べる。

「上海浦東《ほとう》空港を出発するとき携帯電話の電源を切り、ニューヨークやロサンジェルスの空港に到着すると携帯電話の電源を入れる。Wi-Fiがあれば、すべてがつながるのです。WeChat（中国製ＳＮＳアプリ）が戻ってくる。友達もみんな戻ってくる。すべてです。ニュースさえも戻ってくる」

ある意味、現代の中国人は、中国を離れたことがない。誰もが北京とつながったビッグデータ時代に生きている。携帯電話とWeChatがある限り、中国にいるのと同じだとしてこうウェイは言う。

「アメリカの政治、映画、ゴシップなど、中国メディアが全部翻訳してアプリで提供しています。正確には本物のニュースではありません。フィルタリングで検閲され、さまざまな角度からニュアンスをつけ加えられます」

そこでは「アメリカの価値観、システム、民主主義、その他すべて」が貶《おとし》められるとウェイは述べる。

「彼らはすでに中国語で条件づけされているので、アメリカにやって来てもテレビを見ません。スマートフォンに依存させられ何でも摂取させられます。どのみち一種のバイアスから逃れられないので中国のメディアに支配され続けるのです」

従来、ローカルの華人コミュニティのためのものだった中文のエスニック・メディアが、大陸中国の情報戦に巻き込まれつつあるのも新現象である。二〇一六年の選挙戦の間、WeChatの中国語版で、トランプやヒラリーに関するネガティブな記事が溢れた。その頃から「フェイクニュース」が顕著になり始めたが、発信している北京のチームは、アメリカのフェイクニュースのウェブサイトから「ネタを集めて翻訳して少しだけ捏造《ねつぞう》する」と言う。

現在、中国政府は「世界華文伝媒論壇」というヨーロッパ、アメリカから、南アフリカまで世界中の華人メディアが参加するシンポジウムを二年ごとに開催していて『世界日報』も招かれている。世界の中文メディアが、中国の公式報道に倣うようにインセンティブを与えていくのが狙いだと見られている。

不思議なのは『世界日報』がアメリカの大学院卒の大陸出身の若手記者を雇用していることだ。人材募集の広告を出すと応募者の九九パーセントが中国人だという年が続いている。労働時間が長く給料も安い報道の仕事は、アメリカ留学をした台湾の今の若い世代には魅力的ではないようだ。中国人の使い勝手がいいわけではない。彼らは署名記事が書けないからだ。ウェイはこう吐露した。

「中国の故郷に電話をされ、お前の娘は台湾系の新聞社で働いていると密告されるリスクも負っているわけです。それでも中国人はグリーンカードや市民権を取得するために必死です」

アメリカで学んだ台湾の若者に代わって、中国人の若い記者が台湾系新聞を匿名で支える謎の現象は、民主化して豊かになった台湾のもう一つの意外な帰結なのか。アメリカの華人社会の台湾勢力やジャーナリズムが大陸の勢力にとって代わられようとしている。

国民党の拠点、ボストンが揺れた香港デモ

ボストンの英中二言語新聞『サンパン（舢舨・中国南方の伝統的な小舟）』も同じ問題を抱えている。『サンパン』は一九六七年に始動した中華系アメリカ人市民協会の一部門として一九七二年に発刊した。華人の人権擁護が主な活動の団体だった。香港からの移民一世の記者のリンメイ・ウォンによると、ボランティアの助手のうち台湾出身は二人。それ以外は全員が中国大陸出身だという。

ボストンには国民党を支持する非常に長い歴史があり、今でもハドソン通りに国民党の事

務所がある。「民進党はニューヨーク、国民党はボストンを愛する」とも言われる。馬英九総統のボストン訪問では、中華民国からボストン市に寄贈されたチャイナタウンのアーチを背に地元華人が国民党の旗を振って歓迎した。ボストンと台北は姉妹都市でもある。

そのボストンの華人社会が二〇一九年に政治的な分裂で揺れた。二〇二〇年の台湾総統選で「今日の香港は明日の台湾」と叫ばれた香港デモだ。デモに対する香港警察当局の厳しい取り締まりに抗議するデモがボストンでも起きた。ウォンはこう説明する。

「親香港デモの主催者は香港人の女の子で、エマーソン大学のジャーナリズム専攻の四年生でした。彼女はこの半年間（二〇一九年末）、ほとんどまともに睡眠できていません。ボストンで抗議活動をたくさん企画していました」

一連のデモ行進はボストンのチャイナタウンを目指したが、地元経営者が組織した労働者が追いかけて「なぜ祖国に不誠実な態度なのか」と罵声を浴びせる嫌がらせ事件も起きた。チャイナタウンに青天白日満地紅旗に加えて五星紅旗が目立つようになって久しいが、大陸系の移民の本音は多様だ。「デモを実は支持しています。上海では一〇人も集まれば逮捕されてしまう。共産主義は人民のためのものです。ならば人民に話す自由を与えてあげてほしい」と香港デモへの支持を表明する中国大陸からの移民もいたという。

『サンパン』の目的は二方向だ。一つは外に対しては香港、台湾、中国大陸と多様な華人社会の実態を知らせることだ。だからこそ中国語と英語のバイリンガル新聞にしている。ボストンの政治家にとって同紙はアジア人コミュニティの琴線を摑む手がかりになっている。他方で内に対しては華人社会の分断阻止を狙う目的だ。北京語対広東語、中国対香港のように、互いに引き裂き合うのは望ましくないとウォンは訴える。

「私たちは皆、小さなサンパン（小舟）に乗っているのです。アジア系アメリカ人は全米でわずか五・六％しかいません。ボストンのアジア系アメリカ人は一〇％程度です。そんなに北京が好きなら帰ればいいじゃないですか。ここにいる私たちは、お互いに違いを乗り越えていくよう努力すべきです」

初のアジア系のボストン市長ミシェル・ウー

かように中華民国と国民党に縁が深いボストンで、二〇二一年一一月に政治的な異変が起きた。ボストン市長選挙で元市議会議員のミシェル・ウー（吳弭）が勝利したのだ。人口五〇万人以上の大都市では、初のアジア系にして女性の市長だったが、彼女は台湾系だった。

台湾系政治家の全米規模の台頭は、その一年前の二〇二〇年大統領選挙の民主党予備選から始まっていた。ユニバーサル・ベーシックインカム論で知られるアンドリュー・ヤン（楊安澤）という実業家が、瞬間風速的な人気を巻き起こしたのだ。ヤンは二〇二一年のニュー

ウー陣営のボストン市議選ポスター、ボストン・チャイナタウン2019年（筆者撮影）

ヨーク市長選挙にも参戦。予備選の初回投票で惨敗したものの大いに注目された。

バイデン政権始動一年目はコロナ禍でアジア系市民に対するヘイト犯罪の急増に揺れた。だが、その一方でアジア系政治家、それも台湾系が突出して台頭したことは実に興味深い。ヤンは一九七五年生まれで、ウーはそれより一〇歳若い一九八五年生まれだった。共に「若さ」を売りにした。大統領候補が高齢化し連邦議会指導部の世代交代が停滞するアメリカで、「若返り」のモデルケースにもなった。

二〇二一年にボストン市長に就任したミシェル・ウーはハーバード大学ロースクールで師事したエリザベス・ウォーレン上院議員の支援で当選した「ウォーレン・デモクラット」である。白人の夫との異人種間結婚によるダイバーシティの象徴で、市議時代から育児支援、移民向け多言語支援、医療などで評価を得た。白人票に強い穏健派対抗馬に対してウーは白人とマイノリティ支持を横断的に集めた。

中華系はウーを一丸となって支援し、二〇一九年段階からチャイナタウンにはウーの写真つきポスターが方々に掲げられていた。マイノリティ候補の選挙鉄則に自身の属性集団の票固めは水面下で、表看板の支持は別母体からという交互戦術がある。ウーも白人や黒人の支持議員や顧問らを一覧で公表した。

晩年期以前のイノウエ上院議員と日本との関係が典型例だが、マイノリティ政治家には出身国の代弁者と誤解されないように外交を避ける事情も生じる。その意味では、米中対立やワシントンの対米ロビー活動と、アメリカ地方都市の移民社会は違う力学で成立している。ヘイト犯罪への対抗では大陸系移民との連帯の必要性も増している。ウーはあくまでボストンの地方政治家であり対中政策を明言していないように、台湾系政治家の誕生は外交上の台湾優遇への直結を約束しない。台湾メディアも、ウーの生い立ち紹介に終始し、外交には期待値を膨らませない冷静な報道に徹した。

ウーはシカゴ育ちだが父方が北京出身の外省人の移民二世で、母の影響で中華の伝統文化に親しみ上海で数ヶ月過ごした経験もあるという。中国語の流暢さには台湾メディアも太鼓判を押す。

市長選のウー陣営ウェブサイトは、中文翻訳で簡体字を押し出した。興味深い戦略はYouTube動画演説で簡体字と繁体字の字幕を一本の同じ動画に入れた方針だ。中華系対象のアウトリーチでは、どの移民家庭にどの文字版動画をメールするか一つが政治的な意味を持ってしまう。送り先を間違えれば相手のアイデンティティ次第ではマイナス効果になるため、実に考え抜かれた高度な折衷案だった。

ウー陣営のキャンペーンでは通常は英語だけで作成するヤードサインに中文併記版「請選吳弭為波士頓市長（ボストン市長にミシェル・ウーを当選させてください）」を作成し、アフリカ系や白人の若者が配布することで移民の味方の候補であることをアピールしたが、同時にアジア色を包み隠さずに強調した。これはボストン市というダイバーシティのある都市型選挙区だからできることで、同じことは南部や中西部、また連邦上院や州知事選レベルの規模の選挙区では集票にマイナスに作用する可能性もある。

アンドリュー・ヤンの旋風と失速

一方、アンドリュー・ヤンは異色の台湾移民二世候補だった。台湾雲林県出身の父は地元が誇る秀才で、画家の母は日本統治時代に育った自分の両親の思い出を芸術雑誌に語り、本省人の価値観が強い家庭で育ったことがうかがえる。

ヤンは出自に絡む海外問題に介入せずにコミュニティ実績を優先する、というマイノリティ政治の暗黙の鉄則に従わなかった。ヤンは二〇一九年の大統領選挑戦段階から増えたメディア露出の中であえて香港民主派デモの勇気を称え、中国の信用スコア制度や新疆《しんきょう》ウイグル自治区の人権問題についてネット番組で語るなど踏み込んだ対中姿勢を示した。

だが、彼と彼の支持者が抱くアジア系の自画像観は、アメリカ移民社会の大多数が期待するものではなかった。親子二代で理系秀才のヤンの運動のスローガンは「Math」。数学が得意なアジア系へのステレオタイプ、いわば「モデルマイノリティ」イメージを拒絶せずに社会的上昇への挑戦を鼓舞した。

2020年米民主党予備選挙TV討論会でのアンドリュー・ヤン（右）とバイデン前副大統領（当時：左）。
（2019年、ロイター／アフロ）

二〇二〇年四月大統領選撤退後の『ワシントンポスト』への寄稿は物議を醸した。コロナ禍での差別に打ち勝つため「ウイルスではなく、ウイルス解決策になろう」として「アメリカらしさAmerican-ness」の誇示を訴えたのだ。まだ市長選への戦略切り替えが不十分だった。愛国心や「統合」の強調は大統領選挙では妥当でも、地方エスニック政治では過度にカラーブラインドで「脱人種」的な同化強制にしか映らず逆効果になるからだ。

しかも、アジア系へのヘイト犯罪の拡大はヤンの想定の甘さを目立たせた。民間団体「Stop AAPI Hate」には二〇二〇年三月から二〇二一年九月までに一万三七〇件のアジア系対象のヘイト犯罪例が報告された（六二・九%が言葉の暴力で、物理的な攻撃は一六・一%）。職場や交通機関での差別など公民権法違反は一一・三%に達した。新型コロナウイルスの蔓延《まんえん》初期、トランプ大統領はこれを「チャイナウイルス」と呼んでいた。アジア系への憎悪を生んだ背景にはいくつかの要因が絡む。

第一にアジア系が見えない少数派として周縁的存在であることだ。アジア系内の経済格差や多様性を無視した「モデルマイノリティ」論は他集団からの誤解を増幅した。かつて一九九二年ロサンジェルス暴動でコリア系が黒人に受けた被害に象徴されるようにマイノリティ内の憎悪も特徴の一つである。経済、医療の格差がコロナ禍の下でこの問題を肥大化させた。

第二に、古い世代の欧州移民や黒人奴隷と異なり、海外の出身地域との継続的な親族上の結びつきも強く、これがヒスパニック系の新移民同様にアメリカ「同化」を拒む異質性として見られがちなことだ。言語も宗教も風貌も異なる集団を「アジア太平洋諸島系」という国勢調査用語で便宜的に括る定義の強調が、内部の多様性への理解度を他集団からかえって奪ってきた皮肉もある。

第1章で見たようにアメリカ社会の平均は台湾に無知である。中華人民共和国政府・中国共産党と中国人一般の違い、外国人と中華系アメリカ人市民との違い、中華系市民内の多様性、さらには東アジア系やアジア系全般との違い、これら四層に正確な知識を備えていない。ヤンの母であるナンシー・ヤン（陳玲鉄）は、二〇二〇年大統領選挙のヤン撤退後に「多くのアメリカ人が中国と台湾の区別もついておらず、コロナ禍でアメリカ人の反中感情が高まったことでアンドリューは割りを食った」と述べている。

アジア系ヘイト問題をめぐって

アジア系の投票促進団体や公民権活動家は、アジア系ヘイト犯罪をバネにアジア系政治家の底上げ、特に二・四％という市政公職におけるアジア系率をそれ以外の公職の六％まで引き上げることを目論んだ。

全米一〇〇都市でアジア系市長は五人いる。いずれもカリフォルニア州だ。「永遠の外国人」の地位に置かれてきたアジア系の地位向上には政治家の数を増やすのが現実的だとして、二〇〇〇年民主党選挙でのアジア系集票で最も筆者に献身的に協力してくれた公民権弁護士のエリザベス・オーヤンのほか、アジア系投票支援団体APIAVoteのクリスティーナ・チェンなどアジア系市民の政治参加に関するキーパーソンが一致して「アジア系市長の輩出がアジア系差別を止める」と呼びかけた。

ウー陣営はヘイト犯罪に毅然とした態度を示す一方、黒人支援を念頭に人種別経済格差の是正を主要課題に掲げた。アジア系、進歩派、若年層の基礎票を土台に、黒人とアジア系の人種的少数派同士の不毛な対立の解消を心がけたのだ。

その意味では、アジア系ヘイトへの怒りの輪をプラスに転化できず中華系をむしろ敵にしてしまったヤンの事例は逆噴射的な自滅で、アジア系候補の失敗例として示唆的である。『ワシントンポスト』寄稿で「第二次世界大戦中、日系アメリカ人はアメリカ人であることを示すために可能な限り高いレベルで軍役に志願した」とイノウエ時代の日系人部隊を例に示したことも悪手だった。日本に愛着がある本省人家庭の素朴な心境だったとしても、軍役が主流アメリカ人への条件であるかのような比喩に聞こえ、強制収容経験から政治参加を尻込みしてきた日系人にも複雑な感情を与えた。案の定、批判は内側から巻き起こった。

二〇二〇年に中華系新移民や学生が立ち上げた中文メディア「心声 Project」(かつての「WeChat Project」)は、ヤン批判コラムをInstagramで拡散し、ネガティブキャンペーンを広げた。コメディアンのエディ・ファンもヤンをソーシャルメディア上で批判して衝突するなど台湾系票は割れた。

オバマがかつて「ブラック・イナフ(黒人らしさが十分)」ではないと身内の黒人指導者に批判されたのと同じで、「アジアン・イナフ」「チャイニーズ・イナフ」のリトマス試験紙が際立った。

結果としてそれらのアメリカ移民社会内の内部批判を追う形で、中国も「白人討好者（白人に媚《こ》びる者）」との呼称でヤン批判報道を展開した。例えば『新民周刊』は、黒人のヤン批判を紹介した。志願兵英雄ではなく強制収容被害者としての日系人史を強調し、人種民族横断的な包囲網を印象づけてヤンへの反論を展開した。

中国メディアは、アジア系ヘイト犯罪には特別な力を割いて報じてきた。事実関係は正確でフェアな報道だが、ニュースの選択と総量にはアメリカ批判のメッセージが滲んだ。人種差別や連邦議会乱入事件などアメリカの民主主義の陥穽《かんせい》が中国政府系メディアには好都合な批判材料になっている好例でもある。

そうした中、中国メディアや中国寄りの香港メディアなど海外中文メディアは、白人候補を出しぬくアジア系の快進撃という文脈でウーの勝利を好意的に報じた。台湾系政治家の躍進に画一的に警戒感を露わにせず、台湾系（「中国台湾地区の出身」と必ず記す）の台頭を広義の中国が承認されている証拠として使うナラティブ（語り）に転化している。ヤンについても大統領選出馬初期には「米中関係を重視している」などの見出しで好意的に報じていた。

エスニック・メディアの変動

アメリカと中華民国の戦前からの深い関係に端を発する留学生の多さや国民党組織の浸透

は顕著だった。留学を経て米議会で太平洋戦争での中華民国支持を訴え、晩年ニューヨークで暮らした蔣介石夫人の宋美齢を例に出すまでもない。その一方、権威主義体制の打破を求める台湾の民主化運動の海外拠点もアメリカにあった。

つまり、中華民国の国民党の本流のエリート層と国民党支配を破壊し台湾民主化を熱く願う層の両極、いうなれば二つのナショナリストが共にアメリカに根を張った。アメリカの中の台湾社会の観察が、現代の台湾政治を理解する上で、遠回りのようで意外な近道である理由だ。

かつての地方選挙ではアメリカ移民社会の中のエスニック・メディア報道の掌握がすべてで、政党のアウトリーチもチャイナタウンの中華系新聞社のスピン操作が主眼だった。

在米中華系エスニック・メディアは乱立時代を経て、台湾系『世界日報』と香港系『星島日報』と大陸系メディアに収斂《しゅうれん》している。すでに見たように聯合報系で国民党色が強かった『世界日報』は近年では民進党支持の読者にも寄り添う構えを強める。対してアメリカ版『星島』の編集の独立性は香港情勢で縮小を余儀なくされ、二〇二一年ついに司法省は外国エージェント規制法に同紙を登録するに至っている。

ネットで海外と「地続き」になると移民の出身地発の報道にも有権者は影響を受ける。発信元不明で遠隔地だと陣営側からの訂正依頼も一苦労である。それだけにTVBSから「三立」まで、超党派で台湾メディアが好意的にウーを報じたことは彼女に有利に働いた。ヤンが中国メディアの標的になったことも結果としてウーを相対的に救った。

だが、仮にアジア系ヘイト犯罪が早期に収束し、香港や新疆ウイグル自治区の問題にプレスの関心が向いた場合、また恩師ウォーレンが政権で外交関連の要職を得ていたら弟子のウーも対中政策への発言を迫られたはずだ。

台湾系政治家は、中国からの嫌がらせや攻撃の対象になりやすいリスクのほか、大陸移民の票への配慮から、選挙区に中華系が多いと台湾アイデンティティを誇示できないジレンマがある。ニューヨークなどアジア系の多い移民社会で中華系を代弁する「顔」になるのと全米規模で「脱人種的」に人気を得るのは別の道だ。二〇二〇年のヤンの支持集団「ヤン・ギャング」は白人若年層が主体だった。ヤンはアジア政治と距離をとったことで白人の多いアイオワ、ニューハンプシャーで善戦できた。

国境を越える中華系のオンライン発信

YouTubeなどオンラインのプラットフォームの拡充は、エスニック・メディアの「個人化」も招いた。いわば「一人放送局」だが、英語での発信となると国籍や発信元がYouTubeやInstagramでは容易に判断がつきにくい。ローカルの伝統的エスニック・メディアとは異質のボーダーレス性が特徴だ。

GoogleはYouTubeのタイトルに自動翻訳を試験的に実装し始めており、簡体字、繁体字の文字も書き手の属性判別に意味をなさない。世界の英語視聴者にChineseの配信者が拡散されていくことは、アジア系や中華系へのヘイト感情を取り除く正の効果もあれば、媒体名なき主体不明の娯楽配信に込められるサブリミナルな政治性に無防備にさせる効果もある。

エスニック系の個人チャンネルの中でも中華系は玉石混淆《こんこう》であるが、イノセントな娯楽の中に、政治的なフックを忍ばせることもある。「ウェイリー・ホアン」(一七三万人登録。以下登録者数は二〇二四年四月時点)はカリフォルニア州オークランド在住のファッション系ユーチューバーだが、祖母に広東語でレシピを学びながら広東料理を紹介するなど、中華系であることへの誇りは強い。「フォン兄弟」(二一七万人登録)は広州・香港出身の父と山東省出身の母を持つワシントン州生まれの兄弟のコメディアン兼ラッパーで、やはり中華系や中国語の多様性などを積極的に扱う。

これらの人気チャンネルが中国や台湾にどのような見解を示すかは、華人社会の若者の空気を定義する潜在力を持っている。

政治的な立場はサブリミナルに示されることが多く、在香港の香港人「ジェイ・ロウ」(三六・七万人登録)は、フランス人の父と香港人の母を持つ広東語が母語の多言語話者だが、一見政治とは無縁のチャンネルだ。英国訛りではない英語で、発信都市もわかりにくい。ところがオープニングの「言語リスト」で、北京語のシンボルに青天白日旗ではなく五星紅旗を掲げていた。

他方で、あからさまに政治的なユーチューバーもいる。「マイク・チェン」（一六〇万人登録）は中国西安生まれで八歳で両親とアメリカに移民した。「食」がテーマで、台湾ロケでも夜市から高級なグルメまで体験ルポを伝えている。YouTubeでは政治色を控えていたが、Instagramで天安門事件の写真をアップしていたことが「問題化」し、中国政府に忖度して、彼とのコラボレーションを拒む華人インフルエンサーも現れている。

例えば、福建にルーツを持つ中華系マレーシア人のコメディアン・ユーチューバー「アンクル・ロジャー」ことナイジェル・ンー（九〇五万人登録）は「微博《ウェイボー》」で、「彼（チェン）の政治思想や中国に対する誤った考えを知らなかった」と謝罪し、過去に共演した動画を削除するパフォーマンスをした。中国向けの動画配信のためだったとされている。

しかし、削除動画（餃子《ギョーザ》の作り方）に政治性が皆無で、普段の動画には反中色がないチェンを擁護する声が拡大した。しかも、この騒動でチェンのInstagramやTwitter（現X）にはチェン擁護や中国政府に都合の悪い書き込みや写真がかえって拡散してしまった。

ソーシャルメディアや動画時代のエスニック・メディアは容易に国境を越えるため、他愛のない娯楽配信にまで政治的分断が侵入し、国際的に北京への態度の静かな踏み絵を迫られる。海外視聴者や外国政府の意向に配慮して言論を弱めるこうした「萎縮」は、ネット空間がボーダーレスであることによる新現象だ。翻訳機能の実装もない紙媒体や海外に電波が届かない放送の方が、言論の自由が維持できた。

bilibiliなど中国の動画市場を視野に入れる華人ユーチューバーは早晩「選択」を迫られるだろう。これが中期的に海外移民社会のソーシャルメディア世論を変質させていく潜在性は否定できない。TikTokでの再生数増大への動力は、広告収入だけでなく承認欲求の面にある。新しいプラットフォームには、飽和状態のYouTubeにはない先駆者利益があるからだ。

デジタル技術の浸透とメディアの個人化は、台湾の表現の自由に、妙な自己規制的な影響を及ぼしかねない逆説性をはらんでいる。すでに外国勢力によるオンライン工作は、アメリカだけでなく台湾の民主主義にも及んでいるが、その実態を次章で確認してみたい。

第7章　デジタル民主主義の光と影

「オバマの懺悔」をオードリー・タンに問う

「だが、こうしたテクノロジーはその後、当時の私の理解を超える柔軟性や応用性を示し、またたく間に商業的利益に取り込まれ、既存権力層に利用されるようになっていった。さらに、人々を調和させるためでなく、惑わせたり分断したりするために使うことも簡単にできた。私をホワイトハウスにたどり着かせたツールの多くが、私が支持するすべてのものに対立する形で使われる日がくることを、私は想像できていなかった」（バラク・オバマ著邦訳版『約束の地：大統領回顧録Ⅰ』上巻〔集英社、二〇二一年〕二一六ページにおけるオバマの記述）。

このオバマ元大統領による回顧録での発言はアメリカの政治関係者に小さな衝撃を与えた。なぜなら、オバマこそが、二〇〇八年の大統領選挙でソーシャルメディアを駆使して草の根の支持者ネットワークを作り上げ、二〇一二年の再選選挙ではシリコンバレーから腕利きのエンジニアをシカゴの本部（ラボ）に集め、あらゆる有権者データを紐《ひも》づける「ビッグデータ」選挙で勝利した張本人だったからだ。

厳密には若者のネット応援では二〇〇四年の民主党予備選緒戦で善戦したバーモント州知事のハワード・ディーン、ネット献金集めは共和党のジョン・マケイン上院議員など、先駆者はいるのだが、黎明期だったYouTubeなど動画共有サイトを利用した敵対陣営からの「偽情報」への反論、活動家がキャンペーンの進捗《しんちょく》を共有できるダッシュボード機能を実装したオリジナルの戸別訪問や電話作戦の「地上戦」プラットフォームなど、デジタル選挙の原型を完成化させたのはオバマだった。その彼がデジタル技術を自己否定するのは穏やかではない。

たしかに、オバマ政権以降、「デジタル民主主義」は危機にある。二〇一六年大統領選挙でのロシアからの「自動生成アカウント」ボット（bot）などによるトランプ陣営支援のデジタル介入、ネット上の「フェイクニュース」を真に受ける「ピザゲート事件」のようなトラブル、さらには二〇二一年一月の米連邦議会乱入事件ではアメリカの現職大統領の

Twitter（現X）アカウントが「扇動」の疑いで停止されるに至った。

オバマの選挙を一貫して追いかけ、オバマの独自評伝まで書いてきた筆者としては、このオバマの総括をどうしてもある人物に尋ねてみたかった。デジタル大臣のオードリー・タンだ。特別に時間をとってくれた大臣に直接問いかけた。筆者はこのように訊いた。

「政治的分極化を伴う政治とオンライン・コミュニケーションに関するオバマ元大統領の（二〇二〇年時点での）ある意味悲観的な見解について、どのようにお考えになりますか。アメリカと台湾における分断された政治の文脈でフィルターバブルの概念についてどのようにお考えですか」

タン大臣はこう答えた。少し長いが文意を損なわないために引用する。

「私にとって、ソーシャルメディアは、プロ・ソーシャル（親《しん》社会）にもアンチ・ソーシャル（反社会）にもなり得るものです。ソーシャルメディアに参加しているのは概ね同じ人間や市民です。それがプロ・ソーシャルな性格を発揮するか、それともアンチ・ソーシャルかは、空間の構成が決定します。

台湾での例を一つあげると、いかなる株主や広告主の利益にも奉仕しない学術ネットワークによって築かれ支えられている公的フォーラムを、私たちは持っています。そうした場では、（台湾）政府が作っているプロ・ソーシャルなメディアであるポリス（Polis）やジョイン（Join）というプラットフォームを使い、人々は足元の政策争点に集中することができます。

なぜならそこは、ソーシャルメディアのアンチ・ソーシャルな側面に見られるような分断や陰謀論、あるいは復讐《ふくしゅう》や差別の温床になるような怒り、そういったものを促進する空間のデザインにはなっていないからです。違いは人間ではないのです。空間の構成です。

例えばFacebookで、オバマが選挙や政権で促進したようなタウンホールの討議を開こうとすることは、爆音で音楽が鳴り響くナイトクラブでリアルのタウンホール討論を行うようなものです。聴いてもらうには怒鳴らないといけません。中毒性のある飲み物、ボディガード、酔いの回るお酒など、ほかにいくらでも列挙できますが、そうしたものが存在するわけですから。私はナイトクラブの悪口を言っているのではありません。街にはナイトクラブのための地区があります。ただ、こうした場や空間はタウンホールには適していないだけなのです」

要するに、ソーシャルメディアを分断や混乱の現場にさせず、適切な議論を生産していくには、営利的な一般の既存プラットフォームでは、弊害を完全には排除できないので、台湾では政策を議論し合うのに適した公的なプラットフォームを試しているというのだ。

ソーシャルメディアが反社会的な副作用もはらんでいるのは当然で、今頃気がついたのかと、まさにナイーブすぎるオバマ発言は一蹴されたようなものだ。タン大臣はテクノロジーと民主主義の未来を楽観的に構想するが、無闇《むやみ》に夢想的なわけではない。

蔡英文陣営のインフルエンサー・マーケティング

台湾は若い民主主義社会だが、「デジタル民主主義」では世界的な牽引者だ。

筆者が二〇一七年からコラムを不定期連載している台湾の全国紙『自由時報』の台北本社編集局に初めて赴いた際は驚いた。朝刊の締め切り前だというのに無人、いやキュービクル（仕切りで区切られた半個室）の中を覗《のぞ》き込むと一心不乱に全員がスマホで文字を打っている。無言で「会話」する会議中だった。

台湾では研究者であっても「LINEとFacebookがないと透明人間扱いになる」社会だ。セブンイレブンが店舗ごとにFacebookアカウントを保有し更新を競う。ところで、台湾でLINEがシェアを激伸させたのは、第5章で紹介したキャラ愛玩の文化と「スタンプ」の相性が良かった点も無視できない。

台湾がアメリカすら凌駕《りょうが》しつつあるのは、ネットを駆使した政治キャンペーンだ。ポピュリズムとの相性の良さから、元台北市長の柯文哲、元高雄市長の韓国瑜らが先駆的だった。

他方、二〇二〇年選挙以降、民進党はユーチューバーとの共演、すなわち「インフルエンサー・マーケティング」に踏み込んだ。登録者数が多く若者に満遍なく愛されているユーチューバーをセレクトし、CMやYouTubeでの共演コラボレーションを行ったのだ。

蔡英文陣営でこの戦略を指揮した当時弱冠三二歳の政治スタッフに話を訊いた。この責任者はインフルエンサー（職業芸能人ではない一般市民の中の著名人）に「報酬を払わないことが鍵」だと力説した。陣営と思想が一致している人の自発的協力が大切で、有料で無党派的な著名人に台本を読ませても効果が薄い。「インフルエンサーの関心を常に観察し、それを総統に報告するのです」と語る責任者は、彼らと事前面談し、政治思想や情熱の方向性を確認することにしているという。すべては「ナチュラル」でなくてはならない。総統は俳優でもインフルエンサーでもないので白々しい演技はできない。責任者はこう説明する。

「香港（の自由）を支持しているとか、LGBT団体を支持しているとか、自由といった同じ価値観を共有しているとかが前提になりますが、彼らにも言論の自由はあるわけです。YouTubeやInstagramでやりたいことをやればいいのです」

総統や党への「支持」はクリエイター側のコンテンツで自由に表現される。動画を事前に確認させてもらうこともあるが、完成映像を見せたがらないクリエイターもいる。彼らには無検閲でアップする自由を許しているという。「操り人形」になることをクリエイティブ志向が強いインフルエンサーは嫌うので、歯車が嚙み合わなくなり、メッセージの「熱度」が薄れるからだ。

民進党を動画で応援してきた人物にユーチューバーの鍾《しょう》明軒《めいけん》がいる。二四歳時点でYouTube登録者数一一六万人を誇る（二〇二四年四月）。人口約一億二五〇〇万の日本でも一〇〇万人が一つの「大台」なので、台湾の人口規模（約二三〇〇万）からはいかに凄まじいかわかるだろう。チャンネルでの使用言語は中国語（北京語）である。

中国語話者の最大分布地は大陸中国だが、現地ではYouTube視聴に規制がかかっている上に、台湾発のコンテンツは中国の若者向けではない。登録者のほとんどが台湾人だ（付随的にアジアや北米の華人社会にも広がっている）。鍾はゲイであることをカミングアウトしており、蔡英文政権のLGBT重視策を評価してきた。歌手が本業の鍾は、動画も歌や日常語りが中心で「政治言論チャンネル」ではない。しかし、政治を語ることを躊躇《ちゅうちょ》せず、民進党支持者として厳しい対中姿勢もいとわない。

二〇一九年以降は香港問題に傾倒し、香港歌手で活動家でもあるデニス・ホーと動画で共演もした。二〇二〇年五月に公開した曲「当我説真話的時候我感到自由（真実を言うときに自由を感じる）」では、香港デモの若者を模した黒のパーカー姿のエキストラを用いた音楽ビデオも製作している。

逆に言えば、インフルエンサーが政治的に支持政党を明確にすることが日常化している

「分極化」社会でないと、インフルエンサーの政治協力へのハードルが高くなってしまう。政治的に「色」がつくリスクに配慮し、台本を読ませているだけで個人の信条ではない「広報動画」にすると、芸能人が広告に起用されるのと同じで、何のためのインフルエンサーなのかわからなくなる。

外国からの選挙誘導と選挙干渉

インフルエンサー利用やオンライン技術を駆使した政治には懸念や課題も少なくない。海外勢力の選挙介入もその一つだ。アメリカでは現時点で、インフルエンサー・マーケティングの政治利用に、明確な管轄と規制が存在しない。連邦取引委員会（ＦＴＣ）は商業利用の指針しか示していない。他方、選挙を管轄する連邦選挙委員会（ＦＥＣ）は、政治的な目的で資金が支払われる場合の情報開示義務を提案しているものの、二〇二三年末時点で具体的規制には至っていない。

インフルエンサー・マーケティングは「広告」と悟られずに購買欲を掻き立てるステルスな「コンテンツ」であり、規制に従来の「広告」概念を当てはめること自体が時代遅れだ。サイバー上の人格も、アカウントの主が実在しているのかどうか一般の有権者には判断がつかないし、責任も不明確である。ユーチューバーには声をＣＧアニメーションに当てるだけで顔を出さないVTuberも存在する。だからこそ外国勢力がインフルエンサーを間接的に外から育てることも容易である。

オンライン化が進むほど、有権者が知らない間に「姿の見えない主体」が世論を形成することができる。外国介入を狭義のサイバー攻撃に限定せずに、長期的な内部浸透の視点からも包括的分析を行うことが求められる。アメリカ国家情報長官室（ODNI）は外国による選挙への介入を二つに分類している。

一つは「選挙誘導」である。選挙に直接、間接に影響を与えることを意図した外国政府や外国政府の代理アクターによる工作活動だ。工作対象には候補者、政党、有権者と彼らの選好や政治過程が含まれる。もう一つは「選挙干渉」である。選挙人登録、投票と開票、結果発表など選挙の技術的側面に働きかける工作だ。

「選挙誘導」の概念を拡張すると、政治過程全体への工作も対象となる。ロシアや中国由来のアカウントによる政治過程の攪乱活動は、年々巧妙さを増している。YouTube、Twitter（現X）などアメリカ製の国際的プラットフォームを利用した外国勢力の工作は二正面で展開されている。

一つ目は、長期的にアメリカ国内の政治対立を過熱させ、分断を煽《あお》ることで政治を機能不全に陥らせる作戦だ。FDD（デモクラシー防衛財団）のイバナ・ストランダーの言葉を借りれば、「工作の目的は政治的にどちらか一方を応援することではなく、アメリカをなるべく分断させる」ことにある。

台湾やアメリカのような分極化が著しい社会は、自陣営の擁護と敵対陣営への攻撃に躍起《やっき》になるあまり、政治的な防御や攻撃の「材料」の由来を詮索《せんさく》する余裕が生じにくい。武器になるなら怪しい由来不明な情報でも飛びつきがちだ。そこにつけ込んで海外からの工作は内政的な左派、右派の分断に訴求する形式で展開されている。

同一アカウントがTikTok、Reddit、Twitter、YouTubeなど複数のプラットフォームで連動する容態は「ネットワーク」と呼ばれるが、バーチャル活動のアカウントが、アメリカの保守・リベラルの活動家や政治家に「仲間」と勘違いされる事案が生まれている。デモや集会など対面活動が政治運動の基本だった時代には想像できなかった事態だ。

二〇二二年、スタンフォード大学とアトランティック・カウンシルで運営されるＥＩＰ（選挙公正パートナーシップ）はTwitter社が開示した中国とイランに紐づいたデータセットをもとに六つの主要な「ネットワーク」を突き止めた。

「リベラル」向け工作アカウントの代表例「10 Votes Network」は「投票権のための行進」「メディケア拡大のための行進」といったデモを主催する実在の左派系団体とつながることで、アカウントの信憑性を増していた。一方、「保守」向け工作の代表例「Conservative

#LeadFromWithin Network」では、二万六〇〇〇フォロワー、一八万リツイート、四〇万「likes」を獲得したというトランプ支持の「Ultra MAGA BELLA Hot Babe」が工作アカウントであった。散発的に自動生産されるbotとは異なり、明確な人物像を伴った影響力のあるアカウントに育てられ、トランプ支持者内で「人気者」になっていた。

偽ニュースメディア工作

外国勢力によるオンライン工作の二つ目は、アメリカや民主主義への信頼を低下させ、ひいては反米、嫌米世論を拡散することだ。アメリカ国内の工作と異なり、同盟国のアメリカからの離反を誘発するために関係諸国向けに展開される。「非米同盟」活性化の文脈でグローバルサウスに向けて重要性を増している。

民主主義やアメリカを直接的に批判するよりも、特定の争点への賛否を利用して社会的分断の亀裂をより深める。偽の「ニュースメディア」が多言語で展開する工作は典型例だ。ニュースに部分的に偽の事実を混ぜるのではなく、独立系のネットメディアを偽装してしまう。

二〇二二年八月、Google傘下でサイバーセキュリティを提供するMandiant社は、中国の政治的な利益を戦略的に支えていた七二の偽の「ニュースサイト」を確認したと発表した。世界各地で一一の言語で独立系メディアを偽装していたこの工作は、中国のPR会社である上海海迅科技有限公司が関係しているとMandiantは推測している。

ほぼすべてのサイトが中国語のＨＴＭＬテンプレートで構築されており、表向きには別のサイトによるドメインの共有も見られた。関連ニュースを扱う本物のニュース媒体にリンクされ、非政治的な一般話題も織り交ぜ、中国やロシアの国営メディアからの転電記事を用いてニュースに厚みをつけることで信憑性を高めていた。当該地域のメディア事情に相当に詳しくなければ、偽サイトと即断しにくく、「現地ネットメディアの報道では」と翻訳で紹介されかねない。

ある偽のニュースサイトでは、香港について、二〇二一年の選挙制度改革で候補者擁立過程に中国が影響を及ぼすようになったことで香港が安定するという「報道」をしていた。二〇二二年のペロシ台湾訪問に際しては、偽のニュースサイトにペロシは台湾に近づくべきではないと主張する複数の記事が確認された。さらに、ウクライナに存在する「アメリカの生物研究所」なる場所における実験で、ウクライナ人が多数死亡したとするウクライナ語の記事も流通した。アメリカへの信頼を挫《くじ》く工作は複数言語で行われている。

台湾をめぐるオペレーションは二〇二三年一月にGoogle社が発表した親中ディスインフォメーションのキャンペーン「Dragonbridge」とも連動している。

もともと、Googleは二〇一九年以降、新型コロナウイルス対策、ウクライナ侵攻などについて主として中国語話者向けのYouTube、ブログ、AdSenseのアカウントを一〇万以上削除していたが、ペローシ訪台で工作的アカウントの活動が爆発的に増えたという。台湾近海における中国の軍事演習と足並みを揃えて「Dragonbridge」のチャンネルでは台湾統一を主張するコンテンツが溢れた。Googleの脅威分析グループ（TAG）によれば、この時期のアカウントの活動は平時と異なりハッシュタグやタイトルが不自然に統一された。

本来はこうしたアカウント活動と政府要人の公的発信が一致することは、一連の工作への政府関与を公式には認めない中国政府の立場を不利にしかねない。しかし、このときの中国の報道官は「ペローシの選挙区カリフォルニア州一二区」と名づけられたホームレスが映った写真キャプションに「これが#Pelosiが世界で主張する民主主義か？　自分の国民の面倒を見て自分の選挙民の状況改善に時間を注いだらどうか」とのコメントを添えてTwitterで発信した。台湾問題に限ってはオペレーション上の自然さを装うよりも、なり振り構わず明確なメッセージを打ち出すことを優先したものと見られる。

ジャーナリズムからの挑戦と関空事件

台湾を個別に標的にした情報工作がネットに溢れ出したのは二〇一八年だった。放送ジャーナリストの黄兆徽《こうちょうき》が「台湾ファクトチェックセンター」を設立したのも同年だ。当初は一時的な「プロジェクト」のつもりだったが、二〇一八年九月、台風二一号の被害で関西国際空港に外国人旅行客が取り残された事件がフェイクニュース対策のこの組織を常設化した。

事件当初、中国のSNS「微博」の偽情報が台湾の「PTT」という公開掲示板に流れ込んできた。これを台湾のニュースメディアが無批判に報じて騒動が大きくなった。中国大使館が関西空港に配車して中国人を優先的に救出したという情報が流されたとき、「自分が中国人だと思えばバスに乗れる」と台湾人が言われたという噂《うわさ》が広まった。

台湾絡みのフェイクニュースには中国との政治的な問題が必ず忍び寄る。毎日のように台湾外交が非難される中、黄たちの検証が終わらないうちに大阪の台北経済文化代表処長の外交官、蘇啓誠《そけいせい》が自殺してしまう。誤報が重圧になった。のちに台湾のメディアの報道は誤報と判明する。中国のバスは空港に入っておらず、バスを手配して乗客を送り出したのは関空だったのだ。黄はこう語る。

「フェイクニュースは、外交官を自殺に追い込むことさえできるのです。台湾は報道の自由度が高い国ですが、台湾には何百ものメディアがあり、驚くことに虚偽の事実に基づいて、『PTT』や『微博』の情報を報道し、議論してしまった。私は二〇年以上報道に携わっていますが、台湾のメディアが起こしたこの惨状には驚きました」

二〇一九年以降の四年間でファクトチェック記者を二名から一〇名に増やしたという。しかし、長期的な解決策は「リテラシー」向上に据え、センター内にリテラシー教育部門を新設した。また、人工知能によるディープフェイク、偽メッセージ、偽ビデオを生成するＡＩを捕捉する「台湾人工智慧実験室（Taiwan AI Labs）」と協働を開始した。人力に頼ることでは偽情報のスピードに追いつくことが難しいと判断したからだ。

「台湾人工智慧実験室」は、米マイクロソフト社で人工知能開発に携わっていた杜奕瑾《とえききん》が、「台湾で世界を牽引するチームを作れるなら、マイクロソフトにいるより悪くない」として凱旋帰国して創設した。インターネットのニュース上の誤報やプロパガンダについて、ＡＩを駆使したツールで検出しているが、特に中国からの「認知戦」（情報操作）の分析に強みがある。

台湾には言論の自由があるがゆえに偽情報も流通しやすくなるジレンマがある。そこでは市場の論理は弱点になる。台湾のメディアの慢性的な資金不足も中国に侵入の余地を与えているという。第4章で説明したように、台湾には政府やその他の団体が広告を買うのと同じように「ニュースを買う」ことができる「プレースメント・マーケティング」があるからだ。二分間のテレビニュースは一〇万台湾ドル（約四〇万円）で売られることもある。また、この種のジャーナリスト主体のファクトチェックは、分極化した社会では政争の一翼を担わされてしまう。

「例えば、関空の事件では事実を明らかにしましたが、それでも、お前は緑陣営の人間かと言われます。このファクト報告は中国に不利なようだから、与党の人間、つまり民進党の組織だろうと思う人もいます。あるときは緑、あるときは藍と言われますし、中国共産党に好意的とも、その逆とも言われます」と指摘する黄は、解決策は「藍陣営と緑陣営の双方を怒らせることを恐れない」ことだと言う。「言論の自由」を守るにはそれしかないのだと力説する。

しかし、二〇一八年の関空事件は、二〇二〇年のコロナ禍の偽情報への準備体操になった。ワクチンに関連する偽情報を最初の段階で発見し、偽情報の蔓延を先回りで市民に注意喚起できたからだ。ファクトチェックセンターは政府の疫病予防の取り組みを正確に素早く伝えるサポートも行った。

市民運動という台湾型

世界各地にはフェイクニュース対策で好まれる「型」のようなものがある。情報をめぐる文化と言ってもいい。

アメリカはすべてが党派対立だ。ファクトチェック団体はいずれも共和党系か民主党系に分かれて相手陣営の粗《あら》を探す。もとは主流メディアの「リベラル偏向」を批判するメディア監視の保守運動として始まったもので、二〇〇〇年代以降は保守メディアの台頭をリベラル側がチェックして相互射撃が始まった。この「メディア偏向」の指摘合戦が、そのままネットの「フェイクニュース」検証に持ち込まれている。例えば、二〇一三年設立のスーパーPAC「コレクト・ザ・レコード」は、事実上、民主党のヒラリー陣営の一部だった。ワシントンに広大なオフィスを構え、国内外の英文での対クリントン言説を漏らさず捕捉した。その「正誤」について本部の幹部スタッフがTwitterで反論し、大統領選挙のディベートでは陣営サイト内に「ファクトチェック」を設け、候補者の発言の真偽確認を発信した。

それに対して、アメリカのような「分断」による相互チェックをバイアスのかかった政争と考える日本では、「真実」や「事実」を中立の立場から「判定」することがフェイクニュース対策だと見なす風土が強い。科学性や学術的権威など「百科事典」引用型ともいえる。

台湾はアメリカのように二大政党の分断社会なのでアメリカ型かと思いきや、日米どちらの型でもない第三の道を開拓した。党派的に粗探しをするのでもなく、単一の「事実」が何かを「出典」に求めて解決をつけるのでもなく、議論をしてその事象を複数の角度から再解釈してみるという「過程」で情報への理解に厚みを増していくというものだ。

その動きを牽引している市民運動が、二〇一六年に立ち上げられて以来、年間四〇〇万人の訪問者と五万件以上の「偽情報」をめぐるファクトチェックのデータベースを構築している「コファクトCofacts」だ。ウェブサイトにはその哲学が高らかに宣言されている。

「みんな事実の検証者――この世に全知全能の判断者が存在しません。だから公民が共作か協働してはじめて真実に近づけられると信じています。Cofactsでは他人の観点が知ることができるため、事実の判断に参考できるほか、自分の考え方をシェアすることもできます」

（コファクトのホームページの日本語版より）

運営の中心メンバーはそれぞれが自分の仕事を持っている。営利目的ではなくデータベースのチェックもボランティアによって行われる。偽情報を調査してレポートするロボットプログラムをLINEで開発した。仕組みはこうだ。ユーザーがLINEから、怪しい情報に出会ったことを伝えると、オンラインデータベースと照合して調査結果を報告する。アンサーは一つではない。いくつかの見立てや異なる文献があるときには、ユーザーが評価して議論できる。曖昧な情報の真偽の判断を裁判官のような「判定人」で決めず、オープンに議論し、ユーザーにさまざまな参考資料や方法を提供し、それをユーザー自身が評価する。データベースやコードも自由に利用できるように開かれている。

可視化されたコミュニティで延々議論していくのは、結論が出にくいし回りくどい気もする。それでも彼らは「これは偽」「ソースはこれ」という単一回答を渋る。「コファクト」があることによって台湾市民は情報の真偽を疑うだけでなく、真偽賛否の「ロジック」をサイトで確認できる。つまり部分的には二つの対抗陣営のそれぞれの論理を可視化するという意味で、アメリカ型でもあるのだ。こうした方法について、偽情報をめぐる調査報道の第一人者でジャーナリストの劉致昕《りゅうちきん》は自著『真相製造』でこう述べる。

「Cofacts の全開放型の結合を通じて、様々な組織や官民の部門が、平等で透明性のある参加型の方法で協力し、社会で起こりうる論争や不正確な情報に対応できる。物事の真実をチェックする以外にも、もしかすると価値観や観点を互いに交流させられるかもしれず、少なくとも多元的な意見に親しめる。これは『ファクトチェック』の名の下に生まれた市民コミュニティで、台湾から芽生え国際社会へと広がった、ネット世代の新しい市民運動である」

しかし、市民運動としてのこの台湾の「プラットフォーム」が、日本での報道では台湾のファクトチェック「機関」と紹介されることがある。まるで公的な第三者「判定組織」のようだ。日本で読者や視聴者にわかりやすくするための善意の修正なのは自明だが、残念ながらこれでは台湾のファクトチェック文化の一番大切な本質が見過ごされてしまう。

シンクタンクの二〇二〇年選挙分析

無論、専門家による取り組みも盛んだ。二〇一九年に設立された「台湾民主実験室Doublethink Lab」は、中国から台湾への情報工作に絞った分析プロジェクトだ。創設者の台北大学副教授の沈伯洋《ちんはくよう》は二〇二四年に民進党立法委員に当選した人物だ。犯罪と法の社会学を専門とする法学者だが、北京の台湾統一に向けた情報戦を熟知している。

黒熊学院という「認知戦」を教える学校を主催し、北京からの工作をめぐる現実への危機感を与えることを目的にしている。台湾はすでに独立していると考える三〇代以下の「天然独」世代は「権威主義の恐ろしさを知らない」と考えられている。TikTokなど大陸文化の摂取にも寛容な若者が増えている。大陸で台湾のアイドルが人気一位になることを「台湾が認められた」と素直に喜ぶか、「台湾を取り込む情報操作」だと思うかは世代に左右されがちだという。昨今、大陸風の中国語の言い回しを使う若者の増加も台湾では社会現象化している。

沈伯洋によれば、最も海外からの情報操作に弱いのは「藍」「緑」の強固な党派心を持たない無党派的な人だという。普段は政治に関心がない人は「政治は情報操作を仕掛けてくるもの」という心構えがないからだ。黒熊学院には国民党支持の「藍」陣営の生徒もいる。民進党に偏った思想を伝える場ではない。

その沈が代表を務める「台湾民主実験室」では、二〇二〇年の台湾総統選挙について、中国とロシアの情報戦には大きな違いがあることを明らかにした。中国共産党の情報工作はその多くを外部に委託している分業体制のため一糸乱れぬ系統になっておらず「支離滅裂」だというのだ。二〇二〇年台湾総選挙と新型コロナウイルスの渦中に情報工作を仕掛けたが、中国からの直接攻撃もあれば、それを増幅させる海外の別のアクターもいて統一性がない。

この時期に流布されたナラティブは「民主主義は失敗だ」というものだった。「台湾の民主主義は国民に良好な統治、良好な国際関係、強い経済を与えることができず、民主主義は道徳的退廃につながるという見方を支持するものである」と同「実験室」の報告書は記す。

また、「中国の情報工作の目的は選挙に限定されない」と分析する。つまり、中国の狙いは、「自国の統治モデルと価値観を宣伝すること」で、「中国のモデルは西側の民主主義よりも優れている」と喧伝することにある。これは先に紹介した対米工作のトレンドとも付合する。「銃社会」「人種差別」批判で、アメリカの民主主義の破綻を訴えるのがプロパガンダの定番メニューだが、近年はこれに「アジア系ヘイト」「連邦議会襲撃」「トランプ」が加わっている。

ただ、金銭的な利害関係で動く多数のアクターが存在し、分散型のパターンでこれらの外部アクターが協力して情報が拡散されているという。

金銭目的、政権批判目的の難しさ

この金銭的な目的をめぐる問題は根が深い。前掲書でジャーナリストの劉致昕は「コンテンツファーム（粗悪なコンテンツを大量生産するサービス）」やソーシャルメディアで、経済的な利益動機に駆られたアクターが、言語や文化、イデオロギーの違いから、意図的あるいは不注意に中国関連の不正確な情報を台湾のインターネット上に流布している実態を次のように指摘している。

「サイバーセキュリティ企業Recorded Futureの二〇一〇年の調査によると、中国の地方政府は、明確な政治的志向を持つ台湾人インフルエンサーを育成するため、Facebookを通じて統一派、親中派の台湾人インフルエンサーを日常的に募集している。こうした投稿は中国政府に代わって地元の台湾人が投稿することが多く、月給は七三〇米ドルから一四六〇米ドルであると明記されている」

二〇二〇年に浙江省杭州市の台商協会が展開した「千人台湾青年アンカー育成」計画は、二年の期間のうちに五か月ほど受講する二四コマのオンライン課程で、一〇〇〇人の台湾の若者に提供されるものだった。短編動画、ライブストリーミング、ネットセレブの育成、オンライン通販などの手法を教える内容だ。

しかし、すべてのインフルエンサーが中国の言いなりになって動いているわけではない。「コンテンツファーム」の「事情通」は、劉致昕の取材に、国民党側だけでなく、民進党からも、ネット書き込みの案件依頼がある事実をこう証言している。

「彼らは何か選挙案件を請け負って、インターネットで情報を集めて、攻撃する記事を投稿してくださいと依頼される稼ぎ方をしています。ウェブサイトだけではあまりお金を稼ぐことができませんので」

この「事情通」の狙いは、中国に設置された「コンテンツファーム」のプラットフォームに設置された自分のサイトに誘導することだそうだが、中国政府の介入はなく金銭目的だという。中国政府は「コンテンツファーム」に関与しておらず、国民党支持系の者が「生活費を稼ぎたい」から勝手にやっていて、組織的なものではないという。

「藍陣営は『網軍』（ネット工作部隊）を持たないし、そういうものを結成して誰かを攻撃することもない。言い方は悪いですが、国民党は高齢化していて古臭い。それに国民党は過去から現在に至るまで軍事体制でヒエラルキーです。だから、上が許可しないと、下は何もできないのです」

他方、金銭目的とは別に、政権与党への批判の動力もある。例えば、ジャーナリストの安《やす》田峰俊《だみねとし》は、民進党に厳しい言論を展開する複数のユーチューバーの目的が「反台湾」ではなく政権批判にあり、中国からの金銭の授受も否定していることを伝えている。二大政党が対中関係で分断している社会では、民進党を批判する言説はともすれば中国の意向を受けたものと思われがちだが、その限りではないところに複雑なジレンマがある。民進党批判で知られる著名ユーチューバーには、二〇二四年選挙で柯文哲を支援した者もいた。

二〇二四年選挙への介入

二〇二四年台湾総統選挙での情報戦は、ポスト「フェイクニュース」時代の予兆を感じさせた。

第一に、フェイクニュースを流すのではなく、既存のメディアの報道に材料や方向性のアクセントを与える手法だ。「どう語るか」による主要な議題の支配である。個別の情報はあからさまな虚偽や事実誤認ではないので、旧来のファクトチェック対策は通用しない。台湾の言論の自由を存分に活用し、分断社会の亀裂を増す戦略で、二〇二二年中間選挙でアメリカに仕掛けられた分断増幅作戦と類似のものだ。

第二に、主流メディアの影響力が復権していることだ。「切り抜き」とショート動画の浸透でテレビ番組の一部がソーシャルメディアで流されるようになった。「断片のクリップを一日に一〇〇回以上拡散されると、個別にソーシャルメディアで党が発信しても埋もれてしまう」と民進党のサイバー宣伝担当は述べる。二〇二〇年選挙までのようにソーシャルメディアに対して直接情報を出していく方法ではとても太刀打ちできない。そこで政党側も味方の「藍」「緑」相互の「政論」番組の切り抜き拡散で応戦するしかない。主流メディアの存在感が奇しくも復活している。

第三に、二〇二四年一月時点で利用者数はInstagramを超えてはいないが、TikTokの若者での流行の急加速も注目に値する。TikTokではあからさまな偽情報が流されるわけではない。だが、アルゴリズムや広告・推薦の動画を操作できる以上、プラットフォームが政府から独立していない権威主義体制下ではサブリミナルな工作への活用も理論的には可能だ。TikTokでは中国の一般市民のコントのようなおふざけ動画が流れてくる。鬼でも悪魔でもない、同じ中国語を話す楽しそうな若者の姿は、仲間意識を高め、脅威意識を薄めていくだろう。

だが、表現の自由を大切にする台湾では、あからさまな規制など非民主的な態度もとれない一方、共和党中心にアメリカ政府が使用禁止に踏み込んでいるアプリをことさら推奨もできない、難しい立場に置かれた。

新規のアプリを含むソーシャルメディアが、間接的に中国政府が求める台湾世論作りに加担している可能性を示す調査がある。二〇二四年の選挙直前、「台湾人工智慧実験室」が発表した分析報告「二〇二四年台湾総統選挙における情報操作AI観察報告」である。それによれば、中国の国営メディアが台湾について報道するテーマが、台湾のソーシャルメディア（Facebook、YouTube、PTT、TikTok）での話題と相当程度の相関性があった。

左に示した「表」は中国国営メディアが二〇二三年一〇月から一二月までに報じた主な台湾関係のニュースの出稿本数の割合である。この表の項目のうち最も多く報じられたのは、台湾有事を意味する「軍事衝突」だが、そこに民進党批判を色づけした「民進党の勝利は軍事的危険につながる」という主張がFacebookで「トロール」群（荒らしグループ）によって繰り返されていた。また、「台湾における教育の脱中国化」についても、PTTとTikTokで「トロール」群により同様の主張が拡散された。

「台湾人工智慧実験室」によれば、YouTubeコメント欄にも「トロール」群が多数発見されている。従来、中国からの海外介入では民進党への攻撃に終始したが、興味深いのは三つ巴の二〇二四年総統選で攻撃対象が複雑に入り乱れたことだ。

例えば、選挙直前の二〇二三年一〇月から一二月までに、全体の一割を占める最も大きな「トロール」群のコメントは、その約半数（四八・一%）が、第三候補の元台北市長・柯文哲を何らかの形で攻撃するものだったが、他方で約一割（一一・五%）は民進党の頼清徳を積極的に応援するコメントだった。また、別の「トロール」群は、コメントの半数近く（四五・三%）がやはり柯陣営を誹謗《ひぼう》中傷するもので、少数ながら六・七%が国民党の侯友宜への応援コメント群だった。

さらに「トロール」群の中には、コメントの三二%が蔡英文、九・九%が民進党への応援

中国国営メディアによる主な台湾関係のニュースの出稿本数の割合（2023年）

物語	10月	11月	12月
軍事衝突の境界線に突き進む台湾	28.5%	25.6%	14.8%
台湾人の生死を軽視するアメリカ	6.7%	24.3%	15.8%
ECFAの終了は台湾経済を犠牲にする	10.9%	9.9%	18.1%
台湾経済、厳しい見通し	6.4%	15.4%	2.9%
台湾における教育の脱中国化		1.9%	11.9%
台湾で卵、電力、労働力が不足	1.3%		9.6%
台湾の劣悪な軍事兵器	3.2%	7.0%	
台湾の女子大生、頼清徳氏のスキャンダルに疑問を呈しネットで反発を受ける	2.2%		
大学閉鎖の波が台湾を襲う	1.6%		

注）ここでの中国国営メディアは、人民日報、海外網、新華社通信、環球時報、中国中央電視台（CCTV）など、編集方針が中国政府から直接影響を受けている報道機関

という民進党支持が顕著な群もあった。調査の時期に「トロール」群が好んで総統選挙のコメントをしたYouTube上の番組が、テレビの報道系番組で、なおかつ民進党すなわち「緑」寄りの「三立」（全体の三割）に偏重していたことも関係していると見られる。

デジタル時代の情報行動の特徴の一つは、記事にせよ動画にせよ、コンテンツ単体ではなく、そこに付属するコメントとともに消費され、コンテンツ自体の印象を侵略的に定義されてしまうことだ。だからこそコメント欄のトーンを早期に制圧することが鍵になる。記事や動画そのものによる反論ではなく、ソーシャルメディアでの拡散やコメントで解釈を歪めることの方が効果的な追撃、反撃になるからだ。

コメントは理論上は正体をいくらでも偽装でき

るアカウントから繰り出される。台湾の「政論番組」はテレビ画面からYouTubeに土俵を移したことで、主体や国籍不明で、AIすら混在している「トロール」群の見えないアルゴリズム、そしてインフルエンサーからの予測不可能な影響に無防備になっている。分極化社会には敵政党攻撃の格好の道具になるが、これらのすべてが海外勢力、とりわけ中国由来のものであるとは、同調査も断定していない。

疑米論と国民党の「平和」キャンペーン

前掲の表にあるように、中国国営メディアの台湾関連で頻出した記事は、台湾有事への危機に際してアメリカが台湾を見捨てるリスクを強調したものが目立つ。これらの報道と呼応した「民進党政権では戦争になる」ことに警鐘を鳴らす「ミーム」がLINEに多数流通した。アメリカ下院共和党の一部やトランプ元大統領がウクライナ支援継続に否定的な傾向に、イスラエル・ハマス戦争における戦禍の生々しい様子などが相まって台湾市民に恐怖感を与えた。二〇二三年春先から増殖したアメリカを疑う「疑米論」はその象徴だ。

アメリカの防衛が信用ならないなら、中台の良好な関係が「平和」の鍵になるとして、国民党は二〇二四年総統選挙で「平和」を掲げた。三分CM『台湾的未来』(台湾の未来)では、馬祖の「北海戦備坑道」で馬祖の女性が歌う海歌に戦争のイメージ映像を重ねていく。蔣経国の孫、蔣万安・台北市長を筆頭に国民党の主力政治家たちが勢揃いで次のように訴えた。

（国民党の政治家たち）「戦争を起こすのは往々にして国の指導者。人民ではありません。平和は軍事力依存で維持できず、相互理解によって実現が必要だと信じます。民主と自由は、お米のように平和の土壌においてこそ豊作が得られると信じています」

（侯友宜）「必ず国防を強化し戦争を抑止しなければならない。国家指導者は戦争に備えることができないといけないが、戦争を引き起こしてはいけない」

（連江県県長）「過去の戦争では馬祖が前線。未来の戦争は前も後ろもなく、全国が戦線になる」

（趙少康と侯友宜）「民への最大の約束は人民を戦争から遠ざけること。台湾の未来は二三〇〇万の共同の民意によって決める必要がある」

「アメリカ」への言及こそないが、有事不安と「疑米論」は共振している。結果として中国国営メディアの報道と同じ音色を奏でているが、有事で台湾に犠牲を出さないことを「平和」と定義する国民党の主張は明確だ。ただ、その「平和」の代償には踏み込まない。自由が犠牲になる「平和」は論外と一言付せば、中国と民進党の双方と差別化できたが、論点が一段増えて複雑になりすぎる。選挙ＣＭではシンプルなメッセージしか通用しない。

シャープパワーか、ソフトパワーか

ところで、外国の世論を操作する直接、間接の「シャープパワー」は、自国のファンを増やす「ソフトパワー」とも関連がある。「シャープパワー」の落とし穴は「ソフトパワー」の欠如にもあるからだ。「ソフトパワー」が高まれば悪質な工作の効果も相殺される。

ボーダーレスなオンライン動画時代の前線は主に二つ存在する。第一に「外国語学習」、第二に外国人による応援団である。これらは相互にリンクしている。

アメリカでは孔子学院（中国政府による中国語教育機関）の閉鎖が二〇一八年から相次いだ。中国を標的にしたトランプ政権の対中包囲網と喧伝されたが、実はオバマ政権の二〇一四年から孔子学院への反発は起きていた。当時の主な抵抗者は、共和党ではなく左派知識人だった。その拠点となったシカゴ大学では教授陣と学生あわせて一〇〇人以上の陳情で孔子学院を閉鎖に追い込んだ。

孔子学院では政治的話題に授業で触れることを禁じていたことが問題化した。アメリカでは「学問の自由」への介入は保守・リベラルどちらも厳しい。中国に寛容な左派知識人も敵に回した点は誤算だっただろう。だが、言語を媒介にした「ソフトパワー」戦略は方向性としては秀逸だった。第5章で見たように、言葉は文化の基本だからだ。

中国語学習者は世界的に拡大の一途だ。大学の第二外国語では簡体字と漢語拼音《ピンイン》（中国の北京語発音ローマ字表記法）に統一されている日本でも、繁体字による「台湾華語」が民間学習では浸透しつつある。流通する語学動画で、どの地域の出身者がどんな暮らしや文化の体験を交えて教えるかに、初学者のその言語圏の印象は左右されがちだ。在住者や留学生のチャンネルも、当該配信者の出身国への友好的な印象を強化する効果がある。

筆者は台湾全国紙『自由時報』で在台湾の日本人ユーチューバー（「三原JAPAN」）が、台湾の若い世代の対日感に影響を与えている現象を論じたことがあるが、二〇二〇年総統選を前にした蔡英文陣営のインフルエンサー戦略として総統府が同チャンネルとのコラボレーションを決めたのも、若年票を睨《にら》んだ背景があったのは言うまでもない。

中国語母語話者による語学チャンネルは日本にも多く存在し、むしろ政治性と無縁であるため中華文化への親しみが増す、文化交流の効果を伴っている。中国では視聴が公式には不可能なYouTubeだが、撮影した動画をYouTubeで発信することは可能である。

スタンフォード大学の政治学者、ジェニファー・パンが明らかにしたように、権威主義体制が海外製を排除して国産プラットフォームだけで運用できる技術力がある場合、内側には国産アプリだけを使用させて「グレート・ファイアー・ウォール」で情報統制を徹底させつつ、外に対しては国際的なプラットフォームで発信していく片面通行の恩恵を効率的に享受できる。

二〇二〇年五月に始動した中国語学習チャンネルに「チャイニーズ・ウィズ・ジェシー」がある。二〇二一年段階で三万人程度だった登録者が二年で一〇〇万人を突破している。見事なアメリカ英語で一見するとアメリカからの発信にも見えるものの、江西省出身の中国人女性が、広東語が母語の仲間と広東省深圳《しんせん》で製作している。中国政府のコロナ対策の成果などをグラフや写真で丁寧に解説する中国政府賛美の動画もあるが、中国語学習の娯楽動画の中に埋め込まれているので政治色を感じさせない。

在外台湾人への情報提供と、世界への台湾の宣伝という、二つの目的を同時に達成するのは至難だ。インフルエンサーの選挙利用と同じで、効果的なソフトパワー広報戦は広報の体裁をとらずに第三者が自由意志で行う発信である。近年、台湾に来た留学生が英語や母語で発信する動画が増えているのは好例だ。台湾のインフルエンサーが世界に出ていくのか、在外タイワニーズとのコラボレーションが生まれるのか。

多元性と開かれていること

第5章で見たアイデンティティと「ことば」の多元性は一つの契機になろう。例えば、「アジアン・ボス・ガール」は、在ニューヨークの三人組ユーチューバーだが、広東語（台山方言）、台湾語、北京語のトリオで、中国語の方言の違いを英語で解説している。メンバーのメルは、八世代も台湾にいたという生粋の台湾系で第一言語は台湾語。ジャネットの家族は北京周辺の北方出身だが台湾に移住した外省人で北京語で育ったという。ヘレンは広東省四邑地域の中の開平から渡ってきた広東系で、家庭使用言語は広東語の台山方言だった。

デジタル技術で台湾と海外が地続きになり、自由な在米華人社会の多様性が、世界に英語でこうして発信されることが、言語や文化を単色に塗りつぶすプロパガンダへの見えない抑止力になっている。

アメリカの中国語教育では一九九〇年代頃までは教師も台湾人で研修先も台湾が主流だったとされる。二〇〇〇年代から中国躍進の影響で簡体字も導入され始めたが、基本的に教科書は簡体字と繁体字を選択できる。海外の中国語教育で、繁体字や台湾式のボキャブラリーを称揚していく動きや台湾語教育の活性化などにつながれば、それは重要なソフトパワー戦略だ。台湾語を日本人や欧米人に教えてもいいし、ハワイ語を公用語にしているハワイ州は台湾原住民の言葉に関心を持つだろう。原住民テレビはマオリ以外の世界の先住民の言語紹介の番組を企画できるかもしれない。

台湾という小さな島の中に、こんなにもたくさんの言葉がある。それだけで多様性溢れる魅力が伝わってくるではないか。

テクノロジーの進展は民主主義へのリスクでもあるが「台湾」の拡張のチャンスにもなる。

オードリー・タン大臣は「私にとってのインターネットは、アメリカのカウンターカルチャーの影響を強く受けている」として、イノベーションを試しては失敗し、ときには長い間をかけて修正し、という実験が「アメリカのデモクラシーの精神」だと述べる。

海外からの工作や偽情報が飛び交うソーシャルメディア時代、開かれていることは弱さである。それでも徹底して透明性にこだわる哲学の源流はアメリカの「対抗文化」にあるというのは興味深い。「ソフトパワー」で「シャープパワー」を包み込むことがはたして可能なのか。台湾のデモクラシーの魅力と強靭《きょうじん》さの真価が問われる。

終章　デモクラシーの未来図

民主主義指数でアジア首位に

「民主主義指数」(Democracy Index) という格づけがある。専門家が「選挙過程と多元性」「政府機能」「政治参加」「政治文化」「市民の自由度」という五つの部門にまたがる六〇の指標で一六七の国と地域を採点するものだ。イギリスの「エコノミスト」誌の調査部門「エコノミスト・インテリジェンス・ユニット(EIU)」が主催している。

この二〇二二年度版で台湾は一〇位。日本や韓国を抑えてアジアの首位だった。

無論、この種の指数は絶対ではない。「報道の自由ランキング」は報道倫理に敏感なジャーナリズムが成熟した社会ほど自己評価が逆に辛口になるし、「幸福度ランキング」なども諸外国への知識量や自己肯定感をもたらす精神文化の風土に左右されるバイアスがある。異なる文脈にあるものを比較することは難儀だ。ＥＩＵの「民主主義指数」も審査過程の詳細は非公開だ。義務投票や予備選挙の有無など、制度的に異なる国や地域を一律に序列化している違和感は否めない。

しかしそれでもなお、台湾の民主主義への肯定的な見方は国際的なコンセンサスに近い。アメリカの「フリーダムハウス」、スウェーデンの「デモクラシーと選挙支援の国際機関」「デモクラシーの多様性」など、イギリス以外の主要な民主主義の格づけで、台湾の民主主義は軒並み高評価を獲得している。

国連非加盟で外交的に孤立している台湾が、アジアの民主主義の雄と評価される皮肉は興味深い。だからこそ本書では、その台湾で民主主義を問い直してきた。選挙が民主主義の成熟と連動する台湾デモクラシーの強靱さは何なのか、そしてもし死角があるならば何か。

与党として統治を担える複数の政党

強靱さの第一は、健全なオルタナティブによる二大政党の緊張関係だ。

デモクラシーの継続性のためには、権威主義や支配政党を打破すること自体以上に、その後が大切だ。野党の存在による多党制だけでは十分でない。内政から外交まで、政権をしっかり担える統治能力のある交換可能な「与党」が欠かせない。政権を壊しても、野党勢力による統治に市民が不満を抱けば、一党体制の方がましとか、政権交代は無駄、という現実論に揺り戻しが起きてしまう。

第1章、第2章などで見たように、台湾の場合、民進党の立ち上げメンバーが留学経験豊富な知識人の集まりで、政策力や国際性でも「万年野党」からは並外れた「統治能力」を完成させられた上に、壮絶な努力で政権を勝ち取った党外時代からの「政治胆力」の基礎体力も凄まじかった。

若林正丈が述べるように、「民主化」は「台湾化」とイコールではない。台湾の「民主化」は国民党へのリベンジに収斂しない成熟と戦略性を示した。二〇世紀後半に民主化を実現した数多くの「民主化の第三の波」の中で、台湾の国民党は民主化後も政権を維持した例外的な元権威主義の政党である。

第三代総統の蔣経国はもちろん民主化に協力したが、民主化を主体的に駆動したわけではない。ところが、彼が民主化の救世主だったという「誤解」が国民党を存命させたと呉乃徳は述べる。国民党の李登輝が後継者の総統になったことのその後への影響も小さくなかった。

結果、台湾の民主化は、独裁政権であった国民党を倒す「革命」に終始せず、国民党内部からの「改革」で戒厳令の解除や民主化が進み、民主化後も国民党が一政党として温存された。逆説的ではあるが、これにより民進党の結束理由が継続した。多数の派閥を内部に有した民進党内の対立も、予備選という「内戦」でガス抜きされ、民主化後に健全な二大政党が根づいた。

外交を担えるオルタナティブ

統治能力には外交の舵取りも必須だが、国際承認で孤立する台湾にはとりわけ大切だ。独裁体制を倒した瞬間に「独立」を謳《うた》っても、外交能力を喪失してしまっては台湾が生存できない。

政権交代後も国民党由来の青天白日満地紅旗が、そのまま国旗となっている（前述のように厳密には党旗と国旗は太陽の周辺に微妙な違いはある）。星条旗が共和党の旗、自民党の党旗が日の丸のようなものである。選挙戦になると違和感は鮮明だ。国民党陣営だけが「国旗」を振っているように見える。民進党は、選挙中は誤解を招くので一切、国旗を持ち出さない。蔡英文総統も選挙では民進党陣営の緑やピンクの旗を振る。

しかし、総統としては青天白日旗を背負って演説し、外遊にも中華航空で飛ぶ。今すぐ、「台湾の国旗」を緑にしようとはしない。これは民進党政権や台湾外交部も織り込み済みである。それは、「独立したら攻撃する」という中華人民共和国に口実を与えないためだ。中華民国は昔からある国名であり国旗だが、新規変更は「独立」と言われかねない。同じものを使い続けることで現状を維持する。

次に、国際社会での認知度だ。一九七一年まで国連常任理事国だった国の国旗という存在感だけではない。第6章で見たように、北米を筆頭に世界中のチャイナタウンにはあの旗が掲げられているからだ。中華人民共和国との差別化で、そのアセット（資産）を使い続けない手はない。

「中華民国（台湾）」と括弧《かっこ》書きで台湾をつけ加えることまで。旗はそのまま。これは超党派の外交コンセンサスである。ある大使級の台湾外交部の幹部はこう呟いた。

「とても曖昧だが、この曖昧さを許容することが生存の助けになるならそれでいい。将来的に、違う旗にするときがくれば、そうすればいい。日本の台湾応援団の皆さんには、どうか今しばらく我慢をしてほしいと申し上げたい。ビー・ペイシェント。そのときが来たら変わります」

「中華民国」を上手に使うことによる、台湾のしたたか外交である。

もちろん、「民主化」邁進の中に、反中と「独立」気運の連動を誘発するエネルギーが秘められているのも台湾の特徴である。だからこそ、民進党政治家ならば過剰な「独立」志向、国民党政治家ならば中国との距離感が、アメリカ向けには台湾の政治家の踏み絵になってきた。アメリカは事態のエスカレーションにブレーキをかけられる、抑制の「呼吸合わせ」ができる台湾の政権を常に望む。

だが、蔡英文総統が対米外交を首尾良く舵とりできた背景はそれだけではない。台湾アイデンティティを堅持する民進党の存在根拠を、アメリカ的な「リベラル」にチューニングさせたことだ。女性総統によるLGBTQや多言語、多民族の社会の称揚はアメリカ民主党好みである。ジェンダーや人種などに象徴されるアメリカ民主党の社会争点における左傾化とも、時代的にシンクロナイズした。

政治と有権者の思考を鍛えるメディア

第二にジャーナリズムの権力批判の成熟である。

序章で述べたように、民主的な選挙には前提条件がある。自由な投票における身の安全の確保、政権交代能力のあるオルタナティブがいる多党制、ジャーナリズムの自律性や成熟などだ。

身の安全の確保は、政府の有権者への介入を監視する第三者的なジャーナリズムがあってこそだし、目先の安全や利益ではなく、勇気を持って信念で投票するマインドは、多様な世論空間や自由な教育で醸成される。そのすべてに絡むのがメディアの成熟である。

台湾には市民の識字率の高さに加え、党外時代から発禁雑誌など知識層の活字ジャーナリズムの隆盛に見られる、知的インフラの土台があった。

その上で、興味深いことに一九九〇年代のテレビ全盛時代と民主化が時代的に重なった。アメリカ式のジャーナリズムに影響を受けた黎明期のジャーナリストが、政府監視の抑圧から解き放たれたとき、アメリカ式の放送ジャーナリズムを純度の高い形で導入する衝動が沸き起こった。第3章で見た『二一〇〇全民開講』などのコールイン番組は好例である。

1970年代末の政治雑誌創刊号。『美麗島』（下段中央）（出典：『緑色年代1975〜2000』）

民主主義のアメリカでは自由な言論空間がテレビ黎明期以前から存在したが、台湾では政府批判が困難な戒厳令下を経て、テレビ報道そのものが民主化、すなわち政府批判や言論の自由の醸成の駆動力となった。

期せずして民進党への政権交代に

より、二〇〇〇年代は政党対立が政権批判と相乗りした。民進党政権を追い落とすエネルギーが国民党系のジャーナリズムの牙も研いだのである。台湾では党派的「分断」は民主化の営みの足跡でもある。

急拵《ごしら》えの報道であっても、メディアの言論の自由は急速に進んだ。無論、商業化や政治権力のメディア利用の行き過ぎなど副作用も生じた。第4章で指摘したように、政治討論番組は中立なものではなくバイアスの塊であり、出演者は政党から送り込まれた「マーケティング」の一部である。

しかし、アメリカの二〇〇〇年代以降のメディア環境をも上回る、こうした分断された党派的なメディア空間に台湾の市民はさらされて久しい。すべてが政争のメディアの荒波と混乱の中で、視聴者のリテラシーも鍛えられる。

分極化やそれを煽るメディアの分断はアメリカや台湾だけの話ではないが、これが社会の崩壊につながらないためには、政治への希望を放棄しない大きな原動力が要る。

メディアのバイアスが加速すると通常シニシズムに陥るのだが、興味深いことに台湾の場合は必ずしもそうなっていない。それはそう遠くない過去に、政治を実際に市民が変革した集合的な経験があることと無関係ではないだろう。オードリー・タン大臣は戒厳令の記憶がある最後の世代だが、民主化の成功をめぐる集合的記憶が台湾市民の政府への強い信頼を醸成したという見方に賛同を示す。

社会運動で政府を作り上げた経験があれば、「自分たちがプレイヤーで、政府をコントロールする主《あるじ》だ」という意識を持ちやすい。だからこそ災害やパンデミックの危機では、一時的に権限を集中させても、全体主義に戻らない。政治や政府の手綱を握る主人公が市民の側で、その合意で市民生活を制約することと、権威主義体制が一元的な政策を強行することは、同じ非常事態での対応でも、政策の前提にある政府との信頼関係がまるで異なる。

タン大臣は、戒厳令終了が「民主化の集合的記憶」をもたらし、それにより多くの人々が草の根活動に駆り立てられているとした上で、「私にとっての民主化は、復興。すなわち、戒厳令と独裁の後により良い復興（Build Back Better）を行うのと同じなのです」と筆者に述べている。

活発な政治参加による社会変革

第三に、その持続性ある政治参加を、単なる投票率以上のものに花開かせていく力だ。

アメリカの政治学者のジャネル・ウォンらは、政治参加を次の五つに分類している。①選挙（選挙運動への参加および投票）、②寄付（個人献金）、③公職者へのコンタクト、④コミュニティ活動、⑤抗議活動、である。

私たちはともすれば政治との接点として、①の選挙、それも投開票だけに関心を向けがちだ。しかし、本来はその限りではない。アメリカでは選挙で配布された公約が書かれたビラをとっておく習慣がある。議会活動を監視して矛盾を突くためだ。応援していた候補が落選すれば、なおのこと次のエネルギーは公職者の監視に向く。公職者へのコンタクトは陳情や落選活動と一体化した議員監視の代名詞である。

選挙には勝敗を決める以外にプロセスとしての意義があるが、アメリカの選挙アウトリーチでは、マイノリティ集団が組織票と引き換えに政治家や政党にマイノリティの権利保障を約束させてきた歴史がある。政治家は選挙期間中、票を無心する脆弱な立場になる。その期間だけ市民との立場が逆転する。そのチャンスにつけ込んで、有権者集団は、政治的な権利拡大を行ってきたのだ。キリスト教右派は人工妊娠中絶を非合法化するために共和党を支持してきた。民主党のジョンソン大統領は公民権運動支持と引き換えに黒人票を確かなものにした。

台湾でも政党間競争は、台湾の「族群」と呼ばれる、原住民、漢族、客家などのルーツへの配慮を競うようになった。そこでは「在外台湾人」まで一つのエスニシティとして扱われ、原住民と同じようにかつては独立した議席区分で扱われていた。

その結果として、多言語、多民族社会特有の言語復興や文化継承などが、エスニック・メディアの勃興や言語政策などで活性化したのは第5章で台湾語、原住民言語、客家語などを例に見た通りだ。台湾の政治的な能動性は、台湾が文化的、言語的に凄まじく多元的な社会であることと無関係ではない。

台北選出立法委員（民進党）の呉思瑶《ごしよう》は、二〇二四年選挙で事務所に集まった支援者に一風変わった勝利演説を行った。

「政党が出してくる要求や総統・副総統を厳しく批判することが民主の価値です。どの市民も選挙のときには大きな声で発言できます。政治家は選挙で勝利しなければならない圧力があるので、皆さんの声に耳を傾けようとするからです。台湾の民主主義を通して大きな声で発言できる自由や権利を大切にしてください」

選挙とは為政者を選ぶ機会ではなく、為政者に要求を伝える機会だということの発想は、アメリカの選挙アウトリーチと一脈通じる。

第2章で見たように、台湾はアメリカ式予備選や党大会などを独自の形で消化して発展させ、政党運営に当事者意識を持たせる政治を生成してきた。台湾の民進党は、国民党と異なり地元組織を持てなかった。民主化実現以降、選挙において倍速で追いつき追い越すためのコストパフォーマンスを最大化するため、民進党は広告や新技術を駆使した選挙キャンペーンを発展させた。

それらの選挙運動の回路の開発努力も、結果として民意を吸い上げる行為と表裏一体だ。だから、台湾では台湾語で選挙演説を行い、原住民テレビも客家テレビも独自の選挙特番を放送する。

台湾の政治対立軸が政策をめぐる対立ではなくアイデンティティであることは、根強い分断を生んでいる一方で、アイデンティティに訴求する「深い」キャンペーンが政治に求められ、有権者が政治から離れないようにする接着剤にもなっている。

そして、台湾では「抗議活動」が、集合的記憶として積み重ねられていることも特筆に値する。

一九九〇年の「野百合《のゆり》学生運動」では、(万年国会と言われた)国民大会の解散などを求め、台北の中正紀念堂の前で数千人の学生が座り込みをした。二〇一四年の「ひまわり学生運動」では中台間のサービス貿易協定を阻止するため、立法院を学生が占拠した。重要なのはいずれも成果をあげていることだ。

アメリカの公民権運動と同じく、抗議活動は成功体験であれば政治参加の力への自信になるが、他方で失敗に終わればシニシズムしか生まれない。台湾では幸運にも前者に駆動した。抗議活動が皆無の民主主義社会はない。問題はデモの有無自体ではなく、成功体験として集団記憶化されるかであろう。

移民社会と海外ネットワーク、台湾ロビーの真髄

そして、第四に海外ネットワークと移民社会の存在である。中国の天安門事件に見られる民主化運動の失敗と台湾の民主化の成功の対比で指摘されることの一つに、「在外民主化支援ネットワーク」の有無がある。

清朝末期からもともとアメリカにいた広東移民の中華系は中華人民共和国とは親類の縁が途切れ、大陸移民も制限された。北米に中国の民主化を支援する外側のネットワークも築けなければ、ロビイングもなかった。天安門事件は純粋に中国国内の活動として孤立無縁で展開された。

それに対して、第6章で見たように、台湾は国民党移民であっても黎明期組は反共精神が強く、のちに民進党寄りの移民も増えた。決定的だったのは二重国籍をアメリカと台湾が認めていたことだ。台湾からの移民が台湾の国内政治に当事者として関心を維持し続けた。正式な外交関係もない台湾がアメリカ政治に食い込み続け、民主化の後押しにもなった一因だ。

四半世紀前の一九九〇年代末、筆者はそのダイナミズムをワシントンの米議会の片隅でスタッフとして目の当たりにした。

民主党の下院議員のワシントン事務所での担当は、外交政策と広報戦略だった。当時扱っ

ていたアジア案件の一つは、クリントン政権が国務省主導で立案していた「法の支配計画」だった。中国の法律家のアメリカ留学を促進して民主化を間接的に促す関与政策である。筆者は在籍していた民主党下院議員事務所側で、国務省の提案を受けて報告を取りまとめた。

その一方、筆者は上司の補佐官とともに台湾の窓口も兼ね、中華系のエスニック・メディアの要求も捌《さば》いた。クリントン政権下、台湾は現職総統だった李登輝の母校であるコーネル大学訪問を一九九五年に実現させ、民主党最左派の新人議員にまで先行投資が及び始めていた。

台湾ロビーは、中華民国の黎明期から根づく各州の国民党支部と大都市の移民コミュニティを両輪に、連邦議員に接近する手法に長けていた。ワシントンの外交ルートで門を叩いても「外交関係がない」と門前払いになる。しかし、地方ではあらゆる外国からの来訪者は明日のアメリカ市民予備軍である。「移民は票」である。

そのことを知り尽くしていた台湾外交は、共和党には蔣介石時代からの「反共」同盟でアクセスしつつ、議員の地元選挙区の現場では「移民予備軍の元締め」「地域の貢献者」としての顔を駆使して民主党にも食い込んだ。台湾の外交官とも関係を築いておけば、コミュニティの長老格の人物を紹介してくれるので選挙にも有利だった。

だから筆者の事務所でも、公式の「イシュー・ポジション（政策綱領）」としては「ワンチャイナ・ポリシー支持」を掲げていたものの、「チャイナ」が具体的に中華人民共和国を指すのか中華民国を指すのかには一切触れず、それ以上は対中姿勢について対外公表もしないという曖昧な立場だった。旧正月（農暦新年）の挨拶は、シカゴの台湾系へという体裁で議員から出していた。

当時、最も我が事務所に食い込んでいた台湾外交官がいた。彼はのちに台北の外交部でアメリカ担当のトップに上り詰める。台湾は一九九〇年代当時から、熱心に若手の議会補佐官を台北に招いていた。誘いに応じて訪問団に加わり、現地で政府高官と会談した人物はほかならぬ筆者の上司の一人、ジョン・サミュエルズだった。のちに大統領の議会担当首席補佐官として、オバマ政権の六年間、ホワイトハウスで法案審議の全権を握った。台湾の民主化の熱気は二〇代の若い民主党スタッフに本場の台湾料理とともに強く刻まれた。

そのサミュエルズの助言に必ず耳を傾けるコンビ的な盟友で、筆者のもう一人の上司ナディーム・エルサミは、のちにナンシー・ペローシ下院議長の首席補佐官となる。

台湾外交官が「大使館員」でないことは、ワシントンでは肩身が狭くても、地方では移民社会の関係者として「民間交流」の潤滑油に化けた。まさにアメリカ政治の中の「台湾政治」を筆者は米議会とシカゴ、ニューヨークの選挙区の現場で体感した。

選挙文化の固有性

アメリカの旧知の政治コンサルタントから筆者のもとに、アジアの選挙マーケット進出の希望の声が舞い込むようになって久しい。しかし、「選挙のアメリカ化」はそう容易ではないと彼らを窘《たしな》めることが少なくない。情報や技術だけ商材のように販売して、直前期に広報戦略をワシントンから電話で助言する安直なビジネスも多く、アメリカの選挙関係者の傲慢さが滲む。

台湾はアメリカの選挙を大いに参考にしつつも、アメリカのコンサルタントに依存しない独自路線にこだわった。そもそも現地言語を理解せずに、演説から広告まで言語ニュアンスと不可分の広報戦を助言するのは、本質的には困難である。

例えば、アメリカのようなボランティアが行う戸別訪問は、日本や台湾にはない。日本は法律で禁じられているからだが、台湾では文化が絡む。廟など地域の祭祀《さいし》や集会では密度の濃い関係を育むが、赤の他人が突然家に来訪することを好まない。集会でも街宣でも、候補者本人との接触だけにしか価値を置かず、有権者による代理説得は必ずしも効果的ではない。

投票方式の違いも一つの文化である。

日本は識字率の高さを前提とした手書きの投票制度である。アメリカはパンチ、レバー、電子タッチパネル、党員集会の点呼など州や方式で違うが、英語ができない新移民も少なくなく、文字を書かせない。

台湾は予《あらかじ》め候補者の番号が記された用紙の空欄に、専用スタンプを押す。識字率の問題ではない。筆跡だと有権者の身元が割れてしまうからだ。戒厳令解除後、民主化の過程では、萎縮せずに投票する工夫が必要だった。自由な投票の象徴が、誰が押しても同じスタンプなのだ。自分の名前の印鑑を押したり、指紋押捺《おうなつ》をしたりすると無効票になる。

また、期日前投票や不在者投票ができないので、当日台湾にいないといけない。住民票と戸籍が一体化した本籍地投票なので、本籍を世帯ごと大学や職場付近の居住地に移さない限り、投票のために本籍のある「実家」に帰らないといけない。投票を電子化しないのはハッキング防止だ。海外投票や不在者投票ができないのは、中国大陸在住の台湾人が多いからである。彼らの票は郵送で送られてくるにせよ、届かない、すり替え、などの操作に遭う可能性がある。

他方で、本籍地投票には思わぬ副産物もある。

一点は投票への意欲である。ふるさと納税の心理と同じだ。居住実態か、共同体へのある種の忠誠心やコミットメントか。居住を放棄した「故郷」への政治参加を是認する発想は、台湾が認める多重国籍にも透ける。世界に散る台湾人は、今住んでいるコミュニティが認めていれば「故郷」台湾でも投票可能だ。政治への当事者意識は延々と「遠隔で」維持されている。

二点は、土着の古い地方政治が、都市部の息吹に触れた若者の投票の還流で中和される効果だ。つまり一定の「都市マインドの票」が、若者を送り出したどの地方にも流れ込む。本籍投票を廃止したら、都会と地方の世代間格差の分断は広がるだろう。

非効率なのに維持されている制度の中にこそ、独特の歴史的な経緯や効果がある。

二〇二四年選挙の「乱」

さて、これまで台湾デモクラシーの強靭さを見てきたが、死角はないのだろうか。本書では台湾は分断社会であり、「藍」と「緑」が台湾の見えにくいアイデンティティの鍵であることを繰り返してきた。しかし、この「分断」解消の方向はないのだろうか。

二〇二四年の総統選挙はその試金石になった。台湾史上、初めて本格的な三つ巴の選挙になったからだ。民進党は蔡英文政権の副総統の頼清徳が候補になった。蔡英文のようなカリスマ的な人気はない真面目一徹の元内科医だが、選挙終盤で駐米代表としてアメリカの絶大な信頼を勝ち得ていた（第1章参照）蕭美琴を副総統候補にして勝ち抜いた。

国民党は予備選挙の開催の有無で荒れた。新北市長としてコロナ対策などで活躍した侯友宜に実業家の郭台銘が挑戦する構えで、郭台銘による「乗っ取り」を阻止することに躍起だ

支持者に囲まれる柯文哲・元台北市長（中央通訊社）

った国民党は、予備選挙のための世論調査なしに侯友宜を候補に決めてしまった。台湾デモクラシーの死角の一つは、この政党幹部の都合次第でコロコロと方法を変える融通無碍《ゆうずうむげ》な予備選挙制度だ。

そうした国民党の「藍」陣営の内部混乱の間隙をぬって、台風の目として選挙戦を振り回したのが、カリスマ的な人気があった元台北市長の柯文哲だった。国民党の侯友宜と、総統・副総統の候補を分け合って統一陣営を組む連合調整が進んだが、直前で決裂した。

もともと柯文哲は「緑」寄りとされていたが、のちに「藍」に寄ったカメレオンのような人物で、キャンペーンのスローガンも「藍と緑を棄てよう」。脱二大政党で色のない「白」陣営を標榜《ひょうぼう》した。自由と民主を大切にアメリカと関係を支持しつつ、中国ともパイプを作って戦争にならないようにするという合理的な中庸《ちゅうよう》路線を訴えた。

機転の利いたはぐらかしや当意即妙のやり取りが得意で大衆的な人気があるが、哲学的な芯がなく、政策は場当たりだと批判されていた。その柯文哲が総統選挙で、三六九万票、二六%を獲得してしまった。民進党の頼清徳は五五八万票で四〇%と勝利したものの、二〇二〇年の蔡英文よりも大きく得票数を落とした。国民党の侯友宜は四六七万票、三三%で惨敗した。

柯文哲は二〇代の若年層や子育て中の三〇代の圧倒的な支持を得た。二〇二〇年に続いて二〇二四年選挙でも、筆者は数週間前から各陣営のキャンペーンを満遍なく回ったが、動員や伝統的な運営に支えられた両政党の集会と一線を画していた。

スマートフォンのライトを空に掲げて手を振っていた柯文哲の支持者は頭上に緑の「ハート型」のカチューシャを身につけた。草の根の「草」を模したコスプレである。民進党、国民党関係者は、衝動的なポピュリズムは根のある「草の根」ではないと辛口だが、柯文哲陣営や支持者たちは選挙運動を「草の根」と定義した。

相手は政治エスタブリッシュメントで自分たちは草の根の市民。善悪対立軸の作り方は、トランプやサンダースの運動と同じように、有権者の情熱を掻き立てるのに十分だった。第三軸だから応援するのであって、国民党に飲み込まれていれば票は同じ規模では集まっていない。

二項対立に飽き飽きしたという若者は、「中国」か「台湾」か、というアイデンティティ対立に関心がなくなったのか。それとも台湾アイデンティティが優位になり、その安心感から別のものを試したい衝動に駆られているのか。

台湾国立政治大学選挙研究センターは一九九二年から、自分は「台湾人」か「中国人」か「両方」かを問う意識調査を行っている。一九九四年をピークに「中国人」という回答は減り続け、代わって、「台湾人」との回答は右肩あがりとなり、二〇〇九年以降過半数を超えている。

ただ、「中国人」が意味するものが変わっていることも織り込んでおく必要があるだろう。台湾において、一九九〇年代までは「中国」の連想が「中華民国」でも、現在は「中華人民共和国」をイメージする世代が増えてきた。そのため「中国人ではない」ことからの消去法で「台湾人」を選んでいるのだとすれば、これは必ずしも「独立」への強い希求を意味しない。

同センターが併せて行っている「現状維持志向」「独立志向」「統一志向」を問う調査では、「現状維持志向」が二〇〇〇年代以降、一貫して過半数で、二〇二〇年以降はその中でも「永続的に現状維持」を求める声が増加している。

台湾版「ペロー現象」か、第三極「白」の行方

この第三軸の運動で「藍・緑」が解消されるのだろうか。二大政党が固定化すれば、閉塞感に風穴を開けたいという欲求も強まる。一八歳にとっての一〇代の記憶では政権政党の民進党は「権力」であり、民進党の否定は健全な政権交代の欲求だ。しかし、政党がアイデンティティを体現する台湾では、中国アイデンティティが薄い世代は国民党を支持しにくい。台湾のようなアイデンティティをめぐる分断社会で生まれる第三政党運動は、アメリカのような「もっと左」「もっと右」という政策を軸にした「アウトサイダー」の運動とは違うものになると筆者が予見する所以である。

台湾デモクラシーのもう一つの死角は、（第4章で）呉怡農が述べているように政策をめぐる政党間の論争が難しいことだ。

二〇二四年選挙で国民党はアメリカのサンダース議員を参考に大学無償化を訴え、民進党と「再配分」を競うなど、経済政策では毎回どちらの政党も大盤振る舞いの経済ポピュリズムを乱発するばかりで、違いを明確にした政策議論が難しい。

共和党を乗っ取ったトランプにせよ、バイデン政権を本選協力と引き換えに左傾化させたサンダースにせよ、アメリカ型の第三軸なら既存政党をハイジャックし、その性格をより

右・左に変質させることで目的を達せられる。しかし、アイデンティティを軸にした分断自体への不満が根っこにあるとそうはいかない。

世代が変わって台湾生まればかりになれば、旧来の藍・緑に二分化したアイデンティティ政治は、ある程度まで陳腐化する可能性があった。しかし、そうなる気配は短期的にはない。皮肉なことに中国の脅威が、中国人か、台湾人かの論争を都度、焚きつけるからだ。

中国脅威が極限値に達していると、第三軸は台頭しにくい。二〇二四年は、アメリカが中東とウクライナの二正面に手を焼いて米中対立が一時休戦状態となり、二〇二〇年の香港危機ほどに中国脅威が選挙テーマにならなかったことも、柯文哲の善戦に寄与した。

過去に台湾でも既存政党以外の少数政党は生まれたが、いずれも完全な中立的第三軸ではなく、藍か緑の内部で分立したもので、「汎藍陣営」「汎緑陣営」の大きな傘の中にあった。柯文哲は、そのどちらでもない純粋な第三軸だが、二極状態の存続を前提とした「分極化の最大の受益者」とも言える。

その意味で、柯文哲は一九九二年のアメリカ大統領選挙で第三候補として扇風を巻き起こした実業家のロス・ペローや、トランプに部分的に似ている。ペローは本選挙で約一九%を獲得し、ビル・クリントンはわずか四三%の得票で大統領になった。共和党のブッシュ父は三八%だった。

二〇一六年と二〇二〇年のサンダースや二〇〇〇年のラルフ・ネーダー、右派のパット・ブキャナンは民主党と共和党の内部を食い荒らしただけだが、ペローは保護貿易では民主党から、文化的な保守路線では共和党から票を奪った。トランプも民主党の労働者票を奪い取る意味で、第三候補的な性格を持つ候補だった。

挑戦者である「草の根」候補は、往々にして支配政党打破以降のことを語らない。しかし、真価は統治能力で決まる。先にも述べたように、民進党による政権交代で民主化が定着できたのは、単なる国民党支配打破の革命で終わらず、民進党が統治に向き合ったからだ。キャンペーンの強さと統治能力は別だが、本質的に大切なのは後者だ。

柯文哲の民衆党は、総統選挙の得票率に比例して立法委員選挙で議席がもらえる台湾の制度を上手に利用して、二〇二四年の立法院で八議席を確保したことで、議席が拮抗した国民党と民進党に対してキャスティングボートの役割を握ることに成功した。アメリカで第三軸の大統領運動が連邦議会に波及したことはない。ペローは政党を育てられなかった。この点は台湾の第三軸に独自の可能性がある。

第三軸の登場は台湾政治を複雑化し、短期的には中国からの介入への抑止になっている。しかし、長期的には台湾政治に外部から効率的に刺激を与える統一工作の突破口とされるリスクも皆無ではない。アメリカの第三政党と異なる深刻な含意である。第三軸運動が政策起点の新しい党選択を根づかせるのか、台湾デモクラシーへの効果は未知数だ。

台湾人の政治気質

また、「強靭さ」にも「死角」にもなり得るものに、国民性的な政治気質があるが、台湾人の民主主義をめぐる気質について、東京外国語大学の小笠原名誉教授は面白い特徴づけをしている。

「俺様」「お上」「あっさり」だというのだ。

一つ目の「俺様」とは強い主権者意識のこと。民主化を自力で成しとげた成功体験だ。前述の表現を繰り返せば、「自分たちがプレイヤーだ」という態度である。アメリカの主権者意識や納税者意識と近い部分もある。

二つ目の「お上」は政府の責任を重く見る考えで、ある意味では個人の自己責任を排し、政府に責任を負わせる依存的な考え方にもつながる。これは「小さな政府」の伝統が根強いアメリカには薄い気質だ。民主党ですら最近まで公的医療保険の導入に同意が得られず、過大な「政府」の役割は害悪扱いのアメリカでは、政争での糾弾はあくまで敵対政党に向けられる。

そして三つ目の「あっさり」は民意の変わり身の速さのことで、失政認定されると引き摺《ず》り下ろされる。

総じてこの台湾式民主主義は小笠原が言うように「ダイナミックだがムードに流されやすい」。これらは強さと弱さがないまぜになったものだ。有権者は過度な期待を抱きがちで、成果があがらないとすぐに落胆する「堪《こら》え性のなさ」が特徴だと言われる。情熱的な熱狂と落胆による不信感。これが短いサイクルで繰り返される。民意中心の価値はあるが、有権者の今日の気分がすべてという「ポピュリズム」でもある。そう考えると柯文哲ブームも腑《ふ》に落ちる。

さらに、自然災害が多く「安心、安全」にナーバスな社会であることと、メディアの党派対立、デジタル技術の取り入れに先進的で規制も緩いことが、第7章で見たようなフェイクニュースの氾濫とそれに対する歯止めのきかなさという新たな課題を生み出している。

コロナ禍「三つの台湾」に滞在して

それをひしひしと筆者が体験したのはコロナ禍だった。

台湾のコロナ対策は初期の完全防備の見事な対策が有名だが、それ以後の変遷にこそ台湾を知る鍵がある。一致結束の綻《ほころ》びが生じ始めたのは二〇二一年五月。鉄壁の守りでマスクなしの無菌状態を維持していた台湾に、感染者が発生したときだった。ワクチンが手に入らないという危機感を国民党が格好の攻撃材料とした。当初、民進党は迅速な危機対応と情報公開で「安心」を演出することに成功していた。「ワクチン接種さえ始まれば安全です」とテレビに政府広報のテロップを流していた。しかし、感染が拡大するにつれて、対策本部トップの陳時中《ちんじちゅう》が、みるみるうちに「戦犯」扱いにされていった。

ゴーグル姿でテレビ出演する人も。「ワクチンが国民の免疫力を高める」（政府広報テロップ：画面上）。政論番組『57爆新聞』（東森テレビ）2021年５月テレビ画面より（筆者撮影）

筆者は奇しくもこの時期にかけて外国人としては例外的に台湾に滞在していた。大学で海外出張が解禁になった二〇二一年早々、短期滞在で台湾入りした。ところが、程なくして感染者が発生し、「第三級」の警戒体制に引き上げられてしまった。外国人は空港入りを控えるよう自宅謹慎が命じられ、ビザが自動延長された。

突如として、台北に幽閉される日々が始まった。感染が落ち着いて「第二級」警戒に規制が下がれば、対面調査が復活できると信じて、オンラインで遠隔業務を続けた。期せずして「無菌状態」「感染パニック」「ウィズコロナ」の三つのステージの台湾を現地で経験して思うが、まるで三つのパラレル世界のようだった。

二〇二一年五月、台北市内万華区の飲食店から感染が出たパニック序盤の結束は強かった。何とか乗り切れると人々が考えていたからだ。店内飲食（「内用」）禁止。QRコードで電話番号を登録しないとコンビニや店舗にも入店できない。スーパーは国民身分証統一番号の末尾の奇数、偶数で入店を曜日分けした。街はゴーストタウンのようになった。テレビの娯楽番組は再放送でお茶を濁した。ニュースでは出演者が本番中もマスクが原則となり、水中眼鏡のようなゴーグル姿のコメンテーターも現れた。

散発的な不満が出始めたのは翌六月以降だ。ロックダウンで息が詰まった人が近郊の陽明山にドライブに押しかけては大渋滞を巻き起こした。商店街が経済を回さないと苦しいと喘《あえ》いでいた矢先、これに便乗した当時の台北市長の柯文哲は、思いつきで台北市内の一部の夜市（牡蠣《かき》オムレツが名物の「寧夏夜市」）を部分再開させた。当時はまだ危険度が高いとされていて、ゴーグルに防護服姿で筆者が現地視察に行くことを「危ない」と咎《とが》める人もいた。

感染者に歯止めがかからない中、台湾も諸外国と同じように感染に慣れていった。こうなるとなし崩しである。いまや台湾社会はあの二〇二一年春・夏の「第三級」警戒期の騒動は忘れてケロッとしている。危機があれば対策で結束するが、通用しないと思えば、諦めて他の手段を受け入れる台湾の「柔軟性」の証左でもある。

初動一年に無菌体制を敷いたのには台湾なりの理由があった。国際的に孤立していてワクチンが手に入りにくい。中国からの脅威にさらされている脆弱な立場を考えれば、正しい選択だった。ワクチンが世界に出回るまで感染爆発を食い止めておけたからだ。初動の「時間稼ぎ」と台湾モデルへの自信という「安心感」がないまま、大型感染に巻き込まれていればパニックはあんなものでは済まなかった。台湾の民主主義の屋台骨が崩れるほどの感情的な政府攻撃が吹き荒れただろう。

蔡英文政権の政策の評価には波があったが、作れるときに手早く「成功」事例を作り「安心」を与えることを心がけた政策だった。成功例を優先することで、その後の「失敗」を中和させるしか、台湾での政治的な危機管理の王道はないからだ。

その意味で、台湾のコロナ対策は実際のところローカルの台湾の政治情勢にしっくりきた手法であり、「感染症対策の政治」はその社会特有の王道があるとも言える。

気分で政府を批判する叩き合いをエスカレートさせれば、小笠原名誉教授が言うように権威主義体制を喜ばせる事態になる。同じ言葉を話し、同じ文化ルーツを共有する「中華圏」に、ここまで成熟した民主主義社会があることは中国には脅威でもある。漢民族に民主主義は向かないという言説を台湾が身をもって否定している。香港が自由を失った今、中華圏のデモクラシーの最後の灯火《ともしび》として台湾の放つ存在感は小さくない。

ソフトパワーとしての選挙

選挙にはマイノリティの権利拡大など勝敗を決めること以外の副次的な効果があることはすでに述べたが、台湾においては対外的な「ソフトパワー」としての意味合いも持っている。お祭りのような屋外集会にしても、立ち乗り街宣カーにしても、本来は外に見せるために始めたものではない。しかし、それが結果として民主的な選挙実践のアピールになる。黎明期は、健全な民主化の定着に懸念も抱いていたアメリカ政府へのジェスチャー効果もあったが、今では選挙で政権交代をしていない中国との差別化を国際的に示す格好の機会となっている。

台湾の選挙はもはや世界的な民主主義のカーニバルの様相であり、四年に一回、総統選挙（および同日の立法委員選挙）には、世界中のメディアが詰めかける。勝敗を受けて、候補者陣営は必ず国際記者会見を開いて英語の質疑に応じる。台湾の選挙は国際的なイベントなのだ。選挙運動、開票、結果の受け入れまでを国際的に透明化することで選挙独裁との差別化にもなる。

台湾人有権者はこの一連のプロセスに慣れており、どうぞ私たちの選挙を包み隠さず撮影して世界に伝えてほしいという態度をとる。世界中の来訪者に取材されることにやはり慣れている、アメリカの予備選挙緒戦のアイオワやニューハンプシャー州民にどこか似ている。

この台湾選挙のソフトパワー効果を別次元に底上げしたのは、ネットとりわけYouTubeなど動画共有サイトやソーシャルメディアの発達だった。第7章で見たように、オンライン技術の浸透は偽情報や海外介入で、台湾の民主主義に危機をもたらしている。しかし、世界にソフトパワーを売り込むツールにもなった。

台湾に行かなければ、報道を通してしか知ることができなかった様子が、今や動画配信で世界中で見られる。いつしか、台湾の選挙CMには、有権者だけでなく、世界にネットを通して伝えることを意図したかのような動画が混在するようになった。

民進党の副秘書長直属のチームには政党ビデオやYouTubeを製作する部隊がいる。民進党はストーリー性のある「泣かせる」CM作りを得意としている。

二〇二〇年選挙では香港デモと民主主義の危機がテーマだった。CM『大声説話』（大きな声で発言する）では、台湾の平和な若者の日常シーンに「就在幾百公里外　數不清的青年毎天被逮捕　被関押　被凌虐　被失蹤」（わずか数百キロのところでは無数の若者が毎日、逮捕され、勾留され、いためつけられ、失踪させられている）とナレーションを被せた。蔡英文総統が「自分の任期中は圧力には屈しない」と英語で世界に向けて語る。若者票向けCMの体裁をとりつつも、台湾が追い込まれる窮境と中国と向き合う政権の姿勢をめぐる対外的アピールを兼ねていたのである。

選挙広告を超えたメッセージ

民進党が総統選挙のたびに好んで製作するテーマに「世界と台湾」がある。

二〇二〇年の蔡英文陣営のCM『従世界愛上台湾』（世界から台湾を好きになる）は秀逸だった。海外暮らしの若い世代の台湾人が故郷の魅力を再発見する、というこの作品には日本も登場する。大阪は阪急京都線の正雀《しょうじゃく》駅付近にあった実在の串カツの名店「正雀 串安」でロケを行い、地元台湾人女性と串カツ屋の店主が東日本大震災の支援への感謝をめぐって心温まる交流を行う様子が撮影された。

ドイツ在住の芸術家の青年は、アウシュビッツで犠牲になったユダヤ人に花を手向け、蔡英文政権が白色テロ時代の真相究明に熱心な姿勢を滲ませた。香港デモの現実を撮り続けるカメラマンの青年は「いつかある日、台湾という国が一つの本当に独立した個体として見なされることを心から願う」と呟く。

四年後の二〇二四年、頼清徳陣営が製作したCM『世界的台湾』（世界の台湾）は、さらに一風変わった趣向を凝らした。台湾のアイデンティティの模索と台湾の世界への貢献がテーマだった。台湾の鉄道網を作り上げたのは日本だし、台南に城砦《じょうさい》を作ったのはオランダで、お茶の起源はインドなら台湾のオリジナリティはどこにあるのかと自問自答する。

後半でこの問いに答える。起源は別にあるものを独自に発展させることに強みがあるのだと示唆する。「ギリシャの哲学者たちは、中華世界に最も民主的な国が誕生すると考えただろうか」と、LGBTのデモ行進をする若者が語り、教育、医療制度など誇るべき社会制度を紹介する。

「私たちは、あなたと私を区別しません。災害に直面したとき、行動で共感を示す」というナレーションが、台湾が過去に尽力してきた災害支援の映像に重なる。圧巻なのは、そこで中国への支援をしっかり挟み込んだことだ。対中強硬策と人道支援は違うという民進党のメッセージである。反中ではなく、親《しん》自由である。

「尊厳を守りながら、心の底からお互いを尊重する、価値観外交の新時代を築く。私たちは世界中から良いものを取り入れ、そして再び世界と分かち合う。本物の台湾の魅力とは？　海洋国家の精神を受け継ぎ世界とともに歩む（中略）。着実に前進し、より良い台湾を世界に見てもらおう。世界の台湾になる。より良い台湾を実現しよう」

このナレーションが半導体の基盤、原住民たち、世界に散り散りになっている海外の台湾の市民の映像に重なる。これはもはや民進党の選挙広告の域を超えている。ソフトパワーを強調する広報外交を意識した台湾PRビデオである。こういう「選挙広告」本来の目的を逸脱した広告は台湾特有である。

遍在するアメリカ、そして終わりなきプロジェクト

必然と偶然の産物である「民主化の優等生」の事例を世界のほかの事例にそのまま当てはめることはできない。固有の歴史や文脈中で育まれていく「民主化の条件」は、機械的にシステムとしてパッケージで提供できる性質のものではないからだ。

それでもなお、台湾のデモクラシーを紐解いていくと、金太郎飴のように遍在しているアメリカ要因、アメリカ精神にも触れないわけにはいかない。「偶発的な国家」としての台湾はその多くをアメリカとの関係に依存しているが、それは経済的、軍事的な側面だけでなく、デモクラシーをめぐる文化的なかかわりも小さくなかった。

無論、台湾が民主化しておらず、「反共」だけだったならば、共和党以上にはアメリカでの台湾支援の輪は広がらなかっただろう。民主党議員は、台湾とつき合う「口実」を欲しがっていた。デモクラシーや人権はそこにぴったりとはまった。

外交が専門ではないペローシ元下院議長は反中・親台ではない。あくまで反人権弾圧・反独裁で、彼女にとって天安門事件も台湾の国民党による白色テロも同列の罪だった。権威主義時代の台湾には、アメリカのリベラル派や知識人は極めて厳しい見方を示すことが少なくない。ロビイングだけでは、アメリカは動かない。台湾自身の民主化と、民主主義への飽く

なき成熟化の営みに鍵があった。

民主化は終わりと完成のないプロジェクトである。台湾人ジャーナリストの友人は「俺たち台湾人はこんなにもピュアで、マニピュレート（操作）されやすい」と自虐的に呟く。だが、この言葉は、デモクラシー防衛のためのサイバー・リテラシーをさらに深める必要性を浮き彫りにすると同時に、さまざまな外部の変化に適応してきた台湾の柔軟性の証でもある。

ピュアさがなければ民主主義を信じられない。ピュアで素朴なことは大きなうねりのエネルギーにもなる。民主化のダイナミズムを経験している社会だけにある「熱」のようなものが、この「麗しの島」には間違いなくある。

あとがき

政治学者にとって、また外国人の観察者にとって、観察対象の社会の「緊張関係」は常に刺激的だ。アメリカに「保守」「リベラル」があるように、台湾にもアイデンティティをめぐる亀裂がある。アメリカでも初対面で突然政治の話をするのが無粋であるように、台湾でも親しくもないのに政治の話をするのは好ましくない。せっかくのご飯が美味しくなくなるし、新たな友情の芽を潰してしまう。

しかし、信頼関係が深まれば別である。アメリカで私が「三大要素」と考える、人種・民族、宗教、政治思想をまったくバイパスして親友になることがないのと同じだ。個人の背景は無理やり聞き出すものではない。自然と語りだすときに距離が縮まる。

だが、「保守」と「リベラル」のイデオロギー対立と違って、台湾の分断は「台湾とは何か」という国家観やアイデンティティの違いで、ある種のパラレルワールドが並存する「立体構造」だ。「見える」世界と「見えない」世界のギャップはアメリカ以上である。ハワイ、インドネシア、シカゴと、ルーツの切り取り方でまるで別人に見えるオバマの多重性の講義を台湾でしたとき、ある学生が「オバマは台湾みたいだ」と面白い感想をもらした。

だからこそ私は「藍」「緑」の双方とそれらが溶け合う「中間」に、真摯に向き合うようにしてきた。日本人としては、日本統治時代の高齢者との交流で涙腺が緩む経験は一つや二つではない。一方、在米華人社会ではチャイナタウンにはためく青天白日旗の下で、アメリカの選挙を通じて中華民国の複雑さに直面した。実地で学ぶ贅沢な台湾政治の学習であった。

日本の台湾研究は特別な深さを誇り、専門家の緻密な蓄積が充実しているが、比較研究にわずかな貢献の可能性を夢見た。選挙やメディアには、国や地域の「個性」が隠されている。世界の「選挙運動の実験場」「メディア集積地」とされる台湾はその最前線でもある。

アメリカの社会科学では、言語の壁からも海外メディア分析を、ローカル言語を駆使できる移民研究者や外国人に任せがちで、比較政治の知見には粗《あら》や隙も皆無ではない。地域研究として政治制度が異なるアジア社会の分析に日本から貢献する余地は多分にある。

一〇年越しとなった台湾の調査では、アメリカで数十年用いてきたフィールドワークの手法を応用した。選挙陣営に入り込み観察を行い、政治インサイダーのオフレコの声に耳を傾け、世論調査など可視化される情報との隙間を埋める作業である。本書は終わりの見えないその調査のごく一部ではあるが、ある種の中間的なエッセンスでもある。

本書は倍の分量の原稿を大幅に縮小している。今回いったんお蔵入りになった一つは、アメリカの二大政党の対中政策の類型学、大統領選挙や米内政が台湾に与える分析である。全国紙『自由時報』で二〇一七年から不定期連載している論説では、米政権の現実を台湾の読者に届けてきた。私のインプット偏重の中途半端な中国語では当然事足りず、台湾人「用心棒」との共訳である。読者の感想はトランプへの強い期待感と疑念の軌道を見事に描いている。いわば「疑米」と「信米」の振り子のダイナミズムを体感する六年だった。本書では対台湾の外交政策を形成する「アメリカの論理」には紙幅がなかった。

もう一つ別の機会に譲ったのは、本文で触れた長老派教会の民主化関与とはまた別の信仰基盤の市民社会での役割だ。二〇二四年四月の花蓮県沖の地震では、花蓮が拠点の慈済基金会という台湾四大仏教の一つが早期に救援態勢を整えた（東日本大震災でも東北まで熱心に物資を届けた）。アメリカの「小さな政府」志向は教会の慈善が福祉を代替することと無関係ではない。若きオバマがしていた住民運動もカトリック基盤だ。慈済基金会はテレビ局（大愛電視）を有し、法話やドラマを放送するが、米キリスト教系の放送局と一部類似する「オルタナティブ・メディア」である。政府に依存しない地域活動や独自メディアの市民社会への影響は、米台比較でさらに可視化できよう。

台北から遠い街が好きだ。二〇〇〇年代末にヒットした『墾丁《ケンティン》は今日も晴れ！』（公視）という若者群像劇ドラマがあった。ロケ地の台湾最南端、墾丁は映画『海角七号』の舞台の一部だ。台湾語が飛び交う「南部」で、リゾート地にして原発の町でもある。都市には複数の「顔」があるから面白い。初期の台湾の地方巡りは、私の場合、映画やドラマとセットだった（拙著『アメリカ映画の文化副読本』）。

その墾丁と同じぐらい遠いのが南東部の台東だ。西海岸の都市、高雄から東海岸の台東に入る列車は、山岳地帯のトンネルと海沿いを走る。かつて台北から東海岸を南下するルートで訪れたことがあったが、一〇年ぶりのこのときは高雄から南廻線を選んだ。現地では年に一度の原住民のお祭りに遭遇した。運がいい。台東、花蓮、屏東は、原住民文化が色濃く、常に新鮮な「学び」がある。

台東を訪れた日、駅からの道を間違えた様子のタクシーの運転手さんが脇の狭い路地に突っ込んでいった。急停車すると運転席からとび降りて屋台で何かを買っている。「なんだ、自分の買い物か」と座席の私はスマホに目を落としていた。すると目の前に突然何かを差し出された。台湾の夏の名物のレモン果汁だ。ちょうど喉が渇いていたのを見透かされたようだった。一本しかない。「おばさんの分は？」「あなたが飲んで」と言う。お金を払うよと言うのに頑として受け取ってくれない。屋台のおじさんもニコニコこちらを眺めていた。

そうか、遠回りしていたのは、この台東名物の屋台に案内したかったのだ。おばさんが自分の買い物で遠回りしたのかと勘違いした自分を恥じた。台湾で飲んだ飲み物でこのときのレモン果汁より美味しかったものはない。こういうことが台湾の地方に行くと頻繁にある。本当に毎日のようにある。

台湾との原初的な「縁」は幼少期の記憶に遡る。父が勤務していたメーカーでは台湾支社から若手台湾人エンジニアが東京の技術研究所に定期来日していた。その彼らの面倒を現場で父がみていた。職人気質《かたぎ》の父を「覚えが早い」とベタ褒めにさせる技術者ばかりだった。蔣経国から李登輝に体制が変化する一九八〇年代から九〇年代の激動期に若手だった彼らは、その後の台湾のテクノロジーの飛躍に貢献した世代である。

「メタルカラー」の現場における技術者交流という、もうひとつの日台関係のエピソードに興味を持つ台湾人は少なくない。二〇一九年、満を持して台中に支社を訪ね、産業機器の製品ラインを視察させてもらった。日本から来ていた総経理が父のことを覚えていた。

他方、私の記者時代の担当はアメリカではなくアジア外交だった。外務省霞クラブのキャップを二回務め、歴代のアジア大洋州局長、中国課長をカバーし、北京支局でも取材を重ねたが、主担当は北朝鮮で、北京と瀋陽からたびたび平壌入りした。滞在歴としては台北より北京が先であることも、正直に告白しておく必要があるかもしれない。支局通いの賄いさんの素朴な北京家庭料理が絶品で、あの味覚は自分の台所では再現できない。

一三年余り奉職した北海道大学大学院では、ある時期から中国からの留学生が多数を占め始めた。研究生志望だけで年間一〇〇通に近い応募があった。彼らは日中どちらかのメディアを扱うことが多いが、母国で模範人民の「英雄報道」に浸かってきたため、ジャーナリズムと大陸版の新聞学の概念を勘違いして、権力批判を伴う「怖い分野」と知ってから慌てて政治的に安全な広報論分野に鞍替えする学生も少なくなかった。

胡錦濤《こきんとう》時代までは民主的報道論が隆盛を極めたが、習近平《しゅうきんぺい》時代になり、新聞の自由を論じにくくなり、SNS研究が台頭した。一転、香港デモ以降は、人民日報やCGTNを事例に、香港やコロナ禍などで欧米の国際報道のフレーミングを批判的に検証する研究が増えている。彼らのメディア研究のテーマ選択の推移は、中国政治と米中関係の「写し鏡」でもある。

研究室を巣立った院生たちは、アジア各地のメディアで活躍している。研究の傍ら札幌で台湾茶店をヒットさせた若いベンチャー経営者もいた。少数派の台湾人の孫若梅さんだ。父方は河南省、母方は浙江省出身の外省人家系であることも手伝い、中国大陸の学生とも打ち解けて中国にも渡航していた。だが、「天安門事件はフェイクニュース」とされる言論空間で、ネット人格を使い分ける友人たちの窮屈さに同情し、権威主義への問題意識が高まった。孫さんは北海道で中国人の若者たちとの邂逅から「自由」に覚醒し、「藍」から

「緑」になった珍しいケースである。帰国後、二〇二二年に故郷・台中で民進党から里長（町会長）選挙に出馬。一歩届かず、捲土《けんど》重来《ちょうらい》を目指している。家族は心では応援しつつも、支持政党までは変えない。女性政治家の卵として孤独な戦いに挑んでいる。

二〇一〇年代以降、台湾で調査を続けているが、コロナ禍「第三級」での「幽閉」以降の台湾での長期滞在は放送文化基金「台湾のテレビと党派分極化・民主主義の危機と米台比較の継続研究」「台湾のテレビにおける政治討論番組の研究・アメリカとの比較の視座から」の助成を受けた。予備選比較では科研費課題とも連動した。

二〇一九年の国立政治大学での研究は、同大学の楊婉瑩、林超琦、盧業中といった友人たちの尽力で国家図書館「台湾奨助金」で実現した。また、ハーバード大学での研究なくしては、二十年越しの華人社会現地調査を全米各都市にまで拡大できなかった。北朝鮮取材で組んで以来のニューヨーク大学のR・ポイントン教授とは北大でデジタル民主主義の未来を討議した。意見交換で比較の視座を頂戴した米政治関係者は可能な範囲で一覧に記した。日本国際問題研究所、笹川平和財団、テレビ東京の関係者、そして北海道大学の岩谷將、遠藤乾、城山英巳、鈴木一人、藤野彰の諸先生にも御礼申し上げる。

渡辺研究室「台湾支部」として調査に奔走してくれた国立政治大学国家発展研究所の井田輝男さん、静宜大学の林恆立助理教授、前出の孫若梅さん、そして総統府の蔡英文総統周辺、台湾外交部とりわけ札幌とワシントンの関係者、国民党、民進党、民衆党関係者、米台と日本のメディア、外交関係者など、残念ながら名前を記せない大多数の情報提供者のほか、選挙観察に協力してくれた、国民党立法委員、侯友宜嘉義後援会と国民党の選挙現場の皆さん、呉思瑶立法委員と台湾各都市の民進党陣営に深謝したい。戒厳令時代から台北を知る数少ない日本人で、台北文学賞受賞作家の木下諄一さんは、コロナ禍台湾の拙宅での「巣籠もり」で幾度となく台湾文化の議論にお付き合いくださった。

米政治現場、北京を含むアジアでの取材などの実務を比較政治の研究に着地させた原点にはシカゴ大学での研究がある。二〇二三年九月、ブルース・カミングス退官記念会で久々に議論を交わしたスージー・ウォンは、シカゴ大学のカミングス研究室では、現実主義理論のジョン・ミアシャイマーからの薫陶と洗礼も私と共有していた数少ない学友である。のちに国立政治大学副教授となったマイク・ラン（藍適齊）とも毎週の中国史ゼミで切磋琢磨した。

専門のアメリカ政治研究では、博士論文でお世話になった吉野孝、田中愛治、久保文明および前嶋和弘の諸先生をはじめ、アメリカ学会、日本選挙学会の同僚に多大な刺激を頂戴した。小笠原欣幸、川上桃子、川島真、佐藤幸人、松田康博、若林正丈といった日本台湾学会の諸先生は、アメリカ研究者による異例の台湾観察を温かく受け入れてくださった。また、慶應義塾大学大学院政策・メディア研究科では加茂具樹、神保謙、田中浩一郎、土屋大洋、鶴岡路人、廣瀬陽子など国際政治分野の諸先生をはじめ同僚の皆さんが新しい研究環境へ導いてくださった。本書はお会いした全ての方との知的対話の産物である。

二〇一八年五月、アメリカ政治研究の畏友、慶應義塾大学教授の中山俊宏先生と私は、台湾東海岸の宜蘭の礁渓《しょうけい》温泉にいた。ある日台シンポジウムだった。地元宜蘭のスイーツと台湾茶に舌鼓を打ちながら、日暮れどきに二人で米台関係の議論を交わした。台湾の外交論壇がトランプ政権への期待一色だった時期だ。その四年後、二〇二二年五月、先生は帰らぬ人となった。実務と研究、専門領域の越境といった「知の往復」経験で、似た者同士だった私の書くものを「類書がない」と適宜評してくださった。「あのとき台湾で話していた本、やっと完成したんだね」。そう言ってもらえればと願って無我夢中で完成させた。

本書は、二三年前に当時としては最年少に近い未熟な新書の書き手として世に出た浅学の私にとって数えれば七冊目の新書になるが、初めて主題に「アメリカ」がつかない本になる。文字通り類書のなき企画に辛抱強くお付き合いくださった中央公論新社の田中正敏編集長と木佐貫治彦氏のご芳情に改めて御礼を申し上げたい。

二〇二四年四月

著　者

主要参考文献

孫若梅　元民主進歩党台中市里長選挙候補
丁樹範　国立政治大学東亜研究所名誉教授
張弘修　ETToday 新聞雲副編集長
趙卿惠　台南市副市長、元台南市政府研究発展考核委員会主任委員
陳冠廷　財団法人台湾世代教育基金会 CEO（執行長）
陳鈺雯　三立ニュース（三立新聞台 SET）プロデューサー
陳俊安　台北市政府産業発展局長、元中国国民党中央政策会政策部主任
陳亭妃　民主進歩党立法委員
陳婉真　政治活動家、元民主進歩党立法委員
沈伯洋　国立台北大学副教授、立法委員
陳百齢　国立政治大学教授新聞学科主任
鄭琪芳　「自由時報」経済部副主任
唐鳳（オードリー・タン）　台湾政府行政院政務委員
杜彼得　フラッシング華人商工会（法拉盛華人〔工商〕促進會）総幹事
范綱皓　民主進歩党 元網路（ソーシャルメディア）社群主任
余任晴　台湾民主実験室 Doublethink Lab
楊智強　財団法人報道者文化基金会記者
菈瑙・法琉斯　財団法人原住民族文化事業基金会原住民族テレビ（原住民族電視台）
藍適齊　国立政治大学歴史学学科副教授
李濤　元 TVBS 社長（総経理）、元「2100全民開講」アンカー
李柏緯　ファクトチェック市民団体「コファクト」共同設立者
劉蕙苓　国立台北芸術大学芸術行政管理研究所副教授、元華視記者
廖筱君　三立ニュース（三立新聞台 SET）「新台湾加油」アンカー
廖林麗玲　華視（CTS）新聞部国際中心副主任
林欣玫　三立ニュース（三立新聞台 SET）エグゼクティブ・プロデューサー
林巾力　台湾師範大学台湾文学学科教授、国立台湾文学館館長
林彦榕　亜太和平研究基金会助理研究員
林成蔚　元国防安全研究院執行長
林政德　民主進歩党立法委員陳亭妃国会事務所（國會辦公室）副主任
林柏俊　台日文化経済協会
林碧炤　国立政治大学国際事務学院名誉教授、元総統府秘書長
盧業中　国立政治大学外交学科長
匿名　柯文哲台北市長元スタッフ
匿名　TVBS 記者
匿名　主要放送局 台湾語アンカー
匿名　年代新聞「突発琪想」上級スタッフ
匿名　客家テレビ（客家電視台）スタッフ

レイチェル・タン（譚靖）「天下衛視」マーケティング・マネージャー
クリスティーン・チェン　APIAVote 創設者、アジア系活動家
メイ・チェン　労働運動指導者、ニューヨーク市立大学客員教授
ジョー・バイデン　アメリカ合衆国大統領、元連邦上院議員（民主党）
マイク・フォン　「世界日報」記者
マイケル・フックス　ハリス副大統領副首席補佐官、元国務長官顧問
バーナード・フルトン　ブルームバーグ　ニューヨーク市長補佐官
ジョー・ペイロニン　元 CBS NEWS プロデューサー、FOX NEWS 創設者
リック・ホー（何力）「星島日報」ジェネラル・マネージャー
ランド・ポール　アメリカ連邦上院議員（共和党）
ロン・ポール　元アメリカ連邦下院議員（共和党）
クリストファー・マギネス　元 NY 民主党合同選対アウトリーチ局長
アイザック・ライト　メディア・選挙戦略コンサルタント
サイモン・ローゼンバーグ　民主党戦略家 元ビル・クリントン大統領選挙陣営
ウォルター・ローマン　ヘリテージ財団アジア研究センター
安幼琪　年代新聞「突発琪想」アンカー
伊書兒・法琳基楠　財団法人原住民族文化事業基金会原住民族テレビ（原住民族電視台）
何義麟　国立台北教育大学台湾文化研究所教授兼所長
郭育仁　国立中山大学日本研究所教授
顏若芳　台北市議会議員、元民主進歩党メディア社群主任
木下諄一　台北在住作家
邱義仁　台湾日本関係協会会長
許志明　世新大学助理教授、元東森テレビ記者
許信良　亜太和平研究基金会会長（董事長）
吳怡農　元民進党立法委員候補、壯闊台灣聯盟 Forward Alliance 代表
吳思瑶　民主進歩党立法委員
吳志強　NDI National Democratic Institute 台北事務所
吳乃德　中央研究院兼任研究員
江春男　中華文化総会副会長
洪耀南　民主進歩党主席特別助手（特助）兼主任（辦公室主任）
黃引珊　亜太和平研究基金会研究員助手（助理研究員）
洪奇昌　元民主進歩党立法委員
黃兆徽　Taiwan AI Labs 台灣人工智慧實驗室
詹怡宜　TVBS アンカー、新聞部副社長（副総経理）
錢怡君　TVBS「新聞大白話」アンカー
莊佳穎　台湾師範大学台湾文学学科副教授、民視「台湾学堂」アンカー
莊瑞雄　民主進歩党立法委員
莊豐嘉　華視（CTS）社長（総経理）

主要参考文献

「《世界的台灣》——2024賴清德 蕭美琴 總統競選 CF」民進党広告2023年12月
https://www.youtube.com/watch?v=Uxyzscza_yk&t=1s
「台灣的未來（侯友宜競選廣告）」国民党広告2024年 1 月
https://www.youtube.com/watch?v=KThCvI54TMY
「【好好說那年 EP.13】1993那年，有線電視開播，電視戰國時代開打：專訪關懷台灣文教基金會董事長李濤」天下雜誌 video2021年 4 月
https://www.youtube.com/watch?v=aRklVbPDXS4&t=1s
「交叉點評：吳弭宣誓就任波士頓市長，成為首位華裔女市長」东方卫视环球交叉点2021年11月
https://www.youtube.com/watch?v=CHZk5gDDtyM
「《我是救星 人生滋味館》蕭美琴」壹電視 NEWS 2019年12月
https://www.youtube.com/watch?v=dM22lG-m9Rc

〈主な意見交換、取材協力者の抜粋、肩書きは取材当時も含む〉
リンダ・アリゴ（艾琳達） 人権活動家、元台湾緑党幹部
ジョー・ウェイ（魏碧洲） 「世界日報」マネージングエディター
リーレイ・ウォルターズ ハドソン研究所、元ヘリテージ財団
ダニー・ウォン（黃皓尹） 「天下衛視」ジェネラル・マネージャー
リン・メイ・ウォン（黃霊美） 「艫舨」記者
ナディーム・エルサミ ナンシー・ペローシ元下院議長首席補佐官
ビル・キートル 元アイオワ州ジョンソンカウンティ共和党中央委員
ジョン・ギジ 保守系ジャーナリスト（News MAX）
ジョシュ・ギルダー 元レーガン政権大統領スピーチライター
ショーン・キング 台湾専門家、パーク・ストラテジーズ
ニュート・ギングリッチ 元連邦議会下院議長（共和党）
ラリー・グリソラノ 元オバマ陣営上級コンサルタント
ヒラリー・クリントン 元大統領夫人、元オバマ政権国務長官、元連邦上院議員（民主党）
ボニー・グレイザー ジャーマン・マーシャル財団、元 CSIS
ロバート・クレーマー 民主党全国委員会コンサルタント
ボブ・ケリー 元アメリカ連邦上院議員（民主党）
アレクシア・ケレイ 元オバマ政権保健福祉省・カトリック対策担当
トレバー・サットン アメリカ進歩センター（CAP）
ジョン・サミュエルズ 元オバマ大統領議会担当首席補佐官
アルバート・ザン ASPI リサーチャー
リック・サントラム 元アメリカ連邦上院議員（共和党）
ジューン・シー 元クリントン大統領及び大統領夫人スピーチライター
ピーター・ジェングレコ 元オバマ陣営上級コンサルタント
ジャン・シャコウスキー アメリカ連邦下院議員（民主党）
アルフォセ・ダマト 元アメリカ連邦上院議員（共和党）

choice' but must be a census option", NBC News, September 25, 2021.
Janelle S. Wong, Karthick Ramakrishnan, Taeku Lee, and Jane Junn, *Asian American Political Participation: Emerging Constituents and Their Political Identities*, Russell Sage Foundation, 2011.
Andrew Yang, "Opinion: Andrew Yang: We Asian Americans are not the virus, but we can be part of the cure", *The Washington Post*, April 1, 2020.
Andrew Yang, *The War on Normal People: The Truth About America's Disappearing Jobs and Why Universal Basic Income Is Our Future*, Hachette Books, 2018.（早川健治訳『普通の人々の戦い――AI が奪う労働・人道資本主義・ユニバーサルベーシックインカムの未来へ』那須里山舎2020年）
Xiaojian Zhao, *The New Chinese America: Class, Economy, and Social Hierarchy*. Rutgers University Press, 2010.
Li Zhou, "The inadequacy of the term 'Asian American'" vox.com, May 5, 2021.

〈映像作品／動画／音声配信 抜粋〉
『裏切られた台湾（Formosa Betrayed）』（アダム・ケーン監督2009年）
『海角七号』（魏徳聖監督2008年）
『軍中楽園』（鈕承澤監督2014年）
『墾丁は今日も晴れ！（我在墾丁＊天氣晴）』（鈕承澤監督2007-2008年「公視」）
『セデック・バレ（賽德克・巴萊）』（魏徳聖監督2011年）
『悲情城市』（侯孝賢監督1989年）
『フアン家のアメリカ開拓記（Fresh off the Boat）』（2015-2020年 ABC）
『フアンの世界（Huang's World）』（2016-2017年 Vice Media）
『60 Minutes』CBS News/ Taiwan's Chiang Kai-shek（1971年４月27日）
『60 Minutes』CBS News/ Life in Taiwan with China flexing its military might（2022年10月10日）
「How to Write In Taiwanese for the 2020 US Census」Taiwanese American Citizens League（2020年１月19日）https://www.youtube.com/watch?v=aQ-CDoNWdhk
「從世界愛上台灣，明年１月11日，歡迎回家」民進党広告2019年12月
https://www.youtube.com/watch?v=cBL1rktsI_E
「百萬庶民站出來 凱道勝選晩會」国民党広告2020年１月
https://www.youtube.com/watch?v=jNKciOoGBBI&t=1s
「《大聲說話》――2020小英總統競選 CF」民進党広告2020年１月
https://www.youtube.com/watch?v=jqtpKLSukwk
「團結台灣民主勝利」民進党広告2020年１月
https://www.youtube.com/watch?v=gxsU4wo10wU&t=1s

テクノロジーをめぐる国家間の攻防』ダイヤモンド社2023年）
Ben Nimmo（Global Threat Intelligence Lead）and David Agranovich（Director, Threat Disruption）, “Removing Coordinated Inauthentic Behavior From China and Russia”, Meta, September 27, 2022.
“Foreign Threats to the 2020 US Federal Elections” National Intelligence Council, March 10, 2021.
Franklin Ng, *The Taiwanese Americans: The New Americans*, Greenwood Press, 1998.
Barack Obama, *A Promised Land*, Crown, 2020.（山田文ほか訳『約束の地――大統領回顧録Ⅰ』上・下巻、集英社2021年）
Jeffrey Passel, “How many Taiwanese live in the U.S.? It’s not an easy question to answer” , Pew Research Center, September 8, 2021.
Norman Peng, Annie Huiling Chen and Chris Hackley, “Political Advertising in Democratic Taiwan: Audiences’ Perspectives on Political Figures through Image-Building Advertisements”, Taiwan Journal of Democracy, Vol. 4, No. 1, 2008.
Gary Schmitt and Michael Mazza, “Blinding the Enemy: CCP Interference in Taiwan’s Democracy”, Global Taiwan Institute, October’ 2019.
Ryan Serabian and Daniel Kapellmann Zafra, “Pro-PRC ‘HaiEnergy’ Information Operations Campaign Leverages Infrastructure from Public Relations Firm to Disseminate Content on Inauthentic News Sites”, August 4, 2022.
“National Report（Through September 2021）”, Stop AAPI Hate, November 18, 2021.
“2024 Taiwan Presidential Election Information Manipulation AI Observation Report”, 2024. Taiwan AI Labs 台灣人工智慧實驗室
“2023 Dec W2 - 2024 Taiwan Presidential Election Information Manipulation AI Observation Report”, 2023. Taiwan AI Labs 台灣人工智慧實驗室
Wing-Kai To and Chinese Historical Society of New England, *Images of America: Chinese in Boston: 1870-1965*, Arcadia Publishing, 2008.
Tritia Toyota, *Envisioning America: New Chinese Americans and the Politics of Belonging*, Stanford University Press, 2009.
Patrick Tucker, “Chinese Disinformation Group Targeted Pelosi’s Taiwan Visit: Efforts to attack critics of the PRC online have expanded in recent months”, Defense One, August 4, 2022.
Jacob Wallis and Albert Zhang, “Understanding Global Disinformation and Information Operations: Insights from ASPI’s new analytic website”, Australian Strategic Policy Institute, International Cyber Policy Center, 2022.
Claire Wang, “Taiwanese in U.S. insist their identity is not a ‘political

American Power, Yale University Press, 2009.（渡辺将人訳『アメリカ西漸史：《明白なる運命》とその未来』東洋書林2013年）
Bruce Cumings, *War and Television*, Verso, 1994.（渡辺将人訳『戦争とテレビ――War and Television』みすず書房2004年）
Roger Daniels, *Asian America: Chinese and Japanese in the United States Since 1850*, University of Washington Press, 1998.
Amy-Xiaoshi Depaola, "Taiwanese American? Mark 'Other Asian' on the 2020 Census.", AsAmNews, March 3, 2020.
"Deafening Whispers: China's Information Operation and Taiwan's 2020 Election", Doublethink Lab, 2020.
"Russia and China are fueling web wars to divide Americans", FDD, December 27, 2022.
"Assessing Inauthentic Networks Commenting on the US Midterms", EIP（Election Integrity Partnership）, November 1, 2022.
Francis Fukuyama, *Liberalism and Its Discontents*, Profile Books, 2022.（会田弘継訳『リベラリズムへの不満』新潮社2023年）
Michael J. Green, *By More Than Providence: Grand Strategy and American Power in the Asia Pacific Since 1783*, Columbia University Press, 2017.（細谷雄一・森聡監訳『アメリカのアジア戦略史 上・下』勁草書房2024年）
Sasha Issenberg, *The Victory Lab: The Secret Science of Winning Campaigns*, Crown Publishing, 2012.
Daniel Kreiss, *Taking Our Country Back: The Crafting of Networked Politics from Howard Dean to Barack Obama*, Oxford University Press, 2012.
Peter Kwong, The New Chinatown, Hill and Wang, 1987.（芳賀健一，矢野裕子訳『チャイナタウン・イン・ニューヨーク：現代アメリカと移民コミュニティ』筑摩書房1990年）
Shichi Mike Lan, "The Ambivalence of National Imagination: Defining the 'Taiwanese' in China, 1931-1941", *China Journal*, No.64, pp.179-197. 2010.
Steven Levitsky and Daniel Ziblatt, *How Democracies Die : The International Bestseller: What History Reveals about Our Future*, Crown, 2018.（濱野大道訳『民主主義の死に方――二極化する政治が招く独裁への道』新潮社2018年）
Hsiao-ting Lin, *Accidental State : Chiang Kai-shek, the United States, and the Making of Taiwan*, Harvard University Press, 2016.
Maxwell McCombs, *Setting the Agenda: 2nd Edition*. Polity, 2014.（竹下俊郎訳『アジェンダセッティング』学文社2018年）
Chris Miller, *Chip War : The Fight for the World's Most Critical Technology*, Simon & Schuster Ltd, 2022.（千葉敏生訳『半導体戦争：世界最重要

年
路境《顛覆媒體：邱復生和TVBS傳奇》亞細亞2000年
渡邊將人〈2024年美國總統大選：台灣應先考慮的3件事〉《自由時報》（2023年11月19日）
渡邊將人〈台日交流與台灣的軟實力：日本的美國政治研究者這麼看〉《自由時報》（2019年6月3日）
渡邊將人〈美國總統大選 川普能否連任：日本的美國政治研究者這麼看〉《自由時報》（2019年5月6日）

〈英語文献〉

Noah Berman, "The U.S. Government Banned TikTok From Federal Devices. What's Next?", CFR, January 13, 2023.

Melissa J. Brown, *Is Taiwan Chinese?: The Impact of Culture, Power, and Migration on Changing Identities* (*Interdisciplinary Studies of China, 2*), University of California Press, 2004.

Abby Budiman and Neil G. Ruiz, "Key facts about Asian origin groups in the U.S.", Pew Research Center, April 29, 2021.

Zak Butler (Sr. Strategist, Trust & Safety) and Jonas Taege (Threat Analysis Group), "Over 50,000 instances of DRAGONBRIDGE activity disrupted in 2022", January 26, 2023.

Kent E. Calder, *Asia in Washington: Exploring the Penumbra of Transnational Power*, Brookings Institution Press, 2014.（ライシャワー東アジア研究センター監修・監訳『ワシントンの中のアジア：グローバル政治都市での攻防』中央公論新社2014年）

"Report To The Nation: 2022 Preview - Hate Crimes Up 46% in Major American Cities For 2021", Center for the Study of Hate and Extremism at California State University, San Bernardino, February 2022.

Hsiang-shui Chen, *Chinatown No More: Taiwan Immigrants in Contemporary New York*, Cornell University Press, 1992.

Leona Chen, "Response to Pew Research Reports Hiding Taiwanese Identity: 'We made it count. Now tell our stories.'", TaiwaneseAmerican.org, May 1, 2021.

Lung-chu Chen and Harold D Lasswell, *Formosa, China, and the United Nations: Formosa in the World Community*, St. Martin's Pr, 1967.

Jean Lau Chin and Daniel Lee, *Who Are the Cantonese Chinese?: New York City Chinatown During the 1940s-1960s*, Createspace Independent Pub, 2015.

Stéphane Corcuff ed., *Memories of the Future: National Identity Issues and the Search for a New Taiwan: Taiwan in the Modern World*, University of Hawai'i Press, 2002.

Bruce Cumings, *Dominion from Sea to Sea: Pacific Ascendancy and*

張茂桂・陳俐靜〈民眾政治《兩極化》現象初探〉，張茂桂・羅文輝・徐火炎編《台灣的社會變遷1985～2005：傳播與政治行為》中央研究院社會學研究所2013年
張富忠，邱萬興《綠色年代1975～2000：台灣民主運動25年》印刻2005年
陳佳伶〈哈佛出身台灣二代移民　吳弭照顧病母意外從政〉《TVBS 新聞網》2021年11月 3 日
陳義彥・黃紀・洪永泰・盛杏湲・游清鑫・鄭夙芬・陳陸輝・蔡佳泓・俞振華《民意調查新論》五南圖書2013年
陳順孝《新聞創業相對論》優質新聞發展協會2016年
陳隆志《台灣的獨立與建國》新自然主義1993年
杜彼得〈永遠不想鎖上記憶的：美國2016〉法拉盛華人（工商）促進會三十五周年特刊2017年
杜彼得〈美人囤積〈恐襲〉擔憂：造就了川普的當選〉法拉盛華人（工商）促進會三十五周年特刊2017年
杜彼得〈趙小蘭加持川普通：得道則心治，失道則心亂〉法拉盛華人（工商）促進會三十五周年特刊2017年
馬英九・蕭旭岑《八年執政回憶錄》遠見天下文化出版2019年
彭子珊〈媽媽適度〈閉嘴〉反川普的楊安澤，衝破華人政治天花板〉《天下雜誌》706期2020年 9 月 7 日
彭渰雯主編《里長可以這樣做：村里社區經營手冊》台灣婦女團體全國聯合會2022年
方天賜・左正東・宋學文・李俊毅・林佾靜・林泰和・林碧炤・孫國祥・崔進揆・張登及・張福昌・盛盈仙・郭祐輑・葉長城・趙文志・蔡育岱・盧業中・譚偉恩《臺灣與非傳統安全》五南圖書2018年
〈吳弭強勢問鼎 美國波士頓現首位華裔美女市長〉《香港商報網》2021年11月 3 日
楊軍良《出賣李濤：〈2100全民開講〉幕後秘辛》商智文化1997年
楊婉瑩〈不只是茶壺裡的風暴？初選分歧的大選效應〉《政治學報》No.70 2020年
李濤《幸福一念間：李濤的台灣行腳》天下文化2014年
李冠成・楊婉瑩〈老台灣人 vs 新台灣人：台灣人認同世代差異之初探〉《台灣政治學刊》Vol.20, No.2. 2016年
劉蕙苓《新聞，多少錢 ?!：探索置入性行銷對電視新聞的影響》巨流圖書2011年
劉蕙苓《從解嚴到數位匯流的新聞工作者：跨時代的比較研究》巨流圖書2022年
劉致昕《真相製造：從聖戰士媽媽，極權政府，網軍教練，境外勢力，打假部隊，內容農場主人到政府小編》春山出版2021年
劉伯驥《美國華僑史》黎明文化事業公司1982年
林照真《收視率新聞學：台灣電視新聞商品化》聯經2009年
林碧炤《迎接新世紀：文明社會的世界觀與國際觀（上）（下）》東美2018

艾琳達・林佳瑩《美麗的探險：艾琳達的一生》遠景出版2011年
許維德・張維安《客家，認同政治與社會運動》國立陽明交通大學2019年
許志明《原住民族電視新聞工作者口述歷史》風雲論壇出版2023年
許志明《族語主播之眼 Speaking in our own words》許志明2021年
曉慧〈美國亞裔群體需要比楊安澤更好的人選〉《Xīn Shēng Project 心声》2021年1月18日
胡文輝〈民進黨初選評析及建議－並與國民黨比較〉《新世紀智庫論壇第38》台灣新世紀文教基金會2007年
胡幼偉《不要叫我名嘴：電視新聞評論員的職業生涯與工作型態研究》台灣學生書局2011年
吳玉山・林繼文・冷則剛主編《政治學的回顧與前瞻》五南圖書出版2013年
吳淑鳳・張世瑛・蕭李居・林映汝編《臺灣歷史上的選舉學術討論會論文集 Proceedings of Conference on Elections in the History of Taiwan》國史館2020年
吳乃德《臺灣最好的時刻，1977-1987：民族記憶美麗島》春山出版2020年
公共電視研究發展部《播種 公視20》公共電視文化事業基金會2018年
廣電基金《透視政論節目 政論談話性節目觀察研究專案》廣電基金2004年
〈打臉李佳芬！顏擇雅：雲林子弟正在選美國總統〉《三立新聞網》2019年11月12日
蔡英文《英派：點亮台灣的這一哩路》圓神出版2015年（前原志保監訳，阿部由理香，篠原翔吾，津村あおい訳『蔡英文――新時代の台湾へ』白水社2016年）
笑饮〈如何看待杨安泽的“羞耻感”？〉《新民周刊》2020年4月6日
蕭美琴《一個人也可以》方智出版2004年
鄒景雯《李登輝執政告白實錄》印刻出版2001年（金美齢訳『台湾よ――李登輝闘争実録』扶桑社2002年）
施正鋒《臺灣客家族群政治與政策》新新臺灣文教基金會2004年
施正鋒〈由北高市長候選人的產生看民進黨的提名制度〉《臺灣民主季刊第三卷第二期》2006年
蘇蘅・陳百齡・王淑美・鄭宇君・劉蕙苓《破擊假新聞：解析數位時代的媒體與資訊操控（修訂二版）Beating Fake News: Media and Information Manipulation in the Digital Age》三民書局2022年
曾虛白主編《中國新聞史》三民書局1966年
蘇宏達・張景安編《分裂的世界？：21世紀全球區域化崛起》聯經出版2023年
蘇貞昌 feat. 行政團隊・謝其濬《護國四年：會做事的團隊，盼台灣成為幸福之地》遠足文化2023年
卓越新聞獎基金會主編《台灣傳媒再解構》巨流圖書2009年

山田賢一「「メディアの公共性」を重視する台湾新政権のメディア政策(下)――「財閥のメディア支配」排除」『放送研究と調査』2017年5月号
吉野孝「アメリカ政党研究の新動向――統合的な分析・理論枠組みの模索の試みとしてのジョン・H・オールドリッチの新制度論アプローチ」『選挙研究』12巻1997年
龍應台『台湾海峡一九四九』(天野健太郎訳) 白水社2012年
林怡蓉『台湾のエスニシティとメディア――統合の受容と拒絶のポリティクス』立教大学出版会2014年
林成蔚「「対立」をつくり出すメディア――台湾におけるメディアと政治の相互関係」『日本台湾学会報』17号2015年
若林正丈『台湾の政治――中華民国台湾化の戦後史』東京大学出版会2008年、増補新装版2021年
渡辺将人『アメリカ政治の現場から』文藝春秋2001年
渡辺将人『評伝バラク・オバマ――「越境」する大統領』集英社2009年
渡辺将人『現代アメリカ選挙の変貌――アウトリーチ・政党・デモクラシー』名古屋大学出版会2016年
渡辺将人『メディアが動かすアメリカ――民主政治とジャーナリズム』筑摩書房2020年
渡辺将人「民主主義への攻撃としての国際的デジタル介入――アメリカが抱える脆弱性のジレンマ」『国際秩序の動揺と米国のグローバル・リーダーシップの行方』日本国際問題研究所2023年3月
渡辺将人「米政治メディアのデジタル化再考――米中メディア研究にもたらす変容」『Journalism』2023年1月号
渡辺将人「米国の対台湾政策を巡る四半世紀――米国政治と台湾の変容の交錯」『東亜』2023年4月号
渡辺靖『〈文化〉を捉え直す――カルチュラル・セキュリティの発想』岩波書店2015年

〈中国語文献〉
〈第一位參選美國總統的台裔企業家 楊安澤〉〈發現雲林人系列 初心〉雲林縣政府計畫處
王御風《台灣選舉史》好讀2016年
王業立〈我國政黨提名政策之研究〉戰後台灣地區政治發展學術研討會,中國政治學會,聯合報系文化基金會主辦1995年
王業立・楊瑞芬〈民意調查與政黨提名:1998年民進黨立委提名與選舉結果的個案研究〉《選舉研究》第8卷第2期2001年
王倩慧《活出愛:黃娟傳》世聯倉運文教基金會2019年(非賣品)
王泰俐《電視新聞感官主義》五南圖書2015年
何義麟・許維德・藍適齊主編《思鄉懷國:海外臺灣人運動文獻選輯》國立中正紀念堂管理2022年

主要参考文献

小林哲郎「二〇一九年の香港人の政治参加——感情的極性化の観点から」倉田徹、小栗宏太編著『香港と「中国化」——受容・摩擦・抵抗の構造』明石書店2022年
佐藤幸人、小笠原欣幸、松田康博、川上桃子『蔡英文再選——2020年台湾総統選挙と第2期蔡政権の課題』アジア経済研究所2020年
佐橋亮、鈴木一人編『バイデンのアメリカ——その世界観と外交』東京大学出版会2022年
佐橋亮『米中対立——アメリカの戦略転換と分断される世界』中央公論新社2021年
清水克彦『ラジオ記者、走る』新潮社2006年
史明『台湾人四百年史——秘められた植民地解放の一断面（増補改訂版）』新泉社1974年（初版は1962年音羽書房。中文初版／美國聖荷西1980年）
聶華苓『三生三世——中国・台湾・アメリカに生きて』（島田順子訳）藤原書店2008年
庄司香「世界の予備選挙——最新事例と比較分析の視角」『選挙研究』27巻2号2012年
田中道代『ニューヨークの台湾人——「元大日本帝国臣民」たちの軌跡』芙蓉書房出版1997年
土屋大洋『サイバーグレートゲーム——政治・経済・技術とデータをめぐる地政学』千倉書房2020年
唐鳳『オードリー・タン　デジタルとAIの未来を語る』プレジデント社2020年
西山隆行『移民大国アメリカ』筑摩書房2016年
野嶋剛『台湾とは何か』筑摩書房2016年
東島雅昌『民主主義を装う権威主義——世界化する選挙独裁とその論理』千倉書房2023年
藤野彰『客家と毛沢東革命——井岡山闘争に見る「民族」問題の政治学』日本評論社2022年
藤野陽平『台湾における民衆キリスト教の人類学——社会的文脈と癒しの実践』風響社2013年
前嶋和弘、山脇岳志、津山恵子編『現代アメリカ政治とメディア』東洋経済新報社2019年
待鳥聡史『代議制民主主義——「民意」と「政治家」を問い直す』中央公論新社2015年
松田康博、清水麗編『現代台湾の政治経済と中台関係』晃洋書房2018年
松本はる香「ロシアのウクライナ侵攻と台湾をめぐる安全保障」『東亜』2022年9月号
森口（土屋）由香、川島真、小林聡明編『文化冷戦と知の展開——アメリカの戦略・東アジアの論理』京都大学学術出版会2022年
安田峰俊『戦狼中国の対日工作』文藝春秋2023年

主要参考文献

（新聞・雑誌等の記事は直接的な引用に関係するものに限定した。意見交換者は必ずしも引用対象ではなく、本書に必要な観点や知見を獲得した対話の相手を包含する）

〈日本語文献〉
阿古智子『香港あなたはどこへ向かうのか』出版舎ジグ2020年
新井一二三『台湾物語――「麗しの島」の過去・現在・未来』筑摩書房2019年
伊藤潔『台湾――四百年の歴史と展望』中央公論新社1993年
小笠原欣幸『台湾総統選挙』晃洋書房2019年
岡山裕『アメリカの政党政治――建国から250年の軌跡』中央公論新社2020年
華僑華人の事典編集委員会『華僑華人の事典』丸善出版2017年
何義麟『台湾現代史――二・二八事件をめぐる歴史の再記憶』平凡社2014年
加茂具樹「権威主義の台頭と民主主義の後退」神保謙・廣瀬陽子編『流動する世界秩序とグローバルガバナンス』慶應義塾大学出版会2023年
川上桃子「台湾マスメディアにおける中国の影響力の浸透メカニズム」『日本台湾学会報』17号2015年
川口貴久、土屋大洋「デジタル時代の選挙介入と政治不信――ロシアによる2016年米大統領選挙介入を例に」『公共政策研究』第19号2019年12月
川口貴久「ロシアによる政治介入型のサイバー活動――2016年アメリカ大統領選挙介入の手法と意図」SPF国際情報ネットワーク分析IINA2020年３月
川島真、清水麗、松田康博、楊永明『日台関係史1945-2020増補版』東京大学出版会2020年
北岡伸一、細谷雄一編『新しい地政学』東洋経済新報社2020年
貴堂嘉之『アメリカ合衆国と中国人移民――歴史のなかの「移民国家」アメリカ』名古屋大学出版会2012年
木下諄一『アリガト謝謝（シエシエ）』講談社2017年
清原聖子、前嶋和弘編『インターネットが変える選挙――米韓比較と日本の展望』慶應義塾大学出版会2011年
久保文明「2024年に向けての米国政治の動向と日米関係」『国際秩序の動揺と米国のグローバル・リーダーシップの行方』日本国際問題研究所2023年３月
小泉悠、桒原響子、小宮山功一朗『偽情報戦争――あなたの頭の中で起こる戦い』ウェッジ2023年

渡辺将人（わたなべ・まさひと）

1975年，東京都生まれ．シカゴ大学大学院国際関係論修士課程修了．早稲田大学大学院政治学研究科にて博士（政治学）．米下院議員事務所・上院選本部，テレビ東京報道局経済部，政治部記者などを経て，北海道大学大学院准教授．コロンビア大学，ジョージワシントン大学，台湾国立政治大学，ハーバード大学で客員研究員を歴任．2023年より慶應義塾大学総合政策学部，大学院政策・メディア研究科准教授．専門はアメリカ政治．受賞歴に大平正芳記念賞，アメリカ学会斎藤眞賞ほか．
著書『現代アメリカ選挙の集票課程』（日本評論社，2008年）
『見えないアメリカ』（講談社現代新書，2008年）
『現代アメリカ選挙の変貌』（名古屋大学出版会，2016年）
『アメリカ政治の壁』（岩波新書，2016年）
『メディアが動かすアメリカ』（ちくま新書，2020年）
『大統領の条件』（集英社文庫，2021年）
『アメリカ映画の文化副読本』（日経 BP，2024年）
『オバマ・アメリカ・世界』（久保文明・中山俊宏と共著，NTT 出版，2012年）ほか著訳書多数

台湾《たいわん》のデモクラシー
中公新書 *2803*

2024年 5 月25日発行

著　者　渡 辺 将 人
発行者　安 部 順 一

本文印刷　三晃印刷
カバー印刷　大熊整美堂
製　　本　小泉製本

発行所　中央公論新社
〒100-8152
東京都千代田区大手町 1-7-1
電話　販売　03-5299-1730
　　　編集　03-5299-1830
URL https://www.chuko.co.jp/

Published by CHUOKORON-SHINSHA, INC.
Printed in Japan　ISBN978-4-12-102803-7 C1231

中公新書

政治・法律

h2